AF546594

Sylvia Löhken

Leise Menschen – gutes Leben

Sylvia Löhken

Leise Menschen – gutes Leben

Das Entwicklungsbuch für introvertierte Persönlichkeiten

Externe Links wurden bis zum Zeitpunkt der Drucklegung des Buches geprüft. Auf etwaige Änderungen zu einem späteren Zeitpunkt hat der Verlag keinen Einfluss. Eine Haftung des Verlags ist daher ausgeschlossen.

Für Tom Peters

Bibliografische Information der Deutschen Nationalbibliothek

Die Deutsche Nationalbibliothek verzeichnet diese Publikation in der Deutschen Nationalbibliografie; detaillierte bibliografische Daten sind im Internet über http://dnb.d-nb.de abrufbar.

ISBN 978-3-86936-800-9

Lektorat: Anke Schild
Umschlaggestaltung: Martin Zech, Bremen | www.martinzech.de
Illustrationen: Dr. Michael Meinhard, Bonn | www.bosse-meinhard.de
Autorinnenfoto: Tom Peters
Satz und Layout: Das Herstellungsbüro, Hamburg | www.buch-herstellungsbuero.de
Druck und Bindung: Salzland Druck, Staßfurt

2. Auflage 2018

Printed in Germany

www.gabal-verlag.de
www.facebook.com/Gabalbuecher
www.twitter.com/gabalbuecher

Inhaltsverzeichnis

TEIL III
TUN SIE'S MIT ABSICHT

ANHANG

»Tell me, what is it you plan to do
with your one wild and precious life?«

Mary Oliver, »The Summer Day«

Das Leben ist ein Roadmovie ...

Leise Menschen – gutes Leben. Dieser Titel ist ein Versprechen. Er verspricht, dass Sie als introvertierter Mensch nicht nur ein erfülltes, gelungenes Leben haben können, sondern auch, dass Ihnen das gerade mit Ihren speziellen Eigenschaften gelingt, die Sie zu einer Intro-Persönlichkeit machen.

Inspirationen für die Gestaltung des eigenen Lebens

Mit diesem Buch bekommen Sie Anregungen dafür, wie Sie Ihre Wochen und Tage und Jahre gestalten. Es erfüllt seinen Zweck, wenn Sie eine Idee davon bekommen, wie Sie sich Ihr Leben wünschen und wie Sie es gelingen lassen können. Wenn es Sie ermutigt, Ihre eigenen Stärken, Neigungen und Bedürfnisse anzusehen und aus ihnen das reifen zu lassen, was im Rückblick einmal der großartige Film Ihres Lebens sein wird.

Wenn dieser Film ein Roadmovie ist: Wohin soll Ihre Reise dann eigentlich gehen? Der Weg zu den Antworten auf diese Frage ist gleichzeitig leicht und schwer. Einerseits haben wir in unseren Lebensentwürfen so viel eigenen Gestaltungsspielraum wie nie zuvor. Niemand zwingt uns, in die Fußstapfen unserer Eltern zu treten. Frauen haben in unserem Kulturkreis den gleichen rechtlichen Bewegungs- und Entscheidungsspielraum wie Männer. Vor wirklich existenzieller Not sind wir im Vergleich zu anderen Ländern gut geschützt.

Freie Auswahl in der Lebensgestaltung also? Schön wär's! Denn andererseits ist es gerade die Offenheit unserer Lebensentwürfe, die Entscheidungen so schwer werden lässt. Kinder oder ein unabhängiges Leben? Karriere oder viel Zeit für Privates? Selbstständig oder angestellt? Reisen: wohin? Wohnen: wo? Lesen: was?

Dieses Buch gibt Ihnen Orientierungspunkte, die Ihnen Möglichkeiten zeigen und Entscheidung erleichtern. Es macht Ihnen Mut dazu, Ihren leisen Weg auf Ihre ganz eigene Weise zu gestalten. Es hilft Ihnen, Ihre Wünsche zu entdecken und Freiheiten auszuprobieren. Es zeigt Ihnen Ihre Stärken, aber auch typische Hürden, die gerade Intros immer wieder zu schaffen machen. Und es erzählt von der delikaten Balance zwischen der Beständigkeit und der Veränderung.

Anregungen und Impulse statt To-do-Listen

Dabei habe ich keine systematische Gesamtübersicht angestrebt. Das hier ist kein Lehrbuch des Lebens. (Auch wenn ich selbst oft so gern eines hätte: Ein solches Buch gibt es nicht und kann es nicht geben. Vielleicht ist genau das ein Glück ...) Listen zum Abarbeiten helfen wenig, wenn es um die Vielfalt menschlicher Entwicklungsmöglichkeiten geht. Eine To-do-Liste würde Sie nur beengen und einschränken. Sie finden aber auf den Seiten, die folgen, viele Anregungen und Impulse, die anderen leisen Menschen geholfen haben, diese Entwicklungsmöglichkeiten zu sehen und zu leben. Einigen dieser Menschen werden Sie in diesem Buch begegnen, berühmten und weniger berühmten introvertierten Menschen, die eines eint: Sie haben eine interessante Wegstrecke zurückgelegt und wichtige Erfahrungen gemacht, von denen sie uns berichten. Das macht dieses Buch zu einer Art Buffet. Sie, liebe Leserin und lieber Leser, Sie haben die Wahl und können sich aussuchen, was Sie für Ihren eigenen Weg als Richtungsschild oder Proviant nutzen mögen. Einige Zentro- und Extro-Persönlichkeiten werden Sie übrigens auch finden, denn lernen können wir allerbestens auch von Menschen, die anders sind.

Jedes Kapitel endet mit Hinweisen auf weiterführende Informationsquellen: auf Bücher und Videos, Blogs und Websites. So können Sie sich einfach bedienen, wenn Sie besonderes Interesse an einem bestimmten Thema haben und mehr wissen wollen oder wenn Sie zum jeweiligen Thema lieber etwas hören und sehen anstatt lesen möchten.

Und wenn Sie es ausgelesen haben, dieses Buch, dann wird es spannend: Dann setzen Sie in Ihr eigenes Leben um, was Sie für sich als richtig erkannt haben. Sie werden sehen: Es geht gar nicht unbedingt darum, dass Sie alles stehen und liegen lassen und sich spektakulär neu erfinden (obwohl auch das manchmal vorkommt). Viel interessanter ist es, wenn Sie Ihre eigene Persönlichkeit in ihren Möglichkeiten erschließen und ihr eine Entwicklung ermöglichen. Bevor der Begriff von der Antifaltenkosmetik besetzt wurde, nannten wir das schlicht: reifen.

Vielleicht ist das persönliche Reifen die aufregendste Reise, die Sie unternehmen können. Sie haben dieses eine, dieses wunderbare Leben mit einer einzigartigen Mischung von Eigenschaften, die nur Sie in dieser Kombination haben. Bringen Sie sie zum Blühen!

Genießen Sie die Fahrt auf den Straßen Ihres Lebens, in Ihrem eigenen und einzigartigen Roadmovie. Ich wünsche Ihnen schöne Entdeckungen – und mögen Sie an einem Ort ankommen, der Ihnen gut gefällt.

Ihre *Sylvia Löhken*

Teil I

Von innen nach außen: Wer wollen Sie sein?

Was sind leise Menschen?

> *»Nur in stillen Wassern*
> *spiegeln sich die Sterne.«*
> Chinesisches Sprichwort

»Was, so viele?«, fragt mich die spanische Kollegin auf einer Konferenz. Das ist oft die erste Reaktion, wenn ich erwähne, dass 30 bis 50 Prozent der Menschen introvertiert sind. Und zwar überall auf der Welt: Das Verhältnis ist in eher »leisen« Ländern wie Japan oder Norwegen ähnlich wie in eher »lauten« Ländern wie Brasilien und Nigeria. Die Evolution hat weder Extros noch Intros benachteiligt oder zur Minderheit werden lassen. Wahrscheinlich hat das Gründe.

Intros und Extros – zwei große Schubladen

Intro- und Extroversion sind in ihrer Bedeutung ähnlich prägende und ähnlich wichtige Eigenschaften wie die Geschlechtszugehörigkeit. Sie prägen uns tief. Aber wie auch der Unterschied zwischen männlich und weiblich sind sie große »Schubladen«, die allein nicht so aussagekräftig sind, aber eine gute grundsätzliche Orientierung ermöglichen. Die ist allerdings in diesem Fall nicht an äußeren Merkmalen, sondern an der Innenausstattung ersichtlich.

Introvertiert bedeutet »nach innen gewandt«, so wie extrovertiert (oder extravertiert) »nach außen gewandt« bedeutet. Diese unterschiedliche Ausrichtung zeigt sich an ganz verschiedenen Stellen im Hirn. Wir sind allerdings nicht einfach Intros oder

Extros, sondern Mischungen, wir alle haben also intro- und auch extrovertierte Eigenschaften. Das heißt: Wir können in einem Bereich eher nach außen, in einem anderen wieder nach innen gewandt sein.

Die meisten Menschen neigen leicht zur einen oder zur anderen Seite. Das sehen Sie in der Grafik daran, dass die Verteilungskurve in der Mitte hoch ist und zu den Rändern der Skala hin abflacht.

In der Mitte der Skala liegen die Zentro- oder Ambivertierten, bei denen intro- und extrovertierte Merkmale ungefähr gleich verteilt sind. Wenn Sie über sie Näheres nachlesen mögen: In meinem Buch *Intros und Extros* (2014) habe ich den Zentros reichlich Raum gegeben.

Wo Ihre Persönlichkeit steckt

Unterschiede im zentralen Nervensystem

Ihre Persönlichkeit steckt vor allem in Ihrem Kopf. Intro- und Extro-Gehirne unterscheiden sich, und das ist eigentlich nur logisch: »Nach innen« und »nach außen« gewandte Menschen setzen ihre Energie auf unterschiedliche Weise ein. Das wirkt sich auf die »Hardware« aus, und Intros und Extros haben tatsächlich in drei Zonen des zentralen Nervensystems verschiedene Ausstattungen.

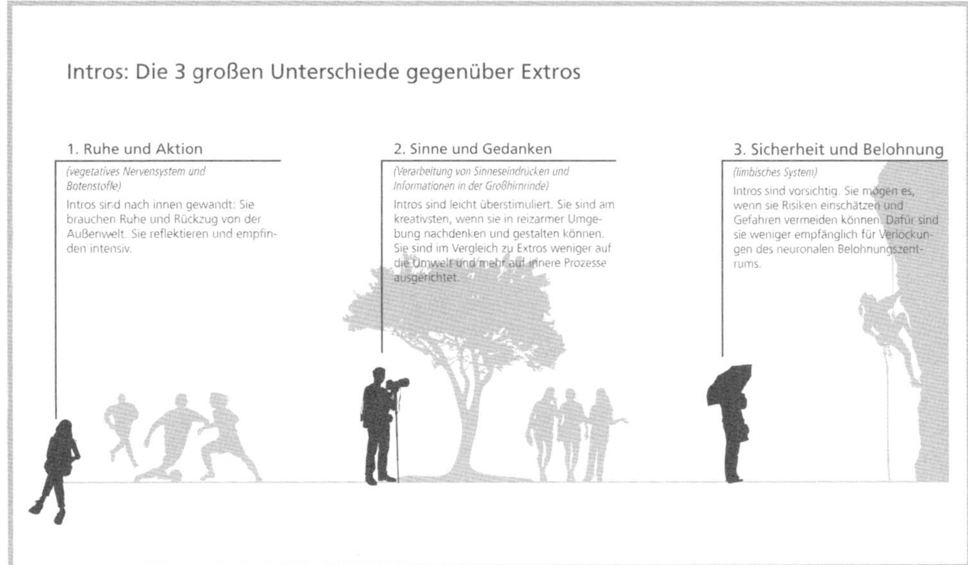

Über die biologischen Unterschiede zwischen Intros und Extros habe ich bereits ausführlich geschrieben. Wenn Sie schon einmal eines meiner Bücher zum Thema gelesen haben (Löhken 2012, 2014 oder 2016), kennen Sie sich damit aus – und ich will Sie hier nicht damit langweilen. Andererseits sollen Sie natürlich diese Bücher nicht extra kaufen müssen, um mehr zu erfahren. Die nächsten drei Abschnitte sind deshalb ein Kompromiss: Ich beschreibe die Unterschiede und füge noch »Kleingedrucktes« hinzu, das Sie bei Interesse lesen können, aber nicht müssen.

Ruhe und Aktion

Intros brauchen Ruhe

Intros benötigen mehr Ruhe und Regeneration. Sie brauchen häufiger den Rückzug, um äußere Eindrücke gut zu verarbeiten und sich zu erholen. Intensive Gefühlswallungen sind bei Intros ziemlich selten. Sie brauchen manchmal länger, um zu reagieren, tun das dann aber besonders passend.

Extros können vergleichsweise leichter und besser Außenreize verarbeiten. Sie sind sogar darauf angewiesen, dass »etwas passiert« und sie nicht zu viel Leerlauf haben. Schließlich heißt extrovertiert ja auch »nach außen gerichtet«. Ruhe, Nachdenken und Innehalten sind nicht so ihre Sache. Stattdessen probieren Extros lieber Dinge aus oder reden über das, was sie noch nicht wissen. Sie erholen sich sogar in Kontakt mit der Außenwelt. Außerdem können Extros himmelhoch jauchzend oder zu Tode betrübt sein – ihr Gefühlsleben ist vergleichsweise intensiv. Die Begeisterung ist eine Extro …

Das Kleingedruckte

Diese Eigenschaften von Intro- und Extrovertierten hängen mit dem aktiven und dem ruhigen Teil unseres vegetativen Nervensystems zusammen. Alle Menschen haben zwar beide Teile, aber in unterschiedlichen Gewichtungen.

Das vegetative Nervensystem ist eine Art Autopilot: Es sorgt dafür, dass wir für alles, was wir zum Überleben brauchen, genügend Energie zur Verfügung haben, also fürs Bewegen und Verdauen, für Angriff oder Flucht, aber auch für Körpertemperatur, Blutdruck oder Herzfrequenz. Stellen Sie sich nur vor, Sie müssten all dies mit Ihrem Bewusstsein steuern …

Diese unübersichtliche Aufgabe schafft unser vegetatives Nervensystem mit zwei unterschiedlichen Kreisläufen: dem *Sympathikus* und dem *Parasympathikus*.

Der Sympathikus ist auf Leistung ausgerichtet. Er sorgt dafür, dass wir uns schnell bewegen, beschleunigt unseren Herzschlag und blockiert die Verdauung – schnell weglaufen und die Pasta verdauen gehen also nicht gleichzeitig. Stattdessen holt der Sympathikus sich die Energie in Form von Fettsäuren aus unseren Polstern. Was ja gar nicht so übel ist.

Der Parasympathikus wird auch Ruhenerv genannt. Er hilft uns, uns zu entspannen, uns zu erholen und Nahrung zu verdauen. Dank ihm können wir Energie speichern und wiederherstellen. So wie der Sympathikus für das kurzfristige Überleben zuständig ist, sichert der Parasympathikus das langfristige Überleben. Wenn er an der Reihe ist, sinkt der Herzschlag, und die Verdauung kommt in Schwung.

Sympathikus und Parasympathikus können nicht gleichzeitig aktiv sein. Wenn der »schnelle« Sympathikus das Kommando hat, geht es darum, eine Stresssituation zu bewältigen – da wäre der langsame Parasympathikus fehl am Platz. Und nur wenn umgekehrt der Parasympathikus für Ruhe und Wiederaufbau sorgen kann, können wir gesund bleiben.

Zwei wichtige Botenstoffe (auch Neurotransmitter genannt) aktivieren das vegetative Nervensystem: Dopamin den Sympathikus und Acetylcholin den Parasympathikus. Dopamin sorgt für innere und äußere Bewegung, also für den motorischen Antrieb, aber auch für Neugier, die Suche nach Abwechslung und für das Anstreben von Belohnungen: Dank ihm handeln wir, riskieren etwas, reden mehr, erobern neue Bereiche oder verteidigen alte, wir sind wacher – kurz: Wir sind aktiv und machen uns auf zu neuen Ufern.

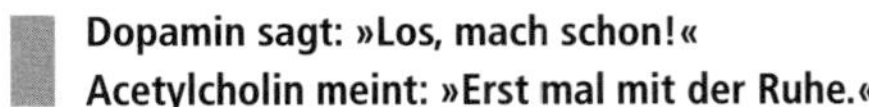

Dopamin sagt: »Los, mach schon!«
Acetylcholin meint: »Erst mal mit der Ruhe.«

Acetylcholin sorgt im System des Parasympathikus dafür, dass es uns gut geht, wenn wir uns nach innen wenden und zur Ruhe kommen. Es sorgt ebenso für Wohlgefühl und ist an anderen schönen Dingen beteiligt als Dopamin: an Reflexion, Gedächtnis, Konzentration, Lernen und Aufmerksamkeit.

Wir wissen heute, dass Intros stärker vom Parasympathikus geprägt werden. Sie reagieren empfindlicher auf Dopamin und sind deshalb leichter von äußeren Eindrücken überstimuliert. Dafür braucht das Introsystem im Vergleich auch eine längere Zeit für die Übermittlung von Reizen.

Extros dagegen sind stärker vom Sympathikus geprägt; sie haben zwar vergleichbar viel Dopamin in ihren Nervenbahnen wie Intros – aber die Dopamindosis ist in Extro-Hirnen messbar aktiver.

Wenn Intros sich wohlfühlen, liegt das dagegen eher an der Wirkung des parasympathischen Acetylcholin.

Sinne und Gedanken

Unterschiedliche Verarbeitung von Außeneindrücken

Der zweite Unterschied betrifft die Verarbeitung von Außeneindrücken. Die nach außen gewandten Extrovertierten haben im Vergleich zu ihren Intro-Brüdern und -Schwestern eine solide Ausstattung mitbekommen: Sie können viel über die Sinne aufnehmen und finden neue Eindrücke und Erfahrungen angenehm anregend. Unruhig oder gereizt werden Extros, wenn sie zu wenig mit Außenreizen versorgt werden: zum Beispiel bei Routinetätigkeiten oder in langweiliger Gesellschaft. Viel Abwechslung und ein gutes Tempo im täglichen Leben finden sie dagegen gut.

Intros dagegen bekommen eher das gegenteilige Problem: Ihnen wird es leicht zu anstrengend, wenn zu viel auf einmal auf sie einprasselt. Leise Menschen brauchen auch zuweilen längere Zeit zum Nachdenken und wirken womöglich nach außen inaktiv. Dafür haben sie zwischen ihren Ohren jede Menge Aktivität: einen inneren Reichtum in Bereichen wie Nachsinnen, Vergleichen, Lernen, Erinnern, Problemlösen. Die Gedanken und Gefühle der Innenwelt können dann auch genau das sein: eine ganze Welt. Und auch Intros können sich langweilen: wenn ihnen das, was sie bereden, bedenken oder bearbeiten sollen, zu wenig Futter fürs Hirn bietet.

Das Kleingedruckte

Alle Menschen haben eine Ausstattung im Hirn, die es ihnen ermöglicht, Eindrücke von außen zu verarbeiten, die über die Sinne hereinkommen. Extro-Hirne haben in den Bereichen, die für die Aufnahme von Sinnesreizen zuständig sind, richtig viel Kapazität; es gibt einen messbar stärkeren Blutfluss. Sie haben es dadurch leicht, viele verschiedene Außeneindrücke aufzunehmen.

In Intro-Hirnen fließt im Vergleich weniger Blut durch die Bereiche, die auf die Aufnahme von Sinneseindrücken spezialisiert sind. Doch es gibt einen fairen Ausgleich: Das Blut ist nämlich nicht weg aus den Intro-Hirnen; es ist einfach woanders, nämlich in der vorderen Großhirnrinde: dort, wo Lernen, Entscheiden, Erinnern und Problemlösen angesiedelt sind. Das ist ausgleichende Gerechtigkeit! Dies bedeutet aber nicht, dass Intros immer schneller sind, wenn Denken angesagt ist. Im Gegenteil: Intros haben ganz wörtlich »längere Leitungen« in ihren Hirnen, weswegen die Reize längere Strecken zurücklegen.

Sicherheit und Belohnung

Intros sind oft vor- und umsichtige Menschen. Sie überlegen sorgfältig, bevor sie ein Risiko eingehen, und achten gut auf das, was um sie herum passiert. Sie werten diese Eindrücke dann sorgfältig aus. Das ist eine gute Grundlage für Intro-Stärken wie gutes Beobachten und Zuhören, tiefe Reflexion und Einfühlungsvermögen. Intros wirken auf ihre Mitmenschen oft verlässlich und vertrauenerweckend. Sie geraten durch Neues und Unerwartetes allerdings leichter in Stress als Extros. Von äußeren Anreizen lassen Intros sich dafür weniger locken; Statussymbole oder klassische Karrieren sind für sie oft merkwürdig wenig attraktiv.

Intros streben eher nach Sicherheit, Extros nach Anreizen

Extros dagegen sind für attraktive Anreize eher empfänglich. Sie fühlen sich in Risiken und Ungewissheiten wunderbar lebendig, mögen oft teure und statusträchtige Besitztümer und schätzen Überraschungen und neue Erfahrungen. Im Ferrari sitzt eher eine Extro als eine Intro. Extros lassen sich von Belohnungen leichter locken als Intros und wagen auch Ungewöhnliches, um sie zu bekommen. Manchmal unterschätzen Extros Gefahren und überschätzen sich selbst, wenn sie reizvollen Zielen nachgehen. In anstrengenden, stressreichen Situationen bewahren Extros leichter Ruhe und reagieren flexibel.

Das Kleingedruckte

Im Emotionsbereich unseres Hirns, dem limbischen System, spielt der sogenannte Mandelkern (Nerdwort: Amygdala) eine der Hauptrollen im großen Gefühlskino. Er ist so etwas wie die Vorsichtszentrale und zuständig für die Einschätzung von Gefahren. Er versetzt den Körper in Alarmbereitschaft, wenn ihm etwas bedrohlich oder riskant vorkommt.

Der Mandelkern in Intro-Hirnen reagiert im Vergleich zu Extro-Hirnen empfindlicher auf Umweltreize. Deshalb geraten Intros durch Neues und Unerwartetes leichter in Stress und empfinden Risiken intensiver.

Extros haben im limbischen System ebenfalls einen Bereich, der besonders empfindlich reagiert: das Belohnungs- oder auch Lustzentrum (Nerdwort: Nucleus accumbens). In diesem Bereich des großen Gefühlskinos entstehen Glücksgefühle. Die haben Intros zwar auch ganz gern, aber das Extro-Belohnungssystem reagiert messbar stärker auf Umweltreize.

Intro oder Extro? Machen Sie den Test

Wenn Sie wissen wollen, wo Sie persönlich angesiedelt sind, dann finden Sie auf meiner Website einen Test, mit dem Sie schnell herausfinden, welche Intro-Eigenschaften Sie haben: www.

intros-extros.com/online-test/. Sie benötigen keinen besonderen Zugang und ich frage Sie weder nach Ihrem Namen noch nach Ihrer E-Mail-Adresse.

Was macht unser Leben glücklich?

> *»Das Glück ist eine leichte Dirne.«*
> Heinrich Heine

In den virtuellen und echten Buchläden gibt es viele, viele Meter an Literatur, die uns dabei helfen soll, glücklich zu werden. Rein neurobiologisch gesehen fühlen wir uns glücklich, wenn ein Cocktail aus verschiedenen Hormonen und Neurotransmittern ausgeschüttet wird: vor allem Serotonin, Noradrenalin und das Dopamin, dem wir oben schon begegnet sind.

Intros sind selten euphorisch

Das aktive Belohnungszentrum der Extros scheint sie – zusammen mit dem höheren Dopaminpegel – im Vergleich zu den Intros sozusagen talentierter für Glücksgefühle zu machen. Und wenn wir Glücksgefühle mit euphorischen Zuständen gleichsetzen, dann ist daran sogar etwas Wahres: Intros sind mit ihrer Hirnchemie relativ selten euphorisch. Zum Glück ist Glück aber viel mehr als ein himmelhoch jauchzendes Rosawolkenweltumarmungsgefühl und Fühlgut-Ding.

Es gibt keine objektive Messlatte für das Glück. Und somit auch keinen Vergleichsmaßstab. Ist die Intro, die mit einem heißen Tee und einem guten Buch am Kamin sitzt, weniger glücklich oder glücklicher als der Extro, der fröhlich lachend mit seinen Kumpels in der Achterbahn sitzt?

Glück – immer eine Momentaufnahme

Die beiden Beispiele zeigen eine Eigenschaft des Glücks: Es ist eine Momentaufnahme. Kein Mensch der Welt wacht morgens glücklich auf, geht glücklich durch den Tag und legt sich am Abend glücklich schlafen. (Und ganz ehrlich: Wenn es einen solchen Typen gäbe – würden Sie ihn kennenlernen wollen?) Es gibt Wissenschaftler, die behaupten, dass das Glück in unserem Leben so etwas wie ein Nebenprodukt ist: Es passiert uns manchmal. Für eine kurze Zeit. Und dann sind wir wieder im Normalzustand oder auch einmal unglücklich, je nachdem.

Zwei Arten von Glück

Das Thema Glück ist so wichtig, dass ich Sie für die zweite, echte Art des Glücks auf eine Reise zum Urvater der Glücksphilosophie mitnehmen möchte: zu Aristoteles. Er war der Erste, der das Thema aus den Dunstkreisen von Politik und Religion befreite und auf den einzelnen Menschen bezog. Glück sollte durch eigenes Denken und Handeln »machbar« werden. Aristoteles gab vor diesem Hintergrund in seiner *Nikomachischen Ethik* schon vor über 2300 Jahren Anhaltspunkte zu nach wie vor ziemlich aktuellen Fragen: Was ist ein gutes Leben? Wie wird man glücklich? Das Thema Glück beschäftigt die Menschen offensichtlich schon länger.

Glück durch Lust und Glück durch gelungene Lebensführung

Es gibt zwei Arten und zwei Verständnisse von glücklichem Wohlbehagen: zum einen das *Glück durch Lust*, zum anderen das *Glück durch gelungene Lebensführung*.[1] Das Glück durch Lust ist an Gefühle und Ereignisse gebunden: Schmerz soll vermieden, Wohlbehagen maximiert werden. Wir wissen heute, dass Glücksgefühle, die auf guten Ereignissen beruhen (eine neue Liebe, eine dicke Gehaltserhöhung, ein Wunschkind, ein Lottogewinn), ziemlich schnell vergehen. Geld allein macht eben nicht dauerhaft glücklich. Erst recht nicht, wenn der Nachbar mehr hat als wir ...

Aristoteles zeigt erstmals: Es ist die eigene Lebensführung, die uns zu Glück verhilft: wenn wir, wie er sagt, »richtig handeln«. Was das ganz genau bedeutet, macht er vom Einzelnen abhängig. Aber er gibt allgemeine Hinweise, was zählt. Hier ein Überblick:

Glück nach Aristoteles: gelungene Lebensführung

1. Leben Sie Ihre eigenen Begabungen und Stärken in Ihren Handlungen.
2. Setzen Sie sich Ziele, die größer sind als nur Ihr eigenes Lebensglück. Sie sollen auch anderen nützen und nicht rein egoistisch sein, sondern einem übergeordneten Sinn dienen – also anderen oder einer guten Sache zugutekommen.
3. Tun Sie das, was für Sie gut, richtig und wertvoll ist. Heute nennen wir das »intrinsische Motivation«. Eine solche liegt vor, wenn Sie noch etwas anderes erwarten, das hinter Ihrem Handlungsziel liegt. *Beispiel:* Sie helfen jemandem und fühlen sich deshalb gut. Oder: Sie gründen ein Start-up, um Ihre Idee von einem erfolgreichen Unternehmen umzusetzen.
4. Bestimmen Sie selbst, mit welchem Handeln es Ihnen gut geht und was für Sie wert- und sinnvoll ist: freiwillig und in eigener Verantwortung. Zwang macht nicht glücklich, sich anpassen an andere auch nicht. Viel deutet darauf hin, dass emotionale Erlebnisse eher glücklich machen als materieller Besitz. Der Sommerausflug mit Freunden wäre damit eher glücksfördernd als der Besitz eines Picknickkorbs.

Wesentlich für glückliche Momente und Zufriedenheit ist, dass wir etwas tun, was für uns tief sinnbesetzt ist. Und nicht die äußeren Ereignisse sind es, die uns glücklich machen, sondern es sind die Strategien und Haltungen, mit denen wir äußere Ereignisse durchleben. Genuss darf – Aristoteles zufolge und überhaupt – trotzdem sein. Er liegt aber auf einer ganz anderen Ebene als bei den lustbetonten Glücksklimmzügen. Freude und Vergnügen sind im Rahmen einer gelungenen Lebensführung keine Ziele, sondern natürliche Nebenwirkungen eines selbstbestimmten und sinnvollen Lebens, wie sich aus den vier genannten Prinzipien ergibt.

■ **Es ist gut, dass wir nicht ständig glücklich sind.**

In schlechteren Zeiten wachsen

Unter uns Intros können wir eine Tatsache festhalten, die unsere Belohnungszentren wenig stimuliert: Es ist sehr gut, dass wir nicht ständig glücklich sind. Unsere Wachstums- und Reifungsphasen liegen gerade in den Zeiten, in denen wir nicht zufrieden und vergnügt in die Welt sehen oder in denen wir Krisen durchleben. »Drachen steigen gegen den Wind«, sagt ein chinesisches Sprichwort, und das gilt für unsere innere Entwicklung womöglich auch.

Tiefes Glück durch Sinn

Viele außergewöhnliche Persönlichkeiten lebten in Umständen, die sehr unangenehm waren. Albert Schweitzer baute sein Krankenhaus im Dschungel. Viktor Frankl entwickelte seine Gedanken zu einem guten, sinnerfüllten Leben im Konzentrationslager. Mutter Teresa lebte mit den Ärmsten der Armen in Kalkutta. Für lustbetont Lebende ist in solchen Biografien wenig Glück möglich – und doch erfahren gerade Menschen, die es nach außen hin schwer haben oder es sich schwer machen, besonders glückliche Phasen.

Von der Theorie ins echte Leben: Die Terman-Studie

So weit die Gedanken zum Glück. Doch wohin soll die Reise zu einem guten Leben konkret gehen? Es gibt verschiedene Konzepte davon, wie wir unser Leben entwickeln können. Viele sind an eine Weltanschauung oder an eine Lebenssituation gebunden, setzen also bestimmte Grundannahmen voraus. Stellen Sie sich vor, Sie fragen den Dalai Lama, einen muslimischen Flüchtling oder die methodistisch geprägte US-Spitzenpolitikerin Hillary Clinton nach ihrem Rezept für ein gelungenes Leben. Die Antworten werden sich wahrscheinlich in vielen Aspekten unterscheiden.

Zum Glück gibt es Wissenschaftler, die den ganz großen Wurf wagen. Sie beobachten über Jahre eine größere Zahl von Versuchspersonen und suchen nach soliden Daten, die Auskunft über ein gelungenes Leben geben. Zwei dieser Langzeitstudien stelle ich Ihnen kurz vor: die Terman-Studie und die Grant-Studie.

Terman-Studie: Daten zu 1500 Personen

Die Terman-Studie ist die älteste Langzeit-Studie in der Psychologie. Untersucht wurden die Lebensläufe von 1500 hochbegabten Menschen, die um 1910 in Kalifornien geboren wurden. Der Stanford-Psychologe Lewis Terman, Entwickler des Stanford-Binet-Intelligenztests, hatte die Intro-Stärke der Beharrlichkeit: Er protokollierte über 35 Jahre hinweg die Entwicklung seiner Probanden; nach seinem Tod übernahmen andere Wissenschaftler die Weiterführung der Studie.

Die Studie ist aus verschiedenen Gründen auf Kritik gestoßen, insbesondere wegen ihrer hoch umstrittenen Vorannahmen zur Vererbung, aber auch weil die Teilnehmenden sämtlich aus Familien kamen, die sozial und ökonomisch deutlich über dem amerikanischen Durchschnitt lagen. Es ist also nicht klar, ob der IQ oder das günstige soziale Umfeld für spätere Erfolge verantwortlich war. Lässt man Fragen nach Begabung und ihren Ursprüngen außen vor, so lassen sich aus dieser Studie aber spannende Ergebnisse ableiten.

Hängt ein langes, gesundes Leben mit Persönlichkeitsmerkmalen zusammen?

Terman stellte viele Fragen, die die Persönlichkeit der Teilnehmenden erkundeten. Wie vernünftig ist das jeweilige Kind? Ist es fröhlich? Geht es gern auf Partys? Spielt es lieber im Haus oder draußen? Zu solchen Merkmalen liegen Daten für über 1500 Menschen vor – und das erlaubt eine Frage, die für unser Thema wichtig ist: Hängt ein langes, gesundes Leben mit Persönlichkeitsmerkmalen zusammen?

Ganz wesentlich für ein gutes Leben: Gewissenhaftigkeit

Aus den Daten der Studie lassen sich Antworten finden, die über ein reines »Ja« weit hinausgehen. Das Persönlichkeitsmerkmal, das demzufolge für ein langes Leben am wichtigsten ist, ist (»tadaa!«): die Gewissenhaftigkeit.

Die Psychologen Howard Friedman und Leslie Martin von der University of California (Riverside) griffen auf die Daten der Terman-Studie zurück und stellten fest: Beharrlichkeit und Gewissenhaftigkeit beeinflussen die Länge und sogar die Qualität eines Lebens signifikant positiv.[2] Beharrlichkeit und Gewissenhaftigkeit, Besonnenheit und gute Organisation haben größere Auswirkungen auf den Erfolg als Intelligenz. Die Studie liefert Nachweise dafür, dass die so langweilig klingende Eigenschaft der Gewissenhaftigkeit viele gute Dinge mit sich bringt. Howard Friedman und Leslie Martin zeigen anhand der Daten, dass gewissenhafte Menschen gesündere Lebenssituationen und Beziehungen aufsuchen. Sie fassen zusammen:

> ***»Gewissenhafte Menschen haben nicht nur gesündere Verhaltensweisen und gesündere Hirnstrukturen, sie finden auch zu glücklicheren Ehen, besseren Freundschaften und gesünderen Arbeitssituationen.«***[3]

Wann ist ein Leben gelungen? Die Grant-Studie

An der Harvard-Universität in Cambridge / Massachusetts begleiten seit rund 80 Jahren Wissenschaftler 268 Harvard-Absolventen der Abschlussjahrgänge 1939 bis 1944 – und zwar vom Studium bis in den Ruhestand. Die Grant-Studie gehört zu den größten und ältesten weltweit und sie ist noch immer nicht abgeschlossen. Hinter diesem riesigen Projekt steht eine große Forschungsfrage, die genau unserem Interesse entspricht: Was ist ein erfülltes, gelungenes Leben?

Die Grant-Studie kombiniert medizinische, psychologische und soziologische Daten

Solide Antworten auf diese große Frage sollten statistisch tragfähig sein und auch kritischen wissenschaftlichen Nachfragen standhalten. Deshalb war das Verfahren von Beginn an sehr aufwendig: Die körperliche und psychische Gesundheit wird ebenso untersucht wie die Zufriedenheit der Teilnehmer. In regelmäßigen Abständen – mindestens alle zwei Jahre – führen Psychologen ausführliche Gespräche mit den Teilnehmern. Eine medizinische Untersuchung steht alle fünf Jahre an. Mehrmals jährlich füllen die Teilnehmer ausführliche Fragebögen aus. Diese Kombination macht die Studie so besonders: Sie liefert verlässlich umfangreiche medizinische, psychologische und soziologische Daten in Kombination.

Die Teilnehmer der Studie haben viele äußere Gemeinsamkeiten: Es sind durchweg männliche, weiße Amerikaner, die mit ihrem Harvard-Studium zur Bildungselite gehören und über einen sehr hohen Sozialstatus verfügen. Weil es aber sonst kaum so umfangreich und solide über so viele Jahre erhobene Daten gibt, greifen dennoch viele Wissenschaftler auf die Studie zurück.

Was aber ist nun ein gelungenes Leben? Innerhalb der Studie lautet die Antwort so:

> **Wer im Alter an Leib und Seele gesund und außerdem zufrieden ist, der erfüllt die Bedingungen an ein erfülltes Leben. Dabei zählt die eigene Einschätzung ebenso wie die Meinung von Ärzten und Psychologen.**

Diese Aussage konkretisiert zwar die Vorstellung von einem gelungenen Leben. Allerdings wollen Sie wahrscheinlich nicht warten, bis Sie die ersten Jahre Rente hinter sich haben, um Ihr eigenes Leben danach einzuschätzen.

Die nächste und noch interessantere Frage lautet deshalb: Wie genau erreichen die Teilnehmer ein erfülltes, gelungenes Leben?

Ein erfülltes Leben erreichten etwa 25 Prozent

Ein erfülltes Leben erreichten etwa 25 Prozent der Männer. Die Daten der Studie liefern klare Anhaltspunkte, wie ihnen das gelingen konnte. Einige Kriterien haben wir schon geahnt: Es ist besser, nicht zu viel zu rauchen und zu trinken. Übergewicht ist ebenfalls wenig hilfreich, wenn es uns im Alter gut gehen soll. Es ist außerdem besser, wenn wir uns ab und zu mehr bewegen als nur vom Sofa zum Kühlschrank.

Darüber hinaus gibt es aber auch spannendere Ergebnisse. George Vaillant, der die Studie seit 1967 leitet, sagt im Interview mit der *Süddeutschen Zeitung*[4]: »Glück hat mehr mit Eleganz als mit Wohlstand zu tun. Eine gewisse Ordnung der Umgebung und der Umstände gehören zum Glück, und dazu Menschen, die man liebt und die einen lieben.«

Erste Erkenntnis: Das Wichtigste ist Bindung

Das klingt erst einmal abstrakt. Wie genau sollen wir das anstellen? Drei Erkenntnisse geben uns eine Orientierung. In einem Interview mit dem *Spiegel* bringt Vaillant die erste wichtige Erkenntnis der Studie so auf den Punkt:[5] »Das mit Abstand Wichtigste ist die Bindung. Dabei geht es nicht unbedingt um die Bindung zum Lebenspartner, sondern eher um die grundsätzliche Beziehung zu anderen Menschen.«

Zu diesen Beziehungen gehören eine Kindheit mit zugewandten Eltern und eine enge Verbindung zu den Geschwistern ebenso wie eine stabile Partnerschaft und gute Freunde. Wenn Sie ein erfülltes Leben anstreben, sollten einfühlsame Verbindungen zu Familienmitgliedern und Freunden also ganz oben auf Ihrer Liste stehen. Pflegen Sie Ihre Kontakte, Ihre guten Beziehungen – und Ihre Fähigkeit, Kontakte zu schließen und zu erhalten!

Intros sind wie Extros Gemeinschaftswesen – der Unterschied liegt in der Gestaltung von Gemeinschaft: Intros haben bevorzugt mit wenigen Menschen tief gehende Kontakte und einen vertrauensvollen Austausch, anstatt mit vielen Menschen einen weniger verbindlichen Austausch zu pflegen.

Zweite Erkenntnis: Es geht nicht um die Umstände, sondern um den Umgang damit

Die zweite wichtige Erkenntnis ist: Nicht die äußeren Umstände sind es, die uns glücklich oder unglücklich machen. Wie wir allerdings mit diesen Umständen umgehen, das ist umso wichtiger. Oder anders formuliert: Die »Adaptierer« haben eine gute Aussicht auf ein gelungenes Leben. Das sind Menschen, die versuchen, auch aus schwierigen Umständen zu lernen, und die das Erkannte später nutzen.

Gerade für Intros ist dabei ein Aspekt wichtig: Fressen Sie Probleme nicht in sich hinein. Die Studie zeigt deutlich: Das macht uns auf Dauer krank. Nach außen gewandte Extros sind dagegen eher in Versuchung, ihren Frust nach außen abzuleiten – worunter dann die Mitmenschen leiden.

Die dritte Erkenntnis betrifft den Umgang mit den eigenen Gefühlen. Menschen mit einem gelungenen Leben schaffen es, ihre Gefühle so zu kanalisieren, dass sie sich und anderen nicht schaden – zum Beispiel regulieren sie Frustration durch Sport.

Dritte Erkenntnis: Gefühle so kanalisieren, dass sie nicht schaden

Hier sind die Ergebnisse der beiden Studien über gelingendes Leben noch einmal in kurzer Rezeptform:

!

Terman-Studie: 5 Rezepte für ein langes und gutes Leben

1. Seien Sie beharrlich.
2. Seien Sie besonnen.
3. Seien Sie gewissenhaft.
4. Kultivieren Sie Ihre gute Organisation.
5. Lehnen Sie sich zurück, wenn Sie nicht den IQ von Albert Einstein haben. Die ersten vier Eigenschaften sind für ein erfolgreiches Leben wichtiger.

Grant-Studie: Rezepte für ein erfülltes, gelungenes Leben (definiert als ein gesundes, zufriedenes Leben)

1. Verzichten Sie auf Alkohol und Tabak und bleiben Sie normalgewichtig. Bewegen Sie sich regelmäßig.
2. Pflegen Sie Ihre Kontakte zu anderen Menschen. Gestalten Sie vertrauensvolle Bindungen zu Partner, Kindern, Verwandten und Freunden.
3. Lernen Sie aus den Umständen, auch wenn diese schwierig sind. Nutzen Sie das Gelernte.
4. Stehen Sie zu Ihren Gefühlen, aber kanalisieren Sie sie so, dass Sie sich und anderen nicht schaden.

Sehen Sie noch einmal in Ruhe auf dieses Rezeptblatt für ein gutes Leben – eine halbe Seite, in der viele, viele Jahre Forschung stecken. Fällt Ihnen etwas auf? Ich war erstaunt, als ich sah: Mit ihren Stärkepotenzialen an Substanz und Vorsicht, analytischem

Intros sind optimal ausgestattet

Denken und Beharrlichkeit sind Intros optimal ausgestattet, um der nächsten sinnvoll aussehenden Station ihrer Entwicklung entgegenzuwandern.

Und auch wenn Intros nicht in Euphorie ausbrechen, sobald sie eine Station ihres Lebens gut gemeistert haben: Entscheidend ist etwas ganz anderes. Wer sich bewegt, weil er etwas vom Leben erwartet, der bewegt auch etwas von seiner Welt. Und gelungenes Leben hat etwas mit dieser Art von Bewegung zu tun: Es entwickelt sich.

Doch hier kommt der zur Beständigkeit neigende Intro zur nächsten Frage: Ist es für unsere Entwicklung nicht manchmal gut, lieber am jeweiligen Platz zu bleiben? Wann ist dann Bewegung angesagt? Um diese Fragen geht es im nächsten Abschnitt.

Beständigkeit und Veränderung

»Mensch, was du liebst,
in das wirst du verwandelt werden.«
Angelus Silesius

Intros neigen zur Beständigkeit

Gelungenes Leben enthält immer beides: Beständigkeit und Veränderung. Meistens wünschen wir uns, dass das, was wir in unserem Leben als gut erleben, möglichst unverändert bleibt. Vor allem Intros mit ihrem Bedürfnis nach Sicherheit wünschen sich oft, dass alles so bleibt, wie es ist: Der Job möge sicher sein, unsere Beziehungen stabil, unsere Gesundheit erst recht. Rituale und Routinen haben etwas Beruhigendes und Anheimelndes. Halten Sie sich die ganz einfachen Dinge vor Augen: Was trinken Sie? Wo gehen Sie gern essen?

Veränderungsstufen

Manchmal aber wollen wir Dinge in unserem Leben ändern. Oder wir denken, wir müssen. Das können Lebensumstände sein, aber auch eigene Verhaltensweisen. In diesem Abschnitt fragen wir uns, wie Veränderung eigentlich gelingen kann.

»Entwicklung heißt Bewegung, Bewegung beinhaltet Veränderung – und paradoxerweise kann eben auch das Bemühen, uns selbst treu zu bleiben, Veränderung verlangen. […] Zwischen diesen beiden Polen – Beharren auf dem Alten einerseits und dem Wunsch nach […] Veränderung andererseits – bewegen wir uns ein Leben lang.«

Dr. Elisabeth Mardorf (2012), S. 24

Veränderungen erfolgen meist langsam

Echte Veränderungen geschehen meistens langsam: In der Natur wechseln allmählich die Jahreszeiten. Wir reifen langsam vom Kind zum Erwachsenen. Das gilt auch für unser Innenleben: Nur sehr selten machte es »Zack!« und auf einmal sind wir ganz anders. Dennoch müssen wir uns manchmal entscheiden: Will ich X ändern? Oder soll X bleiben?

Veränderungsstufe 1: wahrnehmen, wo es drückt

Sehen wir uns diese Stufen in einem solchen Prozess einmal an. Bei der ersten Veränderungsstufe geht es darum, wahrzunehmen, wo es drückt. Woran lässt sich erkennen, ob gerade eine Bewegung oder ein beharrliches Bleiben gut ist? Der Impuls, dass wir bei allen Stabilitätswünschen doch etwas ändern wollen, geht meistens mit einem Gefühl des Unbehagens am Status quo einher. Etwas piekst uns, stört uns, macht uns unzufrieden oder tut uns weh.

Diese Fragen helfen:
Was tut weh?
Womit bin ich unzufrieden?

Die drei Intros in den nachfolgenden Beispielen haben ganz unterschiedliche Druckpunkte, die auf Veränderungen verweisen.

Anne, Theo und Gabi: Veränderung im Beruf (1)

Anne ist Managerin in einem mittelständischen Unternehmen. Ihr fällt immer wieder auf, dass ihre Anwesenheit und auch ihre Äußerungen wenig Aufmerksamkeit bekommen. Besonders in Meetings nervt sie das. Sie hat noch einiges vor und wünscht sich eine entsprechende Außenwirkung. Sie will deshalb etwas ändern.

Theo ist in seinem Job als Projektmanager in einem Automobilkonzern erfolgreich. Aber er fragt sich in letzter Zeit immer wieder, ob das alles ist. Er fühlt sich gelangweilt und irgendwie auch unausgefüllt.

Gabi hat eine Familienphase hinter sich, die viel länger als geplant gedauert hat. Ihre jüngere Tochter war in ihren Kleinkindjahren oft im Krankenhaus und brauchte viel Zeit und Betreuung. Sie spürt einen inneren Druck, jetzt wieder in den Beruf einzusteigen.

In solchen Situationen wünschen wir uns, dass eine Veränderung eine Verbesserung bringt. Und wir haben auch einen Antrieb dazu: weil wir ja eben unzufrieden sind. Dieser Antrieb gibt uns den Mut, die Veränderungen auch anzugehen: weil es sich ab einem bestimmten Zeitpunkt schlimmer anfühlt, wenn wir nichts tun. Das überzeugt sogar ein zaghaftes Vorsichtszentrum im Gehirn.

Veränderungsstufe 2: Verstand nutzen, Muster suchen

Wenn unser Verhalten unerwünschte oder unangenehme Folgen hat, dann wollen wir das zwar gern ändern. Wirklich herankommen können wir an das Problem aber nur, wenn wir eine Ahnung davon bekommen, wo die Ursachen liegen könnten. Das ist eine Aufgabe für unseren Verstand: eine Analyseleistung. In der zweiten Phase unserer Veränderung sehen wir deshalb genauer hin. Wir entdecken Zusammenhänge.

Diese Fragen helfen:
Wo tritt das Problem auf? Wo noch? Habe ich Gewohnheiten, die zu dem Problem führen? Gibt es Zusammenhänge zwischen den Situationen, die mir in den Sinn kommen, wenn ich an mein Problem denke?

Anne, Theo und Gabi: Veränderung im Beruf (2)

Anne macht, was sie besonders gut kann: eine Liste. Sie hält jede Situation fest, in der sie sich übergangen oder zu wenig gehört fühlt. Ihre Analyse: Immer dann, wenn sie mündlich kommuniziert, kommt sie nicht gut an. Dazu gehören Meetings, Vortragssituationen, aber auch Gespräche. Anne weiß auch, dass sie dazu neigt, leise und schnell zu sprechen.

Theo fragt sich, was genau ihn so langweilt und frustriert. Dabei stößt er rein sachlich auf viele Dinge, die ihm sehr gut gelingen: Komplizierte Konzepte, die Kollegen gern vor sich herschieben, schreibt er gern und konzentriert. Seine Projekte managt er mit ruhiger Hand und er kommt mit seinem Team gut klar. Er löst auch heikle Probleme gut und ist sogar so etwas wie der Diplomat in seiner Abteilung. So richtig kommt Theo mit diesen Überlegungen nicht weiter, denn das, was er tut, ist weder über- noch unterfordernd. Er versteht seinen Überdruss nicht.

Gabi überlegt, in welchen Situationen sie aus dem Familienkontext herauswill. Ihr wird klar, dass der Impuls immer dann kommt, wenn es gerade wieder einmal finanziell knapp wird. Ihr Mann ist Freiberufler im IT-Bereich und verdient ganz gut, aber unregelmäßig. Wenn Aufträge ausbleiben, spürt Gabi das Bedürfnis, Geld hinzuzuverdienen und für die Familie eine gute materielle Grundlage zu sichern.

Wenn wir Veränderungen nur mit dem Verstand schaffen wollen, dann … Ach, nehmen wir ein Beispiel. Haben Sie schon einmal einen ganz vernünftigen Vorsatz für das neue Jahr gefasst? Weniger Süßigkeiten essen, mit dem Rauchen aufhören, mehr Sport treiben? Und? Genau.

Der Verstand allein reicht also nicht aus. Unser Fühlen ist älter, stärker und auch stabiler: Auch in Situationen, in denen wir kaum denken, fühlen wir. Wenn wir uns verändern, ist das unbequem und anstrengend. Wenn unser Gehirn einmal bestimmte Muster hat, dann gibt es sie nur ungern auf. Veränderungen schaffen wir nur, wenn wir das vierte Rezept der Grant-Studie befolgen, das Sie gerade kennengelernt haben: wenn wir unsere Gefühle ernst nehmen. Das ist die dritte Veränderungsstufe: Gefühle mitnehmen. Dabei ist es erlaubt, auch über den Raum hinauszudenken, in dem Sie im letzten Schritt Ihre Situation analysiert haben. Das tun Sie, indem Sie sich emotional in einen Bereich beamen, der für Sie gut aussieht und die Veränderung lohnt.

Veränderungsstufe 3: Gefühle mitnehmen

Diese Fragen helfen:
Was macht mir richtig Freude? Wonach sehne ich mich? Wovon träume ich? Wann geht es mir besonders gut?

Unser Gefühlskompass leitet uns. Aber er ist nicht so konkret wie der Verstand, der alles schön in Sprache packen kann. Es kann passieren, dass Sie einen Gefühlsimpuls spüren und etwas tun, um ihm nachzugehen. Sie verändern sich also – und dann sind Sie doch nicht zufrieden. In solchen Fällen ist es am besten, noch einmal auf den Kompass zu blicken und einen neuen Anlauf zu versuchen. Bei Anne, Theo und Gabi ging es sehr unterschiedlich weiter:

Anne, Theo und Gabi: Veränderung im Beruf (3)

Anne fühlt sich wohl, wenn sie in ganz kleinen Gruppen oder allein ist. Und sie zieht es vor, zu schreiben, anstatt zu reden. Besonders gern plant sie und schreibt Listen, weshalb ihr die Arbeit in Veränderungsstufe 2 auch so leicht fiel. Und sie mag soziale Medien. Die Antworten findet Anne selbst erst einmal grenzwertig: Mit Listen lässt sich schließlich kein Managementjob erledigen, mit dem Besuch von Websites auch nicht. Anne hadert eine Zeit lang. Dann nimmt sie an, dass sie vielleicht mehr Freude am mündlichen Austausch bekommt, wenn sie darin besser wird. Sie macht ein Stimmtraining. Und noch eins. Und ein ausführliches Kommunikationscoaching. Ihre Lust aufs Reden steigt aber leider nicht mit ihrer sprachlichen und stimmlichen Kompetenz. Anne geht wieder zurück zum Schriftlichen. Und zum Planen. Und zum Internet. Um eine lange Reise kurz zusammenzufassen: Anne macht das Planen zu ihrem Beruf.

Theo ist rein rational gar nicht weitergekommen. In dieser Stufe fragt er sich, was ihm eigentlich Freude macht. Er findet dazu die folgenden Antworten: wenn er ehrenamtlich in einer Suppenküche aushilft und Essen verteilt; wenn er daran mitwirken kann, dass Menschen besser miteinander auskommen; wenn er seinen Kollegen, aber auch Freunden und Bekannten helfen kann, ein Problem zu lösen oder weiterzukommen. Sein Gefühl zeigt ihm: Er gehört zu den Idealisten, die die Welt verbessern wollen. Theo wird bewusst, dass er seinen Idealismus in seinem Unternehmen in der Automobilbranche nur teilweise leben kann. Was er sich wirklich wünscht, ist, dass auch sein Arbeitgeber »die Welt ein bisschen besser macht«. Die Suppenküche und die Hilfe für Kollegen reichen nicht aus. Theo sucht nach vergleichbaren Positionen in Unternehmen mit sozialem Anspruch. Meistens hält er das soziale Engagement, das die Firmen zeigen, für eine Art Feigenblatt. Er sucht weiter. Hellhörig wird er, als eine große Organisation im Entwicklungs- und Bildungsbereich eine Managementposition ausschreibt. Seine Kompetenz und seine Wirtschaftserfahrung würden gut passen – aber er muss deutliche Abstriche beim Gehalt machen.

Gabi lächelt, als ich ihr die Frage stelle, was ihr besondere Freude macht. »Bei meinen Kindern sein!«, sagt sie spontan. Sie sorgt sich noch immer sehr um die Gesundheit ihrer Jüngsten. Bei Gabi ist der Wunsch nach Veränderung von außen gekommen: Sie will ihren Mann finanziell entlasten und auch für mehr finanzielle Sicherheit sorgen.

Veränderungsstufe 4: eine Entscheidung treffen

In der vierten Stufe geht es darum, eine Entscheidung zu treffen; das Planen und Nachdenken wird vom Handeln abgelöst. Der äußere Veränderungsprozess beginnt.

Anne, Theo und Gabi: Veränderung im Beruf (4)

Anne entscheidet: Sie macht eine Weiterbildung im Bereich E-Commerce und Onlinemarketing. Nach kurzer Zeit gründet sie ihre eigene kleine Agentur für Onlinemarketing. Interessanterweise machen ihr Gespräche mit Kunden gar nichts aus: denn die drehen sich ums Planen …

Theo entscheidet: Wenn er den Job in der Organisation bekommt, wird er ihn annehmen. Einstweilen hat er eine Einladung zum Vorstellungsgespräch. Und einige gute Gründe, mit denen er erklären kann, warum seine Karriere eine neue Wendung braucht.

Gabi entscheidet: Sie bleibt bei ihren Kindern. Sie redet mit ihrem Mann über die Frage, wie sich die finanzielle Situation stabilisieren lässt. Zumindest für eine Zeit, bis beide Töchter in der Grundschule sind und sie sicher ist, dass die Kleine gesundheitlich ganz über den Berg ist. Vielleicht kann ihr Mann eine Teilzeitstelle annehmen und nebenberuflich frei arbeiten. Oder er nimmt eine zweijährige Projektstelle bei einem seiner Lieblingskunden an, der ihn sehr gern einstellen würde. Für den Fall, dass das Einkommen weiter sehr schwanken wird, hat Gabi sogar einen Plan B: Sie könnte als Tagesmutter ein oder zwei weitere Kinder betreuen und so zum Familieneinkommen beitragen. Ohne ihre beiden Süßen zu verlassen.

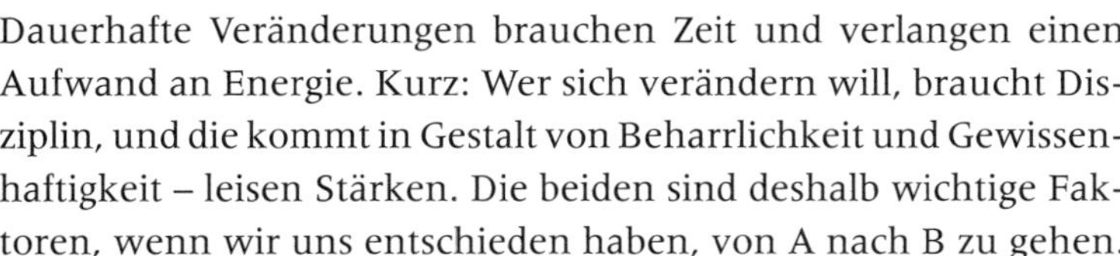

Dauerhafte Veränderungen brauchen Zeit und verlangen einen Aufwand an Energie. Kurz: Wer sich verändern will, braucht Disziplin, und die kommt in Gestalt von Beharrlichkeit und Gewissenhaftigkeit – leisen Stärken. Die beiden sind deshalb wichtige Faktoren, wenn wir uns entschieden haben, von A nach B zu gehen.

Wie Sie am Beispiel von Gabi gesehen haben, kann es manchmal aber durchaus besser sein, eine Situation auszuhalten. Auch das fordert Durchhaltevermögen. Auch Bleiben kann übrigens einiges verändern. Gabi hat dadurch, dass sie ihre Situation gründlich überdacht und durchfühlt hat, eine andere innere Haltung zu sich selbst und auch einen anderen Austausch mit ihrem Mann bekommen.

> *»Wer vor einer tief greifenden Veränderung steht, sollte innehalten und sich darauf besinnen, welche Veränderungen er in seinem Leben bereits gemeistert hat. Es wird auch dieses Mal wieder klappen! Optimismus und Zukunftsorientierung fördern die seelische Stärke, auch Resilienz genannt.«*
>
> Dr. Eva Kalbheim, Ärztin, Autorin und Coach

Die entscheidende Frage lautet:

> Wo liegen – rational und emotional – die besseren Gründe: im Verändern oder im Bleiben?

Und wenn Sie diese Frage für sich beantwortet haben, tun Sie, was Ihres ist. Machen Sie kleine Schritte. Weniger ist mehr und oft auch nachhaltiger. Wenn Sie jeden Tag ein kleines Stück weitergehen, fällt Ihnen – gerade als leiser Mensch – Ihre Veränderung leichter, als wenn Sie sich große Würfe zumuten.

- **Sie haben Zeit.**

Die drei Menschen, die Sie in diesem Kapitel in ihren Veränderungsprozessen begleitet haben, brauchten Monate, um auf ihren neuen Weg zu kommen. Zeit, die sich gelohnt hat. Denn sie kamen an.

Veränderungen auf Intro-Art

Beim Verändern geht es nicht nur darum, Neues zu beginnen. Manchmal wollen wir uns von Altem trennen. Dann sorgt die Ablösung von dem, was einmal war, dafür, dass unsere Lebensweise eine andere Gestalt annimmt und wir uns entwickeln.

Doch immer gilt: Wenn wir uns verändern wollen, erklären wir uns damit bereit, unsere Komfortzone zu verlassen. Das fordert uns Energie ab – weswegen wir uns nur aus Gründen verändern, die wir selbst mit unserer eigenen Sichtweise erkennen können. Diese Sichtweisen kommen durch unsere innere Persönlichkeitsstruktur zustande. Deshalb ist es auch wichtig, ob wir uns als Intros oder als Extros verändern.

Unterschiedliche Motive für Veränderungen bei Extros und Intros

Mein introvertierter Autorenkollege Patrick Hundt sieht bei Intros und Extros unterschiedliche Motive für Veränderungen, die in ihrem Persönlichkeitskern angelegt sind. Die Motive entsprechen den Unterschieden im limbischen System (also im Vorsichtszentrum und im Belohnungszentrum), die Sie schon kennengelernt haben:

> *»Intros verlassen ihre Komfortzone nicht, weil sie den Nervenkitzel wollen, sondern wenn die Unzufriedenheit mit der eigenen Situation schwer zu ertragen ist. Irgendwann wird der alltägliche Schmerz größer als ein Schritt aus der Komfortzone heraus.«*
>
> Patrick Hundt, leiser Unternehmer und Autor

Intros haben in aller Regel zwar auch nichts gegen den einen oder anderen Kitzel, bewegen sich aber meistens nur aus guten Gründen aus vertrauten Gewässern heraus. Ihr Belohnungszentrum ist weniger aktiv, während Extros insbesondere bei lockenden Anreizen – aber auch oft ganz allgemein – Veränderungen attraktiv finden: allein um der zusätzlichen Stimulation willen, die das Neue mit sich bringt.

Wenn wir unser Leben verbessern wollen, dann ist es gar nicht immer nötig, dass wir uns in großen Dimensionen verändern. Oft wird es schon sehr viel besser, wenn wir in unserem Sinne *steuern* – damit wir aktiv zum Gelingen dieses einen Lebens beitragen, das unseres ist. Die vier Veränderungsstufen von oben können dabei gut helfen.

Patrick sieht bei Intros ein gutes Veränderungspotenzial und zeigt, wie es sich passend zur Persönlichkeit tatsächlich umsetzen lässt:

»Intros haben gute Voraussetzungen, sich und ihr Leben zu verändern, denn sie sind für gewöhnlich sehr reflektiert. Sie erkennen eher, womit genau sie unzufrieden sind, und können entsprechend daran arbeiten. Auch wenn der Veränderungsprozess langsam erfolgt.

Wann immer ich ein Verhalten an mir verändern möchte, stelle ich nicht gleich alles auf den Kopf, sondern informiere mich erst einmal in Büchern oder im Internet. Nach Möglichkeit rede ich mit ausgewählten Freunden über meine Wünsche.

Größere Veränderungen gehe ich in kleinen Schritten an, um meine Komfortzone so behutsam zu erweitern. Ich brauche kleine Erfolgserlebnisse, um mich zum nächstgrößeren Schritt zu motivieren.«

Patrick Hundt, leiser Unternehmer und Autor

Stärken als Kapital für ein gutes Leben

Dieses Buch setzt an Ihren Stärken an, also an den Vorteilen, die Sie als introvertierte Persönlichkeit mit sich bringen. Stärken sind mächtig, weil wir sie – wissentlich oder unwissentlich – gern nutzen. Wer zum Beispiel die Stärke des Schreibens hat, wird das Schreiben dem Reden vorziehen. Wer vorsichtig ist, wird in riskanten Situationen die Risiken genau abschätzen und sie einzugrenzen versuchen. Insofern sind Stärken unser Kapital, wenn es um ein gutes Leben geht: Wir mögen und gebrauchen sie sowieso und sie machen uns deshalb leichter wirksam.

Veränderungen fallen uns besonders leicht, wenn sie mit dem zusammenpassen, was uns wichtig ist – wenn sie also unser Leben gefühlt zum Besseren verändern. Es ist daher gut zu wissen, wofür wir uns in Bewegung versetzen und was uns weniger wichtig ist. Nur wir selbst können entscheiden, um was es sich dabei handelt. Auf dieser Basis lassen sich Ziele entwickeln.

Leise Stärken sind in Veränderungsprozessen Gold wert. In den Abschnitten über Beharrlichkeit und Ruhe werden Sie erfahren, inwieweit gerade diese Stärken, die scheinbar das Nichtbewegen fördern, gute Voraussetzungen für wirkliche Veränderungen sein können. Auch die Vorsicht muss keine Bewegungsbremse sein, sondern kann im Gegenteil Veränderung besonnen begleiten. Und die Stärke der Unabhängigkeit kann ein richtiger Veränderungsturbo sein.

Beharrlichkeit und Ruhe sind keine Bremsen

Veränderungen passieren selten abrupt. Sie benötigen Zeit und Raum, um zu wachsen. Im Kapitel über Ruhe finden Sie Anregungen dazu, wie Sie sich mit der Muße Lebenssituationen schaffen, die Veränderungen gedeihen lassen.

- **Dauerhafte Veränderungen brauchen genügend Raum.**

Wann verändern wir uns? Wenn wir dazu motiviert sind. Motive sind Vorlieben, die tief in uns verankert sind und über alle Veränderungen hinweg ziemlich stabil sind. Wir verändern uns also, weil wir von einer Veränderung etwas Gutes erwarten oder mit ihrer Hilfe etwas Schlimmes vermeiden wollen. Es gibt alle möglichen Übersichten und Auflistungen zu Motiven, die uns zu Handlungen und Entscheidungen ermutigen oder auch von ihnen abhalten. Ich arbeite zum Beispiel sehr viel mit dem *Reiss Motivational Profile*, das mit 16 Lebensmotiven ziemlich solide Auskunft über das gibt, was uns so antreibt.[6]

Hier würde ich es gern einfacher machen. Da kommen wir mit einer Übersicht weiter, die eigentlich aus einem ganz anderen Grund entstanden ist. Margaret Mark und Carol S. Pearson entwickelten um das Jahr 2000 herum ein Storytelling-Konzept, das Marken dabei unterstützen sollte, ihre Identität zu finden und dann auch in Geschichten zu fassen.[7] Dabei bezogen sich die Autorinnen auf vier grundlegende menschliche Antriebe, die aus der Motivationstheorie stammen. In diesem einfachen Modell unterscheiden sie zwei Gegensatzpaare von menschlichen Antrieben: Zugehörigkeit versus Unabhängigkeit einerseits, Sicherheit versus Risiko andererseits. Daraus lässt sich eine Art Antriebskompass erstellen:

Vier grundlegende menschliche Antriebe

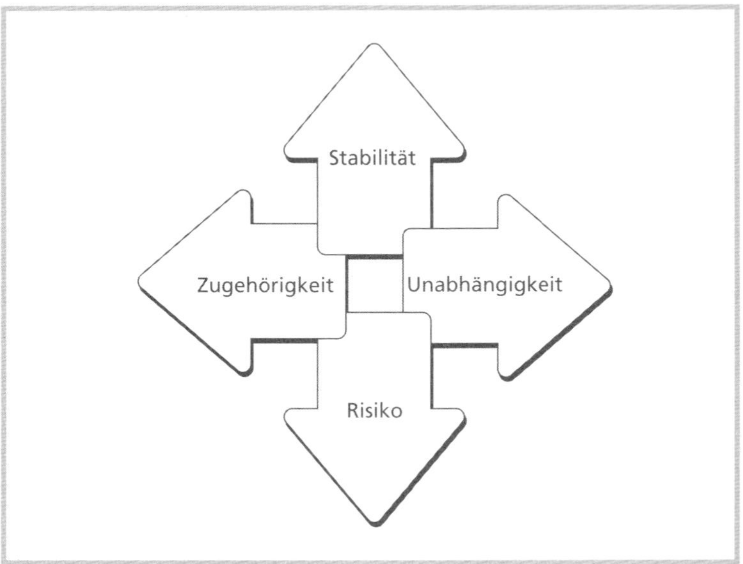

Dieser Kompass liest sich so: Wir sind als Menschen auf Gemeinschaft angelegt. Deshalb wollen wir zu anderen gehören und von denen, die uns wichtig sind – Familie, Freunde, Kollegen –, respektiert und geliebt werden. Die Unabhängigkeit liegt am anderen Ende der Skala: Wir wollen nämlich auch autonom sein, allein und unsere Einzigartigkeit leben. Die leise Stärke der Unabhängigkeit haben Sie ja bereits kennengelernt; sie ist wie ein von Intros dicht besiedeltes Biotop. Das gilt auch für die Sicherheit bzw. die Stabilität, die vielen leisen Menschen ein echtes Bedürfnis ist: Das aktive Vorsichtszentrum lässt grüßen. Aufbrüche zu neuen Ufern samt den damit verbundenen Risiken wagen wir nur aus guten Gründen.

Ganz allgemein sind alle vier Bedürfnisse in unseren Hirnen vorhanden. Aber Sie merken schon: Intro-Hirne haben da ihre Vorlieben. Womit wir wieder bei den Veränderungen wären. Leise Menschen verändern sich vor allem aus zwei Antrieben heraus.

Wichtige Veränderungsimpulse für Intros

1. Unabhängigkeit

Wir schätzen es, autonom zu sein und von außen auf die Dinge sehen zu können. *Beispiele:* frei sein, aus dem Abstand heraus beobachten und handeln, eigene Ideen verwirklichen.

2. Sicherheit

Alles, was unsere Umwelt berechenbar macht, ist für die meisten Intros attraktiv. *Beispiele:* Kontrolle erhöhen, Routinen einführen, Verlässlichkeit gewinnen.

Die beiden anderen Antriebe – Zugehörigkeit und Risiko – sind natürlich auch in Intros vorhanden. Das sorgt für ein Spannungsfeld: Denn auch Intros wollen zu einer Gemeinschaft gehören. Auch Intros gehen Risiken ein: wenn ihr Kopf nicht genug zu tun hat und sie sich deshalb langweilen. Oder wenn sie sich, wie Patrick Hundt weiter oben sagt, in ihrer Situation so unwohl fühlen, dass sich das Risiko lohnt, das mit einem Auf- oder Ausbruch verbunden ist.

Warum Intros sich verändern

»Ich komme aus einer Familie, in der Bildung nicht so viel gilt. Das war etwas für Leute, die denken, sie seien etwas Besseres, so Dummschwätzer. Ich brauchte eine Zeit, bis ich mich davon frei machen konnte, und habe dann gelernt, gelernt, gelernt. Heute bin ich so froh, dass ich mein Abi nachgemacht habe. Das hat meinem Leben eine ganz neue Richtung gegeben und ich habe viel mehr Bewegungsspielraum. Ich mache gerade meinen Bachelor in einem internationalen Studiengang und begegne sehr coolen Menschen und Themen.«

Ella, 26 Jahre

»Meine Eltern sind aus dem Iran nach Deutschland geflüchtet, als ich ein Junge war. Sie haben hier ganz neu angefangen. Deshalb bin ich nie Risiken eingegangen – ich wollte einfach nur Sicherheit, nicht schon wieder neu anfangen. Als ich mich mit meiner IT-Beratung selbstständig gemacht habe, bin ich nachts hochgeschreckt und hatte Angst. Dass ich es trotzdem gewagt habe, war eine gute Entscheidung.«

Samir, 48 Jahre

»Ich bin in einer Familie aufgewachsen, in der Mädchen vor allem gut heiraten sollten. Und ›gut‹ bedeutete: einen Mann, der ordentlich Geld nach Hause brachte. Dafür sollten wir uns im Haus um alles kümmern. Ich fand das immer langweilig. Und ich habe mir auch gedacht: Was ist eigentlich, wenn ich nicht mehr jung und knackig bin? Ich habe mich dann ganz vorsichtig entwickelt und etwas getan, was ziemlich normal für uns Frauen in der Familie war: Ich habe gekocht. Aber ich habe auch daran gearbeitet, immer besser zu kochen. Dann habe ich ab und zu für andere im Bekanntenkreis Essen geliefert, zum Beispiel zu Geburtstagen oder zu Weihnachten. Das schmeckte immer allen. Nach und nach habe ich einen Cateringservice aufgebaut. Mein Mann hat mich mit Anfang 50 verlassen und sich arm gerechnet – ich habe nie Unterhalt für unsere drei Kinder gesehen. Ich war so froh, auf eigenen Beinen zu stehen! Heute habe ich einen netten Freund, aber Heiraten muss wirklich nicht mehr sein. Nee.«

Peggy, 62 Jahre

»Ich bin kein Mann großer Schritte. Und ich hatte wohl auch Angst, mich zu verändern. Dann ist ganz plötzlich, nach 29 Jahren Ehe, meine Frau gestorben. Es hat einige Jahre gedauert, bis ich das verarbeitet hatte. Und dann dachte ich mir: Was kann mir eigentlich passieren? Dann habe ich, mit Anfang 60, den Segelschein gemacht, weil ich schon immer das Wasser geliebt habe. Jetzt verbringe ich ganz viel Zeit auf dem Meer und auf Seen. Meine zweite Frau habe ich auf einer Segelreise in Norwegen kennengelernt, und es ist so schön, dass wir das Segeln teilen können.«

Kurt, 78 Jahre

»Ich mochte meinen Job als Controllerin immer sehr. Vor acht Jahren hat dann meine Firma Pleite gemacht. Das Bizarre war, dass ich schon früh an den Zahlen sehen konnte, was schieflief. Aber die Geschäftsführung wollte nicht auf mich hören. Ich habe dann (ohne viel Lust, das liegt mir nicht so) berufliche Kontakte aufgebaut. Ich denke ziemlich strukturiert und habe mir ganz systematisch Zeit dafür genommen. Ich habe mich in einem Verband engagiert. Außerdem habe ich mich weitergebildet, in internationaler Rechnungslegung. Das war sehr anstrengend, ich habe oft abends und am Wochenende gelernt. Aber als es dann wirklich abwärtsging mit der Firma, da konnte ich zwischen zwei guten Jobangeboten wählen. Heute arbeite ich in einem Konzern und kann, so komisch das klingt, froh sein, dass alles so gekommen ist. Meine Arbeit ist interessanter und ich verdiene viel mehr. Und irgendwie bin ich auch stolz darauf, dass ich nicht wie ein dummes ängstliches Häschen dem Schiff beim Sinken zugesehen habe.«

Cheryl, 46 Jahre

Weiter unten, im Abschnitt zur Intro-Stärke der Beharrlichkeit, finden Sie eine Schritt-für-Schritt-Anleitung dazu, wie Sie speziell Gewohnheiten verändern, die nicht mehr zu Ihnen passen.

Das Fundament: Selbstwertgefühl

»Achte dich selbst, wenn du willst,
dass andere dich achten sollen.«
Adolph Freiherr von Knigge

Selbstwertgefühl – das ist eines dieser wolkigen Wörter, von denen wir so leicht annehmen, wir wüssten, was sie bedeuten. Aber es lohnt sich, genau hinzusehen: Denn nur wenn wir wissen, worüber wir hier reden, lässt sich auch danach fragen, wie wir konkret an diesem wichtigen Fundament bauen können.

Selbstwertgefühl – eine tiefe innere Überzeugung

Fangen wir damit an, dass wir das Wort in seine Einzelteile zerlegen. Dann reden wir über das Gefühl (die innere Überzeugung), dass wir selbst (als einzelner Mensch) etwas wert sind. Diese innere Überzeugung ist viel mehr als reines Wissen: Es ist ein tiefer Impuls aus unserem Unbewussten, der unser Verhalten beeinflusst – wobei der Impuls selbst zwei Quellen hat.

Manchmal passen die inneren und äußeren Botschaften gut zusammen. Wenn Sie in Ihrem Beruf etwas gern und gut erarbeitet haben und Ihr Vorgesetzter gibt Ihnen nicht nur ein erstklassiges Feedback, sondern erwähnt Sie ausdrücklich bei seiner eigenen Chefin: Das wäre so ein Fall, in dem Ihr Handeln Sie (von innen) ebenso bestärkt wie die Rückmeldung Ihres Vorgesetzten (von außen).

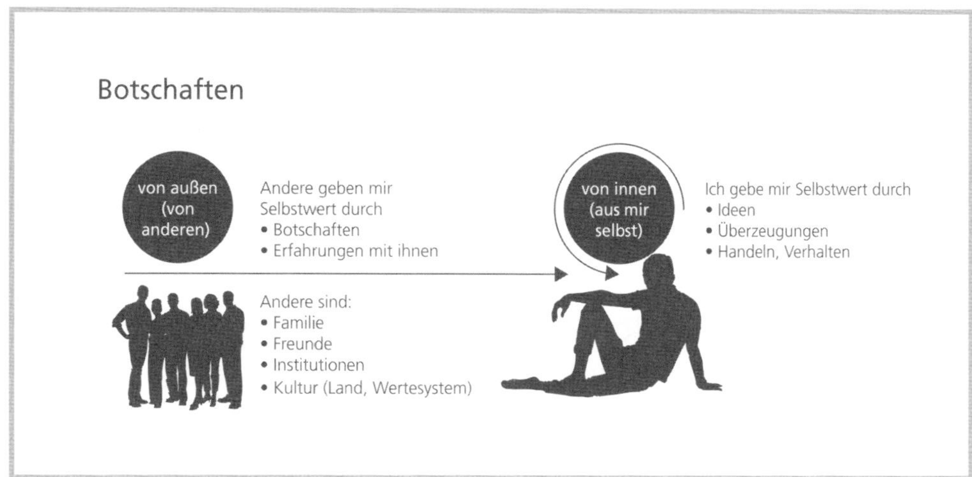

Widersprüchliche innere und äußere Botschaft

Es kann aber auch zu einem Spannungsverhältnis zwischen innen und außen kommen. Nehmen wir an, Sie haben die Intro-Stärke der Unabhängigkeit (die lernen Sie gleich an einem konkreten Fallbeispiel kennen). Sie entwickeln mit großer innerer Autonomie allein und über alle Grenzen hinwegdenkend eine Idee, die bei ihrer Umsetzung Ihren ganzen Arbeitsbereich einfacher gestalten und viel Geld sparen würde. Nehmen wir außerdem an, dass Ihre Vorgesetzte auf Ihre Idee eifersüchtig ist. Und fügen wir hinzu, dass in Ihrer Firma Eigeninitiative nicht so richtig geschätzt wird. Mit anderen Worten: Ihre Umgebung fordert Anpassung an das Bestehende (»Das war schon immer so!«), während Ihr Selbst Sie zum Verändern und Verbessern drängt. In einem solchen Fall haben Sie von innen und von außen zwei unterschiedliche Botschaften über ihren Selbstwert. Die erste, eigene lautet: »Du bist gut und wertvoll, wenn du frei und unabhängig denkst und handelst.« Die zweite, von anderen stammende lautet: »Du bist gut und wertvoll, wenn du dich an unsere Erwartungen anpasst und niemanden überholst.«

Spannungen wie diese haben wir auszuhalten. Sie gehören zum Leben, und sie sind entscheidend dafür, wie wir unser eigenes Leben verwirklichen, ihm Wichtigkeit geben und uns an unseren eigenen Eigenschaften und Wünschen freuen. Wer sein Selbstwertgefühl entwickelt, ermöglicht sich eine wichtige Erfahrung: »Ich bin mit dem, was ich bin, dem Leben mitsamt seinen Gemeinheiten, Ungerechtigkeiten und Hindernissen gewachsen, weil ich stark bin.« Die Aufgabe besteht darin, diese eigene Kraft zu entwickeln.

Das Selbstwertgefühl entwickeln

Selbstwertgefühl: nicht überlebenswichtig, aber wichtig

Nathaniel Branden (2011) vergleicht das Selbstwertgefühl mit Kalzium: Wir brauchen es nicht zum Überleben, aber wenn wir es nicht haben, leben wir nur sehr eingeschränkt und mit wenig Qualität. In einem zweiten Vergleich hebt er das Immunsystem hervor, das den Körper vor Krankheiten abschirmt. Ähnlich hält ein intaktes Selbstwertgefühl Ängste und Depressionen fern, wenn das Leben wieder einmal zuschlägt und sich so gar nicht als Ponyhof erweist.

Sie entwickeln Ihr Selbstwertgefühl, indem Sie in zwei Bereichen Ihr Vertrauen stärken.

Stärken Sie Ihr Vertrauen!

1. Stärken Sie Ihr Vertrauen in Ihre Fähigkeiten, beispielsweise in das Vermögen, klar zu denken, aber auch in Ihre Kraft, mit den Aufgaben fertigzuwerden, vor die uns das Leben stellt. Gerade für uns nach innen Gewandte ist es wichtig, dass wir unser Wirken nach außen spüren. Wir können etwas schaffen, einen Unterschied machen, ein Ziel erreichen. Selbstwirksam sein macht selbstbewusst. Intros mit ihrer aktiven Großhirnrinde (siehe oben) kommt ihre Fähigkeit zu komplexen Gedanken zugute – eine Stärke, die wir im nächsten Teil analytisches Denken nennen werden. Hinzu kommt der Zugang zur eigenen Intuition, die ebenfalls zum Thema werden wird.
2. Stärken Sie Ihr Vertrauen darauf, dass Sie es verdienen, Glück und Gelingen in Ihrem Leben anzustreben.

Dabei gibt es eine interessante Wechselwirkung: Beharrlichkeit hilft, auch ambitionierte Ziele zu erreichen, und steigert damit das Selbstwertgefühl. Branden (2011, S. 18) zeigt, dass auch die umgekehrte Folge gilt: Wer ein hohes Selbstwertgefühl hat, steigert oft auch seine Beharrlichkeit.[8]

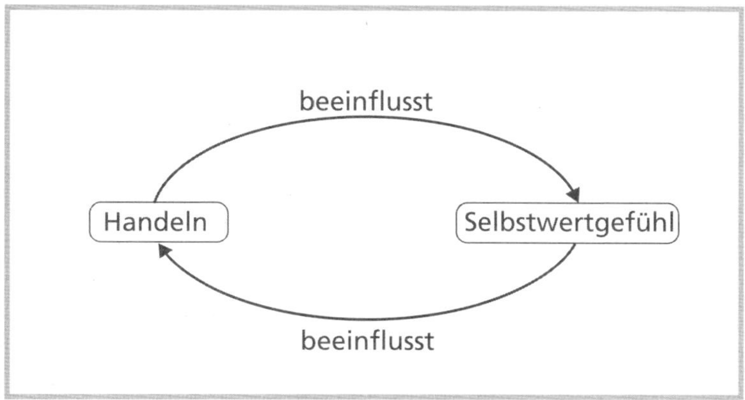

Wenn wir unser Selbstwertgefühl trainieren, kann das beeindruckende Auswirkungen mit sich bringen – am Arbeitsplatz, im Umgang mit Menschen, in unseren Beziehungen, im persönlichen Weiterkommen und auch in der Liebe. Und noch mehr: Wer von seinem Selbstwert überzeugt ist, der ist statistisch gesehen auch realistischer, intuitiv stärker, kreativer, flexibler und kooperationsfähiger.[9] Deswegen gehört das Thema unbedingt in ein Buch über gelingendes Leben, inklusive einiger Impulse, wie Sie Ihr Selbstbewusstsein entwickeln.

Selbstwertgefühl als Folge bestimmter innerer Haltungen und Gewohnheiten

Der Haken: Das Bewusstsein über den eigenen Wert lässt sich nicht direkt entwickeln, sondern ist eine Folge bestimmter innerer Haltungen und Gewohnheiten. Hier sind sechs Vorschläge mitsamt Beispielen. Sie beruhen auf der Arbeit des schon erwähnten amerikanischen Psychologen Nathaniel Branden (2011), die ausgezeichnete Anregungen gibt. Ich füge nach jedem Punkt einige Anmerkungen speziell für Intros hinzu.

So entwickeln Sie Ihr Selbstbewusstsein: 6 Gewohnheiten und 6 Anmerkungen für Intros[10]

1. Leben Sie bewusst

Die erste Gewohnheit ermutigt Sie, Ihren Verstand aktiv zu nutzen und gezielt Wissen zu erwerben. Machen Sie sich Ihre eigenen Gedanken, anstatt einfach das zu übernehmen, was andere Menschen tun und glauben. Das ist erst einmal eine Willenssache: Wir können uns dazu entscheiden, nach Bewusstsein zu streben. Dann können wir ziemlich coole Dinge schaffen: im Hier und Jetzt leben, Fehler erkennen und korrigieren, zwischen Gefühlen und Tatsachen unterscheiden, unsere Absichten und unser tatsächliches Handeln miteinander vergleichen. Bewusst zu leben heißt, zu lernen und dabei zu wachsen – ein idealer Humus für das Selbstwertgefühl!

Und so ist es umgekehrt auch nicht verwunderlich, dass Süchtige oder Menschen in einer Beziehung mit ungesunden Abhängigkeiten das bewusste Nachdenken über ihren Zustand meiden.

Beispiel: Wir können uns heute besser denn je über Ernährung informieren. Auf dieser Basis können wir bewusst entscheiden, was wir essen. Oder eben auch nicht.

Anmerkung für Intros: Viele Intros punkten mit der Stärke des analytischen Denkens und der Fähigkeit, genau hinzusehen und hinzuhören. Wenn sie einmal die Entscheidung getroffen haben, ihren Verstand aktiv zu nutzen, dann haben sie beste Voraussetzungen, das in die Tat umzusetzen. Wenn wir schwierige Dinge verstehen wollen, dann hilft auch die Intro-Stärke der Beharrlichkeit gut weiter.

2. Nehmen Sie sich so an, wie Sie sind

Die Selbstannahme ist eine wichtige Bedingung dafür, dass wir uns einen Wert beimessen. Das klingt banal, ist aber mehrschichtig: Wenn wir uns selbst annehmen, kann und soll das auf drei verschiedenen Ebenen passieren.

Erstens: gesunder Egoismus. Wir bejahen uns auf dieser Ebene ganz grundsätzlich selbst und schätzen unser Selbst – einfach so, weil wir da sind und das verdienen. Wir treten für uns selbst ein. Selbstbejahung ist ein Ausdruck von Lebenskraft. Manchmal muss sie erst heranreifen.

Beispiel: Lena hat sich jahrelang von ihrem Partner Jost kleinmachen lassen. Er gab den Ton an und sie fügte sich. Jetzt hat Jost seinen Traumjob in Brasilien gefunden und fordert ganz selbstverständlich (in einem Nebensatz, beim Abendessen), dass Lena mitzieht und sich um die Übersiedlung kümmert. Lena blickt auf ihr Brot und etwas passiert in ihr. »Nein«, sagt sie.

Zweitens: ehrlicher Blick in den Spiegel. Selbstannahme ist mit einem Bekenntnis zur eigenen Identität verbunden: Wir stehen zu dem, was wir fühlen, denken, begehren oder tun – zu unserer eigenen Wirklichkeit. Auch dann, wenn diese Wirklichkeit nicht attraktiv, erwünscht oder angenehm ist, sondern aussieht wie ein Fehler, eine Schwäche oder eine Dummheit. Es bleibt unser Gefühl, unser Denken, unser Begehren und unser Tun. Das Gegenteil wäre: Selbstbetrug.

Beispiel: Rolfs jüngerer Bruder Lars ist begabt, gut aussehend und erfolgreich. Rolf lebte schon als Junge in seinem Schatten. Erst mit Mitte 30 schafft Rolf es, seine Wahrheit anzunehmen: Er ist sauer auf Lars und wirft ihm vor, sein Leben schwer zu machen. Erst auf dieser Basis kann Rolf sein Selbstwertgefühl entwickeln.

Drittens: Mitgefühl. Selbstannahme bedeutet, dass wir uns selbst gegenüber Mitgefühl zeigen. Einer guten Freundin, die aus unserer Sicht einen Fehler macht, können wir wohlwollendes Verständnis entgegenbringen, und wir können nachvollziehen, was sie dazu gebracht hat, diesem Typen ihr Geld anzuvertrauen. Nicht die Person ist ja schlecht, sondern ihre Entscheidung in diesem Fall war es. Nur mit Mitgefühl können wir den nächsten Schritt gehen und sehen, was sich retten oder korrigieren lässt. Das Gleiche gilt für uns selbst, für unsere Fehler.

Anmerkung für Intros: Intros haben oft starke innere Kritiker, die das Selbstbewusstsein angreifen. Stehen Sie zu Ihrer introvertierten Persönlichkeit! Das ist ein wichtiger Schritt für viele leise Menschen (und dieses Buch soll natürlich dabei helfen). Versuchen Sie, alle Teile Ihrer Persönlichkeit anzunehmen – auch diejenigen, die Sie in Meetings nicht zu Wort kommen oder auf Feiern wenig glücklich sein lassen.

3. Leben Sie auf eigene Verantwortung

Alles kontrollieren können wir nicht. Doch wenn Sie das Gefühl haben, dass Sie zumindest Teile Ihres Lebens kontrollieren können, wird das Ihr Selbstwertgefühl sehr fördern. Übernehmen Sie also die Verantwortung für Ihr eigenes Leben und dafür, dass es Ihnen gut geht. Machen Sie sich bewusst, dass Ihre Wünsche, Ihre Entscheidungen, Ihr Handeln, Ihre Beziehungen und die Nutzung Ihrer Zeit davon abhängen, wie Sie all diese Bereiche gestalten. Aktiv gestalten. Verantwortung macht Arbeit.

Ihr Selbstwertgefühl können Sie konkret fördern, indem Sie diese Verantwortung leben. Überlegen Sie, wo Sie Ihre Zeit und Energie investieren wollen. Überlegen Sie, was Sie brauchen, damit es Ihnen gut geht. Entscheiden Sie, mit wem und wie Sie Ihre Beziehungen gestalten wollen und wie Sie kommunizieren. Überlegen Sie, welche Werte Ihnen besonders wichtig sind und welche Entscheidungen daraus erwachsen.[11]

Setzen Sie sich auf dieser Basis Ziele und formulieren Sie Wünsche. Finden Sie Lösungen für Hindernisse, die sich Ihnen in den Weg stellen.

Beispiel: Lena, die Sie gerade im letzten Abschnitt kennengelernt haben, nimmt Josts neue Stelle in Brasilien zum Anlass, sich selbst eine ungewohnte Frage zu stellen: Was will ich eigentlich? Mithilfe ihrer Schwester und ihrer Freundin kommt sie zu einigen interessanten Ergebnissen. Brasilien kommt darin nicht vor. Jost auch nicht. Aber ein Leben allein, in einer kleinen Wohnung am Waldrand …

Anmerkung für Intros: Besonders Intros mit der Stärke der Unabhängigkeit lächeln, wenn sie diesen Rat lesen.

4. Stehen Sie zu sich selbst

Dieser Teil des Selbstwerttrainings ist tatsächlich Trainingssache: Es gilt, den eigenen Wünschen, Bedürfnissen und Werten Raum zu geben und ihnen (und sich selbst) auch bei Gegenwind treu zu bleiben. Manchmal stehen unsere Werte, Bedürfnisse und Wünsche anderen im Weg. Die innere Haltung auch nach außen zu kommunizieren und ihr – siehe Punkt 3 – selbstverantwortlich Gewicht und Verbindlichkeit zu geben: Das ist schwer, baut das Selbstbewusstsein aber enorm auf. Und es ist auch nicht egoistisch. Wer anders als Sie selbst kann Ihre Werte, Ziele und Wünsche leben? Trauen Sie sich also, für Ihre Haltung einzustehen, auch wenn Sie einmal allein dastehen sollten. Sich selbst behaupten, das macht selbst-bewusst. Wir erfahren, dass wir wirksam sind und Einfluss nehmen können.

Anmerkung für Intros: Dies ist eine schwere Aufgabe für viele Intros, vor allem für diejenigen, deren Angstzentrum heftig ausschlägt, wenn es Interessenkonflikte mit der Außenwelt gibt. Manche Intros, vor allem die konfliktscheuen, finden es auch anmaßend oder sogar aggressiv, die eigene Haltung zu behaupten. Aber diese Beschreibungen treffen nicht: Wer seine eigene Perspektive vertritt, kann dabei die der anderen durchaus stehen lassen. Ein großer Pluspunkt ist die Stärke der Beharrlichkeit, die viele Intros haben. Sie hilft, an Anliegen »dranzubleiben«, die uns wichtig sind. Auch wenn wir uns manchmal eben unbeliebt machen – denn viel wichtiger ist es, sich selbst treu zu sein.

Wenn Sie diesen Punkt üben, beginnen Sie am besten klein und arbeiten sich dann nach und nach an Größeres heran. Ihr Mut wird allmählich zunehmen – und Ihr Selbstwertgefühl auch. Sie werden spüren, wie stark das Hinwirken auf Ziele mit der Eigenverantwortung, der dritten Gewohnheit, verbunden ist.

Beispiele für kleine Selbstbehauptungen: im Restaurant etwas ganz anderes bestellen als die anderen. Im Meeting ein Gegenargument liefern. Nicht mitlachen, wenn jemand einen dämlichen Witz erzählt.

Beispiele für größere Themen: der finanziell ungeschickten Schwester einen Kredit verweigern. Die Person heiraten, die wir lieben – auch wenn die Familie sie nicht mag. Oder (wie in Lenas Fall weiter oben): noch einmal allein neu durchstarten und wieder lernen, wer wir sind.

5. Leben Sie auf Ihre Ziele hin

Wann wollen Sie wo sein? Für diese Frage haben Sie in Punkt 3 schon Antworten entwickelt. Werden Sie mit dieser Gewohnheit konkreter: Welche Schritte sind nötig? Welche Fähigkeiten brauchen Sie? Welche davon sollten Sie ausbauen? Diese Feinplanung stärkt Ihre Möglichkeiten, den Prozess zu kontrollieren.

Aber diese Art Selbstbewusstsein hat auch ihren Preis: die Selbstdisziplin. Erst mit ihr lässt sich die Planung ins Leben übersetzen, also in sichtbare Leistungen, die im Rahmen unserer Handlungsmöglichkeiten liegen. Und die lassen das Selbstwertgefühl aufblühen.

Anmerkung für Intros: Für sorgfältig planende, analytisch denkende und beharrliche Intros ist dieser Punkt gut machbar. Das heißt aber nicht, dass er leichtfällt: Wer Ziele formuliert und ihnen nachgeht, setzt Zeit und Mühe ein. Und es gilt, die Passivität zu überwinden, die für manchen zurückhaltenden Intro eine große Hürde darstellt.

Beispiel: Georg war lange Zeit ein lieber, aber zurückhaltender Vater. Er überließ das Spielen und Herumtollen mit seinen beiden Powerpaketen von Zwillingssöhnen seiner Frau Becky, die von ihrer Persönlichkeit her gesellig, herzlich und nach außen gerichtet ist. Für Georg war es zunächst ganz angenehm, nach den anstrengenden Tagen in seinem Job nicht auch noch abends und am Wochenende Energie investieren zu müssen, die er gar nicht zu haben glaubte. Also ließ er Becky und die Jungs machen.

Die beiden Brüder wurden älter, und Georg merkte, dass es seine Frau war, die den Mittelpunkt ihres Lebens bildete. Egal, ob sie krank waren oder gesund, in der Schule oder im Urlaub: Er schien immer mehr zu einem netten Begleiter zu werden, der mit dem eigentlichen Leben nichts zu tun hatte. Georg wurde zunächst traurig. Dann versuchte er das eine oder andere mit den Jungen zu unternehmen. Dabei wurde ihm klar, dass einzelne Samstagnachmittage wenig helfen würden.

Es wurde Zeit für ein Ziel. Georgs hieß: Ich will meinen Söhnen ein guter Vater sein, und das soll daran erkennbar sein, dass wir ein herzliches, liebevolles Verhältnis und schöne Momente miteinander haben. Georg plant gern, also setzte er an die Stelle der spontanen Entscheidung Regeln, die für ihn verbindlich waren. Zwei davon gefallen mir gut: 1. Der Samstagnachmittag gehört meinen Söhnen – und Becky, sofern sie mag und nicht lieber allein ausruhen will. 2. Ich plane für jeden dieser Samstage etwas Schönes: etwas mit Spaßpotenzial für uns alle.

Georg selbst sagte, dass es vor allem diese beiden ganz einfachen Regeln waren, die viel, sehr viel änderten. Die Familie freut sich auf die

Samstagnachmittage, die er liebevoll plant. Es sind dabei oft gar keine spektakulären Unternehmungen: Manchmal wuseln alle zusammen im Garten herum oder gehen ein Eis essen. Und manchmal plant Georg eine Überraschung; in den letzten Monaten waren das ein Zoobesuch mit spezieller Führung und ein gemeinsamer Kochkurs, in dem die vier mit Schürzen und Mützen mit zwei anderen Familien Kindermenüs zauberten. Die Kindernachmittage waren, vor allem anfangs, auch mit Unlustgefühlen verbunden, da war Georg sich selbst gegenüber ehrlich. Aber er hielt als beharrlicher Intro durch.

Seine Söhne und er haben heute ein liebevolles Verhältnis zueinander. »So viel lässt sich an diesen Nachmittagen besprechen!« Und sogar seiner Ehe tat das Ziel gut …

6. Üben Sie persönliche Integrität

Integrität bedeutet Übereinstimmung. Es geht bei dieser sechsten Gewohnheit darum, dass Ihre Ideale, Maßstäbe und Überzeugungen mit Ihrem konkreten Verhalten übereinstimmen. Sie leben Ihre Ideale also im besten Fall jeden Tag. Das Bewusstsein, dass Sie dabei Ihre Wertvorstellungen mit Leben füllen, stärkt wie kaum etwas anderes Ihre Zufriedenheit mit und Ihre Wertschätzung für sich selbst. Persönliche Integrität lässt Sie als Persönlichkeit reifen. Der Weg dorthin lässt sich in zwei Punkte unterteilen:

a. Entwickeln Sie eine klare Vorstellung dessen, was Ihnen wirklich wichtig und wertvoll erscheint. Sie können Überzeugungen nur dann umsetzen, wenn Sie überhaupt welche haben. Und wenn Sie kein Wortmensch sind: Fragen Sie doch einmal danach, was Sie innerlich antreibt, worauf Sie Lust haben, was Sie morgens mit beiden Beinen aus dem Bett hopsen lässt. Wo wacht Ihr Antrieb auf? Dort ist der Ort Ihrer Überzeugungen. Wenn Sie nicht sofort fündig werden, können Sie einen Ausflug in Ihre Kindheit oder Jugend machen. Was hat Sie damals begeistert?
b. Praktizieren Sie die Prinzipien, die Sie identifiziert haben. Zunächst gilt das für Ihre eigenen Handlungen und Entscheidungen: Diesen sollte man die Prinzipien ansehen – zumindest sollten sie nicht im Widerspruch zu ihnen stehen. Wer also Vertrauenswürdigkeit für

einen wichtigen Wert hält und dann bei der nächsten Gelegenheit hinter dem Rücken des Kollegen über diesen tratscht, der hat da noch einen Weg zurückzulegen. Wer mit Kirche aus leidiger Erfahrung nichts zu tun haben mag, aber bei der Aussicht auf eine klassische Hochzeit mit dem Gedanken spielt, vor den Traualtar zu treten, der könnte in Sachen Integrität auch noch einmal bei sich selbst nachfragen.

Außerdem gilt das Praktizieren auch in der Kommunikation. Stehen Sie zu Ihren Überzeugungen auch dann, wenn Sie nicht sicher sind, dass Ihre Umgebung mit ihnen übereinstimmt. Das macht Sie authentisch und gibt Ihnen das Gefühl, mit sich selbst im Reinen zu sein. Wenn Ihre Kinder also von Ihnen Ehrlichkeit lernen, ist es gut, wenn sie mitbekommen, dass Sie Ihren Nachbarn nicht belügen – auch dann nicht, wenn Sie dadurch einen Vorteil haben.

Beispiel: Hören Sie auf, über Witze zu lachen, die Sie dämlich finden. Versprechen Sie nur Dinge, die Sie auch halten können. Geben Sie zu, wenn Sie sich in einer Sache geirrt haben.

Anmerkung für Intros: Intro-Hürden machen diesen Punkt schwierig. Viele leise Menschen meiden Konflikte lieber. Oder sie bleiben passiv. Deshalb ist die Gewohnheit des integren Lebens ein gutes Training, mit Hürden wie diesen umzugehen: Stehen Sie für etwas ein, selbst wenn Sie Gegenwind erwarten. Verlassen Sie eine dauerhaft unglückliche Beziehung, anstatt missmutig in ihr auszuharren oder eine Affäre zu beginnen. (Vorausgesetzt natürlich, Sie haben ernsthafte Rettungsversuche unternommen und sind gescheitert.)

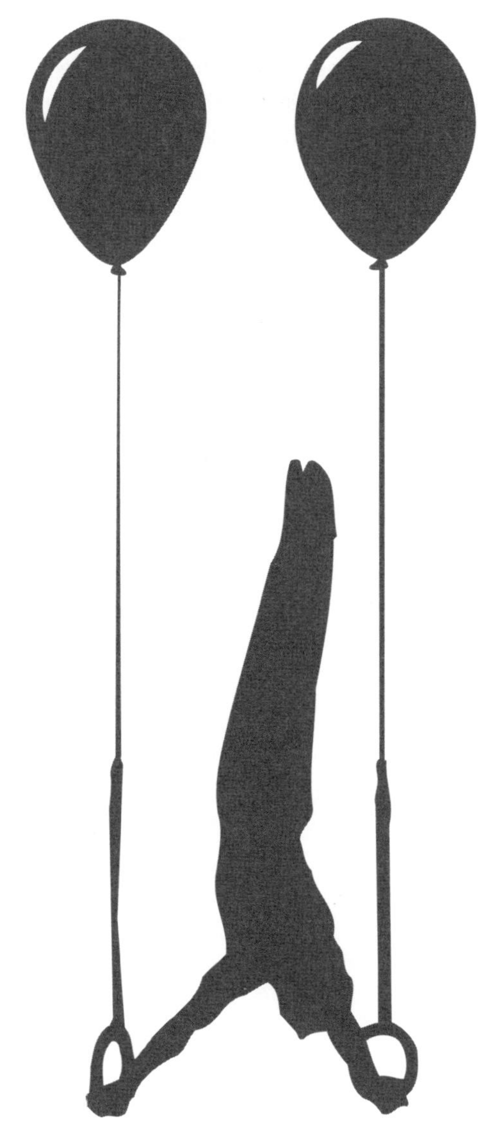

Teil II

Ihre Stärken – Ihre Freiräume

Stärken und Hürden

»Trau lieber deiner Kraft als deinem Glück.«
Publilius Syrus

Viele leise Menschen, denen ich begegne, haben mit ihren Stärken ihre Schwierigkeiten. Sie sind besonders begabt und schnell darin, ihre Hürden zu sehen.

Leise Mäkeleien: Was ich nicht bin

»Ich kann mich einfach nicht so gut verkaufen wie meine Kollegen. Die anderen schaffen es viel leichter, beim Chef gut dazustehen.«
Lisa, 29 Jahre

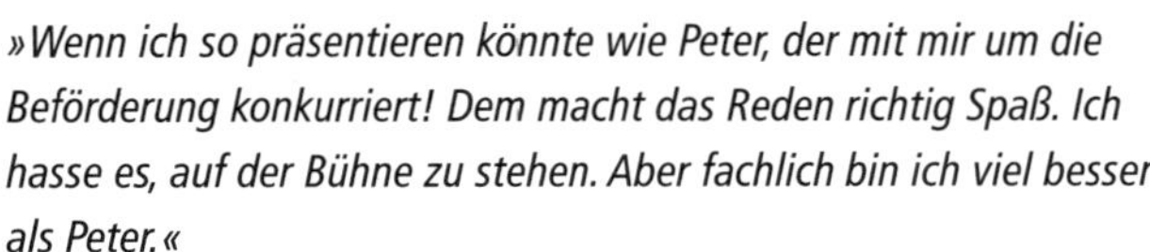

»Wenn ich so präsentieren könnte wie Peter, der mit mir um die Beförderung konkurriert! Dem macht das Reden richtig Spaß. Ich hasse es, auf der Bühne zu stehen. Aber fachlich bin ich viel besser als Peter.«
Henri, 46 Jahre

»Am Wochenende wollen meine Freunde immer etwas unternehmen. Ich will oft nur auf mein Sofa und in Ruhe etwas lesen oder einen Mittagsschlaf halten. Vielleicht bin ich dabei, früh zu vergreisen?«
Lana, 24 Jahre

Intros sind oft sehr selbstkritisch

Viele der leisen Menschen, mit denen ich arbeiten darf, kommen mit einer bestimmten Erwartung ins Coaching: Sie wollen Eigenschaften, Verhaltensweisen oder Wirkungen verändern, die sie als negativ wahrnehmen, so wie Lisa, Henri und Lana. Was sie übersehen, die leisen Selbstkritiker, ist: Introvertierte haben ganz besondere Stärken. Zehn Stärken leiser Menschen habe ich vorgeschlagen. Viele Intros waren und sind überrascht: dass das leise Leben diese Vorteile bergen kann – und dass es so viele Vorteile sind.

Hier, für unsere Themen, sind die leisen Stärken so etwas wie Leitsterne. Wir beginnen bei ihnen und machen sie zu Überschriften unserer Entwicklung. Das hat ganz einfache Gründe:

- Da, wo wir gut sind, liegt auch unsere größte Schaffenskraft.
- Da, wo wir gut sind, machen wir am ehesten einen Unterschied.
- Da, wo wir gut sind, sind wir am meisten wir selbst – und damit echt.

Bauen Sie also lieber auf Ihre Stärken, als dass Sie versuchen, jemand zu werden, der oder die Sie gar nicht sind. Dabei blenden wir Schwächen gar nicht aus. Sie werden sehen, dass jede starke Seite eine »Schattenseite« hat, so wie auch jede Lichteinstrahlung für Schatten sorgen kann. Die scheinbar dunklen Seiten können jedoch durchaus zu unserer Entwicklung beitragen – sehr gut sogar. Sie kennen das sicher von sich selbst: Wir ändern dann etwas, wenn es schmerzt.

Im Fokus: Stärken und ihre Schattenseite

Die folgenden zehn Unterkapitel sind daher zwar mit den typischen leisen Stärken betitelt, doch jedes Kapitel bietet auch Raum für die Schattenseite: die Hürde, die Versuchung, die schmerzende Stelle. Und wir fragen nach den Impulsen, die darin liegen können. Keine Angst, so schlimm wie eine Wurzelbehandlung am Backenzahn wird es bestimmt nicht. ☺

Doch zurück zu den leisen Stärken. Wenn Sie eines meiner Intro-Extro-Bücher schon kennen (also die *Leisen Menschen*, die *Intros und Extros* oder auch den kleinen Band *Intro, Extro oder Zentro?*), dann wird Ihnen vielleicht auffallen, dass die Reihenfolge der Stärken hier eine etwas andere ist. Der Grund: Als ich Stärken und Hürden darauf abgeklopft habe, in welcher Weise sie ihren Inhaberinnen und Inhabern Entwicklungen ermöglichen können, erschien mir für diesen Kontext eine andere Ordnung als die bisherige besser. Aber versprochen: Die Kategorien sind geblieben.

Übersicht: Intro-Stärken

Intros sind keine besseren und keine schlechteren Menschen als Extros. Wie die Extros haben Sie als Intro aber typische Stärken und damit so etwas wie einen leisen Schatz. Damit Sie eine gute erste Orientierung bekommen, sehen Sie hier zunächst die Stärken im Überblick, jeweils mit einer stichwortartigen Kurzbeschreibung.

Intro-Stärken

1. Vorsicht
Risiken wahrnehmen und abwägen

2. Konzentration
Bei einer Sache bleiben können

3. Substanz
Bedeutung, Tiefe oder Qualität im Denken und Kommunizieren anstreben

4. Zuhören
Informationen sammeln und verarbeiten und daraus Rückschlüsse ziehen

5. Ruhe

Unbeeindruckt von Stimulation Konzentration, Entspanntheit und Klarheit suchen

6. Unabhängigkeit

Selbstständig nach eigenen Prinzipien leben, allein sein; anderen Unabhängigkeit zugestehen

7. Analytisches Denken

Zusammenhänge wahrnehmen, Kompliziertes strukturieren, systematisch planen

8. Schreiben

Lieber und leichter schriftlich als mündlich kommunizieren

9. Beharrlichkeit

Kraft nach innen: geduldig und über längere Zeit hinweg einer Sache nachgehen

10. Einfühlungsvermögen

Sich in andere hineinversetzen, Gemeinsamkeiten in den Vordergrund stellen

Übersicht: Intro-Hürden

Schön wäre es, wenn wir Intros nur starke Seiten hätten. Doch tatsächlich sind wir die Ersten, die mit unseren Hürden hadern. Denn das sind Hürden, die uns behindern können: bei Vorhaben, in unserer Kommunikation, in unserer Entwicklung hin zu einem guten Leben.

Unsere Hürden können jedoch auch zu wichtigen Wegweisern werden: Sie helfen uns, unsere leisen Bedürfnisse scharf zu sehen und uns auf sie einzustellen. Wenn wir unser Leben so gestalten wollen, dass es richtig gelingt, dann tun wir gut daran, gerade die Hinweise auszuwerten, die uns unsere vermeintlichen Schwächen liefern. Wer Konflikten aus dem Weg geht, den wird es entlasten, wenn er klug verhandeln kann. Wer zur Passivität neigt, der kann (zum Beispiel mit der Stärke der Vorsicht) besonders darauf achten, die eigene Energie nicht einfach denen zur Verfügung zu stellen, die genau wissen, was sie wann wie tun wollen.

Hier die Übersicht über die zehn typischen Intro-Hürden:

Intro-Hürde
1. Angst Handeln und Entscheiden aus übertriebener Vorsicht blockieren lassen
2. Kleinteiligkeit Sich in Einzelheiten verlieren, große Zusammenhänge und Prioritäten aus dem Blick verlieren
3. Überstimulation Von zu vielen, zu lauten oder zu schnellen Eindrücken überfordert sein
4. Passivität In einer Situation verharren, auch wenn dies negative Auswirkungen hat
5. Flucht Schwierige Situationen durch Rückzug vermeiden
6. Verkopftheit Gefühle vernachlässigen, Verstand überschätzen
7. Selbstverleugnung Eigene Merkmale und Bedürfnisse verleugnen bzw. negativ bewerten
8. Fixierung Im Austausch mit anderen unbeweglich sein, für das Wohlbefinden auf Gewohnheiten angewiesen sein

9. Kontaktvermeidung

Wenige Kontakte bevorzugen, sich in die Gefahr sozialer Isolation begeben

10. Konfliktscheu

Heikle Situationen nicht aktiv angehen und dabei auch Belastungen in Kauf nehmen

Vorsicht

Sie erinnern sich: Intros sind besonders sicherheitsorientiert, weil sie ein vergleichsweise empfindliches Angstzentrum im Hirn haben: den Mandelkern. Genau dort hat die erste Stärke, die Vorsicht, ihre biologische Basis.

Ja, Vorsicht ist eine Stärke. Sie sorgt dafür, dass wir Risiken sorgfältig einschätzen und gut nachdenken, bevor wir der netten Bankberaterin unser Erbe anvertrauen oder dem Kollegen verraten, dass wir heimlich in den Chef verliebt sind. Vorsichtige Menschen haben außerdem eine Art Frühwarnsystem, das auch dann sensibel reagiert, wenn die Gefahr viel harmloser daherkommt als ein mit einer Machete bewaffneter Attentäter. Treibhausgase, die Sauberkeit des Trinkwassers, die Datensicherheit, globale Migrationswellen, die Qualität griechischer Unternehmensanleihen oder das, was Lebensmittel so enthalten: All dies sind Themen, die vorsichtige Menschen bewegen.

Wenn Sie über den Atlantik fliegen: Hätten Sie dann nicht auch gern einen Piloten mit aktivem Vorsichtszentrum?

Intros finden sich selten in Fettnäpfen wieder

Auch im Umgang mit anderen sind leise Menschen oft vorsichtiger: Sie greifen nicht einfach an und schätzen respektvollen Abstand (auch für sich selbst). Weil sie überlegen, was sie sagen, trampeln sie nur selten in Fettnäpfen herum. Sind Sie ein vorsichtiger Mensch? Dann lesen Sie hier weiter …

Mit Vorsicht auf dem Weg

In der eigenen Entwicklung zeigt sich die Vorsicht besonders in den Phasen, in denen eine neue Orientierung ansteht. Intros neigen dazu, sanfte Übergänge zu wählen, wenn sie etwas verändern.

»Ich habe eine Ausbildung als kaufmännische Angestellte und habe einen Bürojob in einer Firma in Stuttgart. Mit Anfang 30 gab es eine Phase, da habe ich mich in meinem Bürojob zu Tränen gelangweilt. Aber ich hatte Angst davor, meine sichere Stelle zu verlassen.

Mein Hobby ist alles, was mit Pflanzen zu tun hat: Ich habe einen Gemüsegarten mit Beerensträuchern und Blumen, koche gern vegetarisch und lerne Ikebana, also japanische Blumensteckkunst. Ich hatte keine richtige Idee, wie sich daraus karrieremäßig etwas entwickeln könnte, und ich bin auch nicht so der Typ Unternehmerin.

Mit 33 Jahren habe ich dann meine Arbeitszeit auf eine Zweidrittelstelle reduziert. Das war vom Gehalt her auch wegen der besseren Steuerklasse immer noch gut. Vor allem war es aber für meine Lebensqualität ein Riesenschub: Meinen Job mache ich mit links und ich habe mehr Freizeit. Ich habe inzwischen auch einen Blog für vegetarische Küche und Gemüseeigenanbau. Schreiben kann ich, das Thema finde ich cool, und ich finde über die Öffentlichkeit und den Austausch viele Gleichgesinnte, ohne dass ich ständig Menschen treffen muss.

Spannend ist, dass ich jetzt in meinem Job mehr Lust auf die Arbeit habe – und auch mehr Kraft, sie zu tun. Obwohl sich ja meine Tätigkeit gar nicht verändert hat. Ich bin sehr dankbar für die Sicherheit, die ich mit meinem Arbeitgeber habe. Für mich war diese ›sanfte‹ Veränderung damals optimal.«

Mariana, 41 Jahre

Vorsicht und Vertrauen

Es tut gut, wenn wir unserem Umfeld und unseren Mitmenschen vertrauen können. Vorsichtige Menschen profitieren von einer solchen Umgebung besonders: Sie fühlen sich sicher, obwohl sie die Welt oft für einen unsicheren Ort halten. Vertrauen macht das Leben und die Beziehungen zwischen Menschen stabil.

Vertrauen ist die Basis von allem!

»Vertrauen ist die Basis aller Beziehungen, einfach weil wir von anderen dauernd abhängig sind, die anderen aber nicht kontrollieren können. Deshalb müssen wir ihnen vertrauen. Dem Bäcker wie dem Busfahrer wie auch dem Partner. Liebe braucht auch Vertrauen, aber hier können wir wählen, wen wir lieben wollen.«

Roland Kopp-Wichmann, Psychologe, Autor, Coach

Für Vorsichtige hat Vertrauen einen besonderen Stellenwert. Sehen wir einmal genauer hin.

Anderen Menschen vertrauen

Es war angeblich Lenin, der den berühmten Spruch formulierte: »Vertrauen ist gut, Kontrolle ist besser.« Die Kontrolle ist für Ängstliche tatsächlich eine verlockende Idee. Und das ist erst einmal verständlich. Denn wenn wir jemandem Vertrauen schenken, dann ist das immer gleich ein doppeltes Risiko: Erstens brauchen wir vor allem dann Vertrauen, wenn eine Situation unsicher ist, wir sie also gerade nicht kontrollieren können. Wenn ich mit dem Flugzeug den Atlantik überquere, dann vertraue ich den Personen im Cockpit und dem Wartungsteam des Fliegers. Wenn ich gelandet bin und abends einen Vortrag halte, dann vertraue ich darauf, dass meine Auftraggeber mich wie vereinbart dafür bezahlen. Wenn ich auf dem Rückflug der Kollegin ein Geheimnis anvertraue, dann vertraue ich auf ihre Diskretion.

Zweitens kann Vertrauen eben auch enttäuscht werden. Mein leiser Kollege Matthias Nöllke hat einige kluge Dinge dazu geschrieben und sagte mir im Interview, wie er mit der Balance zwischen Vertrauen und Risiko umgeht.

»Vertrauen bedeutet immer, ein Risiko einzugehen. Gut mit Vertrauen umzugehen heißt denn auch: nicht wahllos zu vertrauen, sondern aus guten Gründen. Es hilft uns und anderen, wenn wir einschätzen können, unter welchen Bedingungen sich unsere Mitmenschen nicht ganz so vertrauenswürdig verhalten.

Das bedeutet aber gerade nicht, übervorsichtig zu werden und möglichst wenig zu vertrauen. Im Gegenteil. Vertrauen entfaltet eine sehr viel stärkere Bindungskraft, wenn Ihr Gegenüber weiß, dass Sie viel riskieren und von seiner Leistung wirklich abhängig sind. Wer auf Nummer sicher geht, vertraut nicht. Und er findet auch kein Vertrauen.«

Dr. Matthias Nöllke, Autor und Speaker

Vertrauen gedeiht besonders dort, wo Menschen aufeinander angewiesen sind – zum Beispiel in Finnland, wo die Bevölkerungsdichte niedrig und die Macht der Natur enorm ist. Der Deutsche Roman Schatz staunt:

»Ein Finne sagt: ›Ich erledige das.‹ Und darauf kann man sich verlassen, denn wenn der Nachbar versprochen hat, vor Wintereinbruch Feuerholz zu liefern, dann weiß er, dass eine verspätete Lieferung eventuell über Leben und Tod entscheidet.«

Roman Schatz, Gebrauchsanweisung für Finnland. München: Piper 2015, S. 191

Wenn Sie als Intro mit einer besonders sensiblen Vorsicht leben, dann brauchen Sie vielleicht ein wenig länger, um jemandem Vertrauen zu schenken. Dafür schauen Sie genauer hin – und Sie profitieren ganz besonders von dem schönen Gefühl der Sicherheit, das Sie haben, wenn Sie wissen: Auf diese Person kann ich mich verlassen.

Bauen Sie ganz bewusst und in kleinen Schritten vertrauensvolle Beziehungen auf!

Für andere Menschen vertrauenswürdig sein

Intros wirken oft vertrauenerweckend

Leise Menschen, die ihre Vorsicht zu einer Stärke ausgebaut haben, haben das Vertrauen noch auf eine andere Weise auf ihrer Seite: Sie wirken oft ihrerseits auf ihre Mitmenschen vertrauenerweckend.

Ein Beispiel ist der deutsche Spitzenpolitiker Peter Altmaier. Während dieses Buch entsteht, ist er in Angela Merkels Kabinett Kanzleramtsminister. Zudem koordiniert er als Bundesminister für besondere Aufgaben alle Aspekte, die mit der aktuellen Flüchtlingslage zu tun haben. Die heiklen Missionen, die zu seinem Job gehören, sind nur mit sehr gut gesteuerter Kommunikation möglich.

»Wenn ich mit jemandem rede, muss er sich darauf verlassen können, dass es vertraulich bleibt und dass er nicht versäckelt wird. [...] Wenn man etwas erzählt, ist die Wahrscheinlichkeit, dass es weitererzählt wird, riesig groß. Nicht aus Gehässigkeit und Bösartigkeit, sondern weil manche es toll finden.«

Peter Altmaier, Bundesminister für besondere Aufgaben und Chef des Bundeskanzleramts im Kabinett Merkel III (seit Dezember 2013)[12]

Auf einer allgemeineren Ebene sagt der Psychologe Roland Kopp-Wichmann: Wir sind für andere Menschen dann vertrauenswürdig, wenn wir unsere Vereinbarungen einhalten, wenn unser

Wort gilt und wir danach handeln, selbst dann, wenn es schwierig oder unangenehm wird. Mit einem solchen Verhalten schaffen wir Vertrauen. Und damit stabile Beziehungen zu Menschen, die sich auf uns verlassen dürfen – so wie nicht nur wir vorsichtigen Intros es mögen.

Werden Sie ein Mensch, dem andere vertrauen: indem Sie zu Ihrem Wort stehen.

Vertrauen in uns selbst

Last, but not least bleibt die hohe Schule des Vertrauens: das Vertrauen in uns selbst. Eigentlich wollte ich diesen Aspekt kappen, aber dann sagte meine zentrovertierte Kollegin Katja Kerschgens etwas zu Angst und Vertrauen. Ich finde ihre Erfahrung so wichtig, dass ich sie gern mit Ihnen teile.[13]

Vertrauen in die eigene innere Kraft

»Als meine MS-Erkrankung mich immer mehr einschränkte, bekam ich Zukunftsängste. Meinen mentalen Tiefpunkt hatte ich 2016. Ich war schon auf Gehstock und Rolli angewiesen und seit dem Sommer konnte ich nicht mehr Auto fahren. Aber das war noch das kleinste Problem. An manchen Tagen fiel mir das Reden schwer, ich lallte mitunter. Für meinen Beruf als Rhetoriktrainerin nahezu ein Todesstoß. Natürlich machte mir das Angst – in diesem Maße zum ersten Mal in meinem Leben.

Heute vertraue ich auf mich selbst, wie vor diesem Tiefpunkt auch. Dabei lasse ich mir helfen und nutze Mentaltraining und andere Methoden, um meine innere Kraft (wieder) zu mobilisieren. Kleine, winzig kleine Erfolge lassen mich darauf vertrauen, dass ich zu meiner alten Mobilität zurückkommen werde. Denn ich bin zutiefst überzeugt davon: Das, was ich denke, wird eintreten. Also Vorsicht beim Denken!«

Katja Kerschgens, Rednerin und Autorin

Im Anschluss habe ich den leisen Psychologen Roland Kopp-Wichmann gefragt, wie wir üben können, uns selbst zu vertrauen.

3 Wege zum Selbstvertrauen

»Am wichtigsten ist es, dass wir uns bewusst machen, wo unsere Werte liegen. Und dann sollten wir nach ihnen leben. Ein zweiter Punkt ist: Halten wir unsere Versprechen ein. Lassen wir unser Wort gelten und handeln wir danach. Ein dritter Punkt ist die Selbstwirksamkeit. Wenn wir erleben, dass wir etwas vollbringen können, dann erleben wir, dass wir uns auf unsere Fähigkeiten und Ressourcen verlassen können. Das schafft Selbstvertrauen.«

Roland Kopp-Wichmann, Psychologe, Autor, Coach

Die Schattenseite: Angst

»Vorsicht« hört sich gut an – »Angst« weniger. Und doch gehören beide Gefühle zu den Folgen eines introtypisch aktiven Mandelkerns im Gefühlszentrum des Gehirns.

Dieser Abschnitt soll Ihnen helfen, mit Angst umzugehen. Dabei möchte ich als vorsichtige Intro einen Hinweis vorausschicken: Dieser Text richtet sich an Intros mit Angstzuständen im »normalen« Bereich. Das ist natürlich nicht so leicht einzuschätzen. Wenn Sie aber unter starken Angstzuständen oder sogar unter Panikattacken leiden oder wenn Ihre Angstgefühle lange andauern, dann ist es gut, wenn Sie zusätzlich mit einer Ärztin oder einem Psychologen sprechen, denen Sie vertrauen.[14]

Mit Angst umgehen: Sprechen Sie mit Ihrer Amygdala!

Sie wissen aus dem ersten Teil dieses Buches bereits, dass in Ihrem Hirn die Amygdala das Angstzentrum ist – und auch, dass Sie als Intro mit ziemlicher Wahrscheinlichkeit ein ziemlich aktives Angstzentrum haben. Der Botenstoff Acetylcholin, dem Sie weiter oben ganz in der Nähe der Amygdala begegnet sind, sorgt für ein besonderes Bedürfnis nach Sicherheit.

Nach der Schule wird's stressig

Der Weg durch Schule und dann durch Berufsschule oder Hochschule ist noch einigermaßen berechenbar. Doch anschließend beginnt eine Phase, in der es um andere Dinge geht als um Fleiß, Selbstdisziplin und systematisches Lernen. Wenn wir unsere Zukunft gut gestalten wollen, müssen wir immer wieder Risiken eingehen und etwas wagen. Das kann für Stress sorgen – und eben für Angst. Leider lässt diese Angst die Kreativität und die Möglichkeiten erodieren, die unsere Intelligenz uns eigentlich zur Verfügung stellt.

Ich gehöre selbst zu den Menschen mit einem großen Sicherheitsbedürfnis, und dazu gehört, dass mir immer wieder meine Angst zu schaffen macht. Besonders deutlich spürte ich das vor etwas über zehn Jahren. Damals machte ich mich selbstständig, um Menschen im Coaching zu begleiten und Kommunikationsseminare anzubieten. Ich kündigte deshalb meine Managementposition bei einem interessanten Arbeitgeber, die unbefristet und gut bezahlt war.

Ich hatte es langsam angehen lassen: Mein Chef hatte mir in meiner Position eine Teilzeitstelle ermöglicht, ich hatte richtig gute Konzepte und sogar schon einen ersten Kundenstamm aufgebaut. Die Aufträge kamen und ich brauchte mich für meine Gründung nicht einmal zu verschulden.

Trotzdem: Meine Amygdala fand das nicht lustig. Ich war für das Familieneinkommen verantwortlich. Die Aufträge kamen noch unregelmäßig. Das gemütlich auf dem Konto eintrudelnde Gehalt fiel weg. Die Folge: schlaflose Nächte und Herzklopfen.

Damals wusste ich noch nicht, dass ich als Intro ein besonders starkes Sicherheitsbedürfnis habe und mein Angstzentrum mit großem Einsatz Schreckensszenarien erfindet. Wenn ich heute eine introvertierte Persönlichkeit in dieser Situation im Coaching hätte, könnte ich ihr einige Tipps geben. Hier sind die vier wichtigsten:

Wie Sie mit Ihrer Angst umgehen können

1. Atmen Sie tief durch

Sauerstoff ist eine gute Ressource. Sie verhindert Blackouts und sichert die Funktionsfähigkeit Ihres Hirns. Tiefes, ruhiges Durchatmen sorgt außerdem für Ruhe und ein wenig Abstand von dem intensiven Gefühl, das Ihre Amygdala Ihnen da gerade beschert.

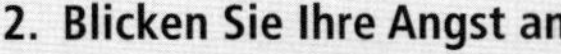

2. Blicken Sie Ihre Angst an

Angst ist unangenehm. Wir wollen sie eigentlich nicht. Doch Angst, die verdrängt wird, geht wie ein Guerilla in den Untergrund. Und Sie sehen sie dann nicht mehr – nicht gut. Nehmen Sie also das ungute Gefühl bewusst wahr. Das klingt banal, bringt in seinen Folgen aber zwei große Unterschiede:

Sie würdigen erstens Ihr Gefühl. Das hat es auch verdient. Angst hat ja durchaus eine wichtige Aufgabe: Sie will uns davor bewahren, uns in Gefahren zu stürzen, die uns schaden. Der Hirnforscher John Forsyth sagte vor einigen Jahren in einem Interview mit dem *Time Magazine* über Angst in wirtschaftlichen Krisen: »Das Beste, was Sie in dem Moment machen können, ist, sich bewusst zu machen, dass es natürlich ist, Angst zu spüren, wenn Dinge unvorhersehbar werden. Bei einer Ratte wäre es ebenso.«[15]

Zweitens schalten Sie Ihr bewusstes Denken dazu. Das ist das Gegenteil von Angst unterdrücken oder betäuben. Wenn Sie hingegen auf Alkohol, Drogen oder Vermeidungsstrategien zurückgreifen, dann ist Ihre Angst womöglich wirklich betäubt, doch das Problem ist: All Ihre anderen Gefühle sind es auch. Sie können keine einzelnen Gefühle herunterdimmen, verlieren also auch den Zugang zu Ihrer Lebensfreude und anderen schönen Dingen. Ja, Angst macht verletzlich. Aber wir können uns dazu entscheiden, verletzlich zu sein. Und genau deshalb menschlich.

Die Texanerin Brené Brown zeigt in ihrem TED-Talk »Daring Greatly«, dass Verletzlichkeit keine Schwäche ist, sondern eine Basis für Neues, für Kreativität und Veränderung im Leben.[16]

3. Ziehen Sie Ihrer Angst den Zahn

Interessanterweise können Sie mit Ihrer Wortwahl viel ändern. Das bedeutet nicht, dass Sie mit »Alles ist okay!« oder »Ich bin furchtlos!« auf einmal wirklich angstfrei wären. Ihr Unterbewusstes nimmt Ihnen das nicht ab und Ihr bewusstes Denken erst recht nicht.

Sie können aber dem Stress die Spitze nehmen, indem Sie Ihre Angst in einen Zusammenhang setzen. Sagen Sie lieber: »Ich bin in dieser Situation aufgeregt.« Oder: »Jetzt spüre ich meine Unruhe.«

Sagen Sie dagegen nicht: »Ich habe große Angst.« Verzichten Sie auch darauf, den Gegenstand der Angst zu benennen. Das kann zur Selffulfilling Prophecy werden, weil unser Hirn sich am Gegenstand orientiert, nicht an der Tatsache, dass Sie ihn ja gerade nicht wollen.

Beispiel: Wenn Sie sich immer wieder der Angst hingeben, dass Sie gekündigt werden könnten, dann entwickeln Sie Verhaltensweisen, die Sie sabotieren: Sie werden weniger kreativ, ziehen sich in sich selbst zurück, werden passiv ... So handeln aber keine Topleister, richtig?

4. Zeigen Sie Ihrer Angst, wohin es geht

Wir haben als Menschen unser bewusstes Denken – und damit können wir die bibbernde Amygdala beeinflussen.[17] Der präfrontale Kortex kann sozusagen ein ruhiges Wort mit der Angst reden. John Forsyth sagte im *Time Magazine* weiter: »Setzen Sie sich mit der Situation bewusst auseinander. Lassen Sie nicht Ihre Gefühle über Ihre Handlungen entscheiden. Gefühle schwanken, sie sind nicht beständig.« Und Forsyth empfiehlt weiter, genau zu überlegen: Was ist zuerst zu tun? Was dann? Und was als Übernächstes?

Auf diese Weise nehmen Sie Ihre Angst an und würdigen ihre Rolle. Sie bleiben aber nicht bei ihr stehen und lassen sich auch nicht am Handeln hindern. Die Tatsache, dass Sie überhaupt an Handeln denken, lässt in sehr vielen Fällen die gefühlte Bedrohung so weit schrumpfen, dass sich mit ihr leben lässt. Und vielleicht haben Sie sogar beim Planen neue Ideen, die Ihnen tatsächlich weiterhelfen können, wenn es brenzlig werden sollte.

Zwei Intros in meinem Bekanntenkreis berichten, dass sie sich in einer angstbesetzten Situation das Schlimmste vorstellen, was ihnen passieren kann. Im Anschluss fragen sie sich mehrfach: »Und dann?« Sie schwören, dass sie nach dem dritten bis vierten »Und dann?« über sich selbst lachen: »Wir werden alle, alle sterben!« Danach haben sie wieder festeren Boden unter den Füßen.

Susanne Rake schlägt in ihrem Buch *Selbstmarketing für Schüchterne* einen ziemlich radikalen Umgang mit der Angst vor: Wie in der Verhaltenstherapie üblich möge sich der Ängstliche einfach der Gefahr aussetzen – und zwar ausführlich. Die Amygdala wird nach etwa 20 Minuten müde und hört auf zu »feuern«. Ihr Besitzer hat dann vermutlich gelernt, dass die Gefahr nicht lebensbedrohlich ist. Sonst wäre er nach einer Drittelstunde wahrscheinlich tot.

Roland Kopp-Wichmann beschreibt die Aktivität der Amygdala genauer – und er hat auch eine Strategie zum Umgang mit dem Angstzentrum:

Die Amygdala spüren – der Angst begegnen

»Die Angst entsteht erst einmal durch Gedanken, meist ausgelöst durch ein Ereignis (ein Geräusch in der dunklen Wohnung, der Anblick eines Hundes etc.). Die Amygdala in unserem Gehirn prüft sofort, ob wir mit diesem Objekt schon einmal schlechte Erfahrungen gemacht haben. Wenn ja, entsteht Angst. Leider genügen der Amygdala sechzig Prozent Übereinstimmung mit dem Auslöser, um Alarm zu schlagen. Das heißt, wir spüren auch dann Angst, wenn wir rational wissen, dass eigentlich keine große Gefahr droht.

Jetzt ist es wichtig, sich nicht mit der Angst zu identifizieren. Das erreichen wir am besten, wenn wir lernen, mit Achtsamkeit unsere Gedanken und Gefühle zu beobachten. Dann ist es uns möglich, uns innerlich von der Angst zu trennen. Wir können uns zum Beispiel selbst sagen: ›Ein Teil von mir hat Angst‹ (statt: ›Ich habe Angst‹), ›und ein anderer Teil von mir weiß, dass diese Situation nicht gefährlich ist.‹«

Roland Kopp-Wichmann, Psychologe, Autor, Coach

Der britische Schauspieler und Komiker John Cleese hat sich im Interview mit der *Süddeutschen Zeitung* sehr entschieden als Introvertierter bezeichnet. Und er steht mit 50 Jahren Fernseherfahrung auch zu seinem Lampenfieber: Im Interview sagt er: *»Irgendwann gewöhnt man sich ein kleines, kleines bisschen an öffentliche Auftritte. Immerhin muss ich nicht wie ein Sportler vor sechzigtausend Leuten in einer Arena erscheinen, wo einen die gegnerischen Spieler alle umhauen wollen. […] Früher redeten die Schauspieler kaum darüber.«*[18]

3 Schutzschilde gegen die Angst

1. Schild: Wissen – lernen Sie und denken Sie nach

Je mehr Sie über das wissen, was Ihnen Angst macht, umso kleiner wird Ihre Angst. Und umso bessere Strategien können Sie entwickeln, damit Sie Risiken in Grenzen halten können. Der Dschungel des Unbekannten wird mit einer guten Wanderkarte begehbar. Informieren Sie sich über die Dinge, die Sie verunsichern.

Beispiel Selbstständigkeit: Viele Angestellte und Berufsanfänger denken, dass Selbstständigkeit hochriskant ist. Der Gedanke, freiberuflich tätig zu sein oder gar eine eigene Firma zu haben, anstatt ein monatliches Gehalt zu beziehen, macht ihnen Angst. In einer solchen Situation hilft es, Informationen zu sammeln, Zusammenhänge zu erkennen und Erfahrungen zu vergleichen. Mithilfe der örtlichen Industrie- und Handelskammer, eines Seminars, eines guten Buchs oder auch online können Sie sich schlaumachen, wie eine Selbstständigkeit aussehen kann, wie Sie sich absichern, wie Sie sich finanzieren können und wie andere Menschen erfolgreich gegründet haben. Sie erfahren auch, welche Vorteile es hat, sein eigener Chef zu sein.

Nach dieser Lernphase haben Sie eine Wanderkarte und können entscheiden, ob Sie den Weg gehen wollen.

2. Schild: Strategie – machen Sie einen Plan

Die Strategie kommt direkt im Anschluss an Denken, Lernen und Wissen. Wer einen Plan macht, schafft sich Sicherheit. Nehmen wir auch hier das Beispiel Selbstständigkeit: Wenn Sie nicht einfach ins kalte Wasser springen mögen, hilft eine abgestufte Strategie.

Können Sie sich nebenberuflich selbstständig machen? Können Sie in einem Sabbatical erste Schritte machen? Kennen Sie Menschen, bei denen Sie das selbstständige Leben hautnah kennenlernen können, in einem Praktikum oder durch Begleiten?

Wenn Sie keinen konkreten Plan haben, dann versuchen Sie einmal strategische Mutproben: Planen Sie für jeden Tag etwas, was Ihnen Mut abfordert, aber Sie nicht überfordert. Einen anderen Hundebesitzer im Park anlächeln, ein schwieriges Gespräch führen, einen Termin für eine Gehaltsverhandlung vereinbaren, der Schwiegermutter sagen, dass Sie Weihnachten diesmal anders feiern wollen … Auf diese Weise trainieren Sie Ihren Mut – und Ihre Angst wird weniger.

3. Schild: Sinn

»Wer ein Wozu im Leben hat, erträgt fast jedes Wie.« Diesen Ausspruch machte Viktor Frankl in Anlehnung an Friedrich Nietzsche zu seinem Leitsatz.[19] Wenn Sie wissen, wozu Ihnen etwas wichtig ist, können Sie sehr viel leichter Ihre Angst überwinden, bestimmte Dinge zu tun.

Lassen Sie nicht Ihre Angst diktieren, womit Sie Ihr Leben füllen und womit nicht. Nutzen Sie lieber die Anziehungskraft des Schönen, anstatt sich von der Angst vor dem Schlimmen lähmen zu lassen. Wenn Sie sich in einen tollen Menschen verlieben, dann können Sie nicht ausschließen, dass dieser Mensch Ihr Herz bricht. Aber Liebe erfordert es, dass Sie genau das riskieren. Und sie ist es auch wert. Jede Sache in Ihrem Leben, die Ihnen am Herzen liegt, ist es auch wert, dass Sie ein gebrochenes Herz riskieren. Das ist okay. Unsere Herzen erholen sich wieder. Und oft, ganz oft, singen sie, wenn es gelingt und reift: das Schöne, das Sinnvolle, das Lieben.

Fragen Sie sich:
Was würde ich tun, wenn ich keine Angst hätte?
Oder folgen Sie Eleanor Roosevelt, die gesagt hat:
»Do one thing every day that scares you.« – Auf Deutsch:
»Tun Sie jeden Tag etwas, was Ihnen Angst macht.«

Kein Wachstum ohne Angst

Trauen Sie sich. Wachstum ist nur mit Angst möglich. Denn sonst tun Sie nur Dinge, die Ihnen leicht genug fallen, dass Sie sich nicht großartig weiterentwickeln. Und es ist ja auch gerade die Angst, die Ihnen dabei hilft, Ihre Risiken wahrzunehmen und einzuschätzen.

Vorsicht: 3 Tipps zum Weiterlesen

Bentele, Verena: Kontrolle ist gut, Vertrauen ist besser. München: Kailash 2014

Die Autorin war Biathletin und Skilangläuferin. Sie ist von Geburt an blind – und eine Ausnahmeathletin mit vier Weltmeistertiteln und zwölf Goldmedaillen bei den Paralympics. Sie zeigt mit ihrem eigenen Werdegang, dass Kontrolle zwar für Sicherheit sorgt, dass es aber das Vertrauen in sich selbst und andere ist, das persönliche Entwicklung ermöglicht. In ihren Worten: »Kontrolle macht überlebensfähig, Vertrauen lebensfähig.«

Anja Förster und Peter Kreuz: Macht, was Ihr liebt! 66½ Anstiftungen, das zu tun, was im Leben wirklich zählt. München: Pantheon 2015

Die Autoren buchstabieren aus, was es heißt, wenn wir unserer Liebe folgen und nicht unserer Angst. Obwohl sie eher für das Belohnungs- als für das Angstzentrum im Gehirn schreiben, machen ihre Überlegungen auch Intros Mut dazu, ihr Ding zu machen und ihre Angst zu überwinden.

Fritz Riemann: Grundformen der Angst. München: Ernst Reinhard Verlag 2013

Der Klassiker (41. Auflage!). Das Buch informiert Sie umfassend und verständlich über Angst. Riemann unterscheidet vier Grundformen und leitet davon Persönlichkeitstypen ab.

Konzentration

Konzentration ist das, was wir am liebsten hätten, wenn wir eine schwierige Aufgabe zu lösen haben: die Fähigkeit, länger als eine Frühstückspausenlänge einer Sache aufmerksam nachzugehen.

Die meisten haben Konzentrationsprobleme

Wer sich konzentriert, strengt sich geistig an. Er wirkt wie ein Laserstrahl im Vergleich zu einem gemütlich gedimmten Deckenfluter. Der Widerstand gegen Flüchtigkeit und Ablenkung kostet dabei oft richtig Kraft. Die meisten Nobelpreisträger können sich sehr gut konzentrieren, die meisten Teenager in meinem Bekanntenkreis eher schlecht. Und bei Erwachsenen ist es nicht viel besser: In einer US-Studie von 2013 gaben 80 Prozent der über 12 000 befragten Angestellten an, sich während der Arbeit nicht konzentrieren zu können.[20]

Konzentration ist bei unserer Lebensweise schwierig.

Ganz ehrlich: Es ist kein Wunder. Wir leben heute oft so, als würde uns ständig jemand von hinten sanft an der Schulter schütteln oder – schlimmer – uns mit einem gezielten Griff in den Nacken in alle Richtungen drehen. In vielen Teilen unseres Lebens wird wenig konzentriert nachgedacht, dafür aber umso mehr geredet. Ich muss Ihnen das nicht genauer erläutern, oder?[21]

> *»Alle sind in Eile. Und nichts bewegt sich. Im Mittelpunkt steht nicht das disziplinierte Lösen eines Problems, die Konzentration auf das Wesentliche, sondern die unablässige Kommunikation.«*
>
> Wolf Lotter, Journalist, in: brand eins 4/2014, 16. Jahrgang, S. 66, in einem Leitartikel zum Thema Konzentration

Auch Intros haben ihre Konzentrationsprobleme. Doch sie schaffen es aus verschiedenen Gründen leichter als Extros, sich zu konzentrieren.

Warum Intros sich gut konzentrieren können

1. Intros denken gern und viel nach. Es macht ihnen Freude. Deshalb sind die Bereiche des Hirns, die für Konzentration zuständig sind, ziemlich gut trainiert – ähnlich wie starke Muskeln beim Krafttraining empfinden Intro-Hirne die Konzentrationsleistung als nicht so ermüdend wie Untrainierte. Ist eben auch Trainingssache …
2. Impulskontrolle! Schon wenn wir eine unliebsame oder komplexe Aufgabe aufschieben, reagiert das Belohnungszentrum positiv: Langfristige Belohnungen sind ihm zu weit weg; es mag kleine, schnelle Belohnungen lieber und setzt Dopamin frei, wenn wir uns vor einer anstrengenden Konzentrationsleistung drücken. Konzentriert bleibt, wer mit seinem frontalen Kortex sein limbisches System beruhigen kann – sprich, mit dem Verstand die wild herumwuselnden Gefühle in den Griff bekommt. Das machen Intros ohnehin ziemlich oft, weil sie vergleichsweise viel nachdenken. Das Nach-innen-gewandt-Sein sorgt für Selbstregulierung.
3. Durch ihr weniger aktives Belohnungszentrum brauchen Intros weniger Disziplin als die Extros, die sich von Reizen wie schönem Wetter oder dem attraktiven Onlineshop eher ablenken lassen. Sie brauchen auch weniger Feedback von außen, um ihren Aufgaben nachzugehen.

4. Intros schotten sich häufiger von Außenstimulation ab, wenn sie sich auf etwas konzentrieren wollen: Äußere Reize empfinden sie oft als störend. Sie wissen auch, dass Multitasking nur ein Märchen ist: Wir können nicht mehrere Aufgaben gleichzeitig gut erledigen. Intros wissen wegen ihrer Reizempfindlichkeit ganz gut Bescheid darüber. Gleichzeitig an einem Konzept schreiben und dabei Radio hören und auf Facebook online sein: Das ist nicht gut fürs Konzept. Extros mögen äußere Reize und lassen sich deswegen auch leichter von ihnen ablenken.

Wenn Intros vor Überstimulation und plötzlichen Störungen bewahrt bleiben, sind sie besonders gut darin, »dicke Bretter« zu bohren und ihre Energie dabei auf eine Sache hin zu bündeln. Vorausgesetzt, sie entscheiden sich dafür.

Gute Konzentration – auch auf Mitmenschen

Dieser Fokus kann erstaunliche Ergebnisse bringen. In einer Zeit, in der so viele Menschen Probleme mit Ablenkung und Aufschieberitis haben, macht ein Zustand bewusster Konzentration einen Riesenunterschied. Ein konzentrierter Mensch schafft viel und strahlt oft eine beeindruckende Intensität aus, die sein Gegenüber tief beeindrucken kann. Das hängt unter anderem damit zusammen, dass er die Konzentration auch auf seine Mitmenschen richten kann – und ihnen dann volle Aufmerksamkeit schenkt. Das tut gut. Fällt es Ihnen leicht, in die Konzentration zu gehen? Können Sie fokussieren, wenn man Sie lässt? Dann lesen Sie hier weiter …

Mit Konzentration auf dem Weg

Mit Konzentration verbunden sind Kopfarbeit, Nachdenken und Nachfühlen. Den Fokus auf etwas zu richten und Probleme zu lösen oder auf die Veränderung von Dingen hinzuwirken: Das ist viel mehr, als einfach nur fleißig Routinen abzuspulen. Sie ballen Ihre geistige Energie, um etwas Besonderes zu schaffen.

Erschließen Sie den Sinn!

Was Sie tun sollen in diesen konzentrierten Phasen? Ganz ehrlich: Das wissen Sie doch schon selbst. Oder? Wenn Sie mögen, fragen Sie sich zur Kontrolle:

> Wenn ich die Zeit, den Raum und die Ressourcen dazu hätte: Was ist mir so wichtig, dass ich mich gern darauf konzentriere?

Die Antworten sind bunt, so wie wir Menschen verschieden sind. Ein gutes Leben kommt nicht in Konfektionsgrößen.

Hier ist eine Übersicht mit Anregungen – vielleicht bringt sie Sie auf Ideen?

Beispiele aus der Praxis:
Was Sie mit leiser Konzentration bewirken

1. **Eine Mission formulieren.** Entwerfen Sie ein persönliches Leitbild, an dem Sie Ihr Leben ausrichten, sodass Sie Ihre Lebenszeit und -energie dauerhaft auf das Wichtigste konzentrieren können.
   Wenn Sie wissen wollen, wie Sie zu Ihrer eigenen Mission kommen: Susanne Rake (2014, S. 114 ff.) leitet Sie sehr anschaulich durch den Prozess.
2. **Das Wertvollste einteilen.** Planen Sie größere Zeitabschnitte in aller Ruhe und konzentriert zu bestimmten Zeiten: etwa zum Jahresende die nächsten zwölf Monate. Was wollen Sie erreichen? Was wollen Sie tun? Wie wollen Sie das Wertvollste, was Sie haben – Ihre Zeit – investieren?
   Ich selbst plane mein neues Jahr in vier Segmenten: Beruf, andere Menschen, Familie und Karitatives, persönliche Entwicklung. Die Erfahrungen, die ich damit mache, sind ganz klar positiv: Ich setze zwar nicht alles um, aber doch viel mehr, als wenn ich mich einfach so ins Folgejahr purzeln lasse. Auch dieses Buch hätten Sie ohne

diese Planung an einem sehr konzentrierten Sonntag nicht in den Händen. ☺

3. **Die Zukunft entwerfen.** Wollen Sie bleiben, wo und wie Sie sind? Oder haben Sie Träume, Pläne, Ideen oder Sehnsüchte, denen Sie nachgehen könnten?

   Daniel Goleman (2014) sagt in seinem Buch zur Konzentration: »Wir achten auf die Gegenwart, auf das, was jetzt für unseren Erfolg notwendig ist, aber das ist schlecht für die langfristigen Ziele. Die Konzentration auf die Zukunft wird zu einem Luxus, der warten muss, bis wir uns um die momentanen Bedürfnisse gekümmert haben.«

   Die Zukunft in Ihrem Sinne zu beeinflussen – außer dem viel beschworenen Leben im Hier und Jetzt gibt es wohl kaum etwas Besseres. Nutzen Sie Ihre Konzentration, um beides zu tun. Und zum Hier und Jetzt gibt es später noch eigene Anregungen!

4. **Lernen.** Eine wunderschöne Art, die eigene Konzentration zu nutzen, ist es, etwas zu lernen, was Sie einfach interessiert. Versuchen Sie es mit Büchern, Onlinekursen, Schreibarbeiten, introfreundlichen Seminaren oder eigenen Projekten. Was immer Sie hinterher mehr wissen: Sie verändern damit Ihr Leben.

Lernen im Fokus

»Eine – wie ich finde: recht introvertierte – Art des Lernens habe ich jetzt neu für mich entdeckt: MOOCs (massive open online courses). Gerade habe ich den dritten Versuch gestartet, ›The Science of Happiness‹ auf der Plattform edX fertigzustellen. Dafür habe ich mir leider die vergangenen Male nicht genug Zeit und Raum schaffen können. Aber dass Introvertierte weniger glücklich sein sollen als Extros: Das will ich nicht auf mir sitzen lassen!«

Alexander Mingst, Personalentwickler an der Wirtschaftsuniversität Wien

Die anspruchsvollen MOOCs haben oft Universitätsniveau und kosten in der Regel nichts. Das ist also eher ein High End des Lernens ...

Schaffen Sie Raum für Ihre Konzentration!

Konzentration braucht Ruhe und Rückzug. Das ist in unserer Arbeits- und Lebenswelt leichter gesagt als getan.

Konzentrieren ist ein Allein-Ding!

Außergewöhnliche und exzellente Leistungen werden in den meisten Fällen allein und nicht in der Gruppe erbracht. Gestalten Sie Ihre Zeit möglichst so, dass Sie Gelegenheit zum fokussierten Arbeiten allein haben. Und glauben Sie nicht dem modernen Mantra, dass Teamfähigkeit bedeutet, ständig mit Menschen zusammen zu sein. Das ist Quatsch. Oder sind Sie schon einmal aus einem Meeting oder einer Telko gekommen, wo Sie konzentriert mit anderen gearbeitet und etwas richtig Gutes geschaffen haben? Und geben Sie es zu: Sie nehmen sich die wirklich wichtige Arbeit doch mit nach Hause. Oder?

Wie schaffen es leise Menschen, sich ihre Rückzugsräume zu erobern? Ich habe einige gefragt, deren Fähigkeit zur Konzentration mich beeindruckt. Hier sind ihre Antworten.

Konzentration: Rezepte leiser Menschen

»Als ausgeprägt introvertierter Mensch in einem rastlosen Business habe ich erst allmählich gelernt, wie ich mir den nötigen Freiraum und die Ruhe schaffe, die ich benötige – als Ausgleich zu Meetings und gemeinsamer Arbeit mit Kollegen. Die Menschen um mich herum wissen, dass ich introvertiert bin. Und dass ich deshalb öfter allein meine

Batterien auflade. Ich gehe damit offen um und beschreibe mein Tun als persönliches Energiemanagement. Das akzeptieren die Kollegen in der Regel ganz selbstverständlich.

Weiterhin plane ich meine Alleinzeit ganz genau ein und halte mich daran. So gehe ich nach dem Mittagessen jeden Tag 15 bis 20 Minuten spazieren und am Nachmittag mache ich eine Teepause. Ich sorge auch dafür, dass ich ausreichend schlafe und mich gut ernähre. Denn ohne gute Nahrung bringt auch Alleinsein nichts an Energie.«

Gilbert Dietrich, Personalverantwortlicher, SoundCloud Ltd., Berlin

»Heilig ist für mich der Sonnabendvormittag: Ich stehe morgens auf, alle schlafen noch, und dann fahre ich in die Uni. Und alles ist still. Dann habe ich vier Stunden, in denen keiner stört. Wenn es gut läuft, ist das auch schon am Freitagnachmittag so, wenn es langsam ruhiger wird in der Uni. Dann finde ich das wunderbar und komme in den Flow. Ansonsten habe ich im Semesterbetrieb keine Chance. Ich kämpfe mir die Zeiten richtig frei.

In den Semesterferien ist das aber besser. Ich arbeite wesentlich in der Uni – zu Hause finde ich ruhiges Arbeiten eher belastend, sowohl für mich als auch für die Familie. Ich brauche halt auch Feierabend und versuche bewusst, die Arbeit in der Uni zu lassen. Vom Kopf her klappt das natürlich nicht immer.«

Nanna Fuhrhop, Professorin für Deutsche Sprache an der Universität Oldenburg

»Eine tägliche Zeit der Stille bringt mich zu der Quelle, aus der ich neue Energie für den Alltag, den Beruf und die vielen Begegnungen schöpfe. Aus dieser Quelle speisen sich meine Fantasie, Kreativität und Konzentration. Auch kurzes Innehalten im Tagesverlauf schafft mir geistigen Freiraum.«

Uschi Heidel, Wissenschaftsjournalistin, Gesellschafterin bei Trio Service GmbH, Bonn

»Auf einer grundsätzlichen und vielleicht etwas banalen Ebene finde ich es wichtig, mir bewusst Zeiten einzuplanen und auch im Kalender zu

reservieren, in denen ich die Tür schließe, das Telefon leise stelle und eine Zeit ganz allein sein kann. In Wien habe ich auch die Variante schätzen gelernt, im vollen Kaffeehaus etwas konzentriert zu lesen, zu durchdenken oder zu besprechen.

Meine jüngste Entdeckung, mir Zeit und Raum zu schaffen, ist die Umwidmung von ›vergeudeter‹ Zeit. Gelegentlich schnüre ich mir nach der Arbeit die Joggingschuhe und laufe durch den grünen Prater nach Hause, was kaum zusätzliche Zeit kostet und eine herrliche Möglichkeit zum Abschalten, Energietanken oder Gedanken-baumeln-Lassen ist.«

Alexander Mingst, Personalentwickler an der Wirtschaftsuniversität Wien

»Um konzentriert zu arbeiten, nutze ich störungsfreie Zeiten. Bei flexiblen Arbeitszeiten als Professorin sind besonders die Randzeiten gut geeignet, also morgens vor und abends nach den Terminen. Mein Lieblingsort zum ruhigen Nachdenken ist das ›stille Kämmerchen‹ – weitab von jedem Trubel. Denken und Kreativität sind aber auch beim sportlichen Abschalten (Individualsport) gut möglich.«

Maria Kristina Parr, Professorin für Pharmazeutische Chemie an der FU Berlin

Entmachten Sie Konzentrationskiller!

Die natürliche Feindin der Konzentration ist die Ablenkung. Am besten halten Sie sie im Zaum, indem Sie Ihrer Konzentration geschützte Gebiete schaffen: Planen Sie innerhalb eines Arbeitstages Phasen, in denen E-Mails, Social Media, Telefon und leibhaftige Menschen vor Ihren echten und elektronischen Türen bleiben.

Die kleinen Dinge gebündelt angehen

Bündeln Sie solche »Ministörer«. Profis sehen zweimal täglich für einen bestimmten Zeitraum in ihre E-Mails. Mit sozialen Medien können Sie es ähnlich halten. Versuchen Sie, nur zu bestimmten Zeiten zu telefonieren. Vermeiden Sie Kleinteiligkeit (siehe nächster Abschnitt), indem Sie sich auf die wichtigen Kommunikationsanlässe beschränken und Mut zur Lücke zeigen: Sie müssen nicht jede Nachricht beantworten.

Sorgen Sie darüber hinaus dafür, dass Ihre Umgebung für Sie angenehm ist. Experimentieren Sie immer wieder mit Verbesserungen: Mögen Sie Ihren Stuhl? Die Farben und Bilder an den Wänden? Kommen Sie mit der Geräuschkulisse klar? Riecht es gut in Ihrem Büro oder privaten Zimmer?

Die Schattenseite: Kleinteiligkeit

Die besonders aktiven Intro-Großhirnrinden bringen auch Risiken mit sich, gerade im Zustand der Konzentration. Wer ständig intensiv Informationen verarbeitet, verirrt sich leicht in den Datendschungeln, die durchschritten werden wollen. Der Blick auf die einzelnen Bäume (und Äste und Zweiglein und Blätter) lässt den Wald unsichtbar werden. Das kleine Einzelteil ist sichtbar, das große Ganze nicht. Das ist gar nicht gut für den Austausch mit anderen. Obwohl gerade Intros meistens viel Ahnung haben und ihre Gedanken gut strukturieren, kommen sie in Diskussionen oder in Verhandlungen mit ihren Botschaften nicht gut an, wenn sie sich in Details verlieren oder auf Nebenschauplätzen verzetteln. Nicht jede(r) folgt gerne feinen Details, und in Diskussionen kann Kleinteiligkeit nicht gut überzeugen.

Kleinteiligkeit bietet scheinbar Schutz vor Überstimulation

Auch im Umgang mit uns selbst zahlen wir einen hohen Preis. Aber erst einmal bekommen wir etwas zurück: Die Kleinteiligkeit bietet scheinbar Schutz vor Überstimulation, wenn zu viele Eindrücke auf uns Intros einfluten. Wenn wir vor gleich mehreren Aufgaben gleichzeitig stehen und uns an Kleinkram verzetteln, dann beruhigen wir unser Gewissen damit, dass wir ja etwas getan haben – irgendetwas. Bei der Vielzahl unserer Aufgaben ist es leicht, den größten Teil des Tages mit dem Beantworten mittelwichtiger Nachrichten, am Telefon, in Meetings und in Rücksprachen zu verbringen. Gar nicht zu reden von interessanten Artikeln, irgendwelchen Rundschreiben und dem Prüfen des E-Mail-Eingangs …

Irgendwann wird aber auch den besten Verdräng-Genies unter uns klar, dass die Rechnung nicht aufgeht: Wir gehen nach einem Arbeitstag in der Dämmerung nach Hause und fragen uns, was wir eigentlich an diesem Tag geschafft haben. Die ehrliche Antwort: ein Zurückweichen unter Bedingungen der Überstimulation in die Alibiaktivitäten der Belanglosigkeiten.

Kleinteiligkeit in den Griff bekommen: Denken Sie groß!

Die Kleinteiligkeit hindert Sie also daran, die großen Dinge in Ihrem Leben anzugehen. Wegen ihrer guten Wirkung gegen Überstimulation und Konzentrationskater wird sie aber nicht einfach überflüssig. Sie können sie interessanterweise in den Griff bekommen, wenn Sie sie bewusst nutzen, um zu den großen Dingen zu kommen. Das ist kein Widerspruch.

Die Kleinteiligkeit aktiv nutzen

Mein Intro-Freund Sebastian[22], der ein mittelgroßes Unternehmen leitet, hat mich bei einem japanischen Mittagessen neugierig gemacht, als er sich als Profi dafür outete, »den Wald vor lauter Bäumen nicht zu sehen«. Sebastian hat sich aber nicht einfach im Wald verirrt, sondern mit seiner für ihn typischen Präzision einen 7-Punkte-Plan entwickelt, in dem er seine eigene Neigung zur Kleinteiligkeit bewusst nutzt, damit sie ihn nicht behindert, sondern ihm hilft. Und ich darf ihn hier weitergeben. Und Sie brauchen jetzt etwas zum Schreiben, wenn Sie dem Plan folgen wollen.

Mit Kleinteiligkeit gegen die Kleinteiligkeit: Sebastians Plan

1. Sieh deinen Wald an

Dieser Schritt gibt dir einen Panoramablick über das, was du eigentlich willst und was dich dort hinbringt bzw. von dort fortführt. Lege dazu eine genaue (ja, genau: kleinteilige) Übersicht über den Baumbestand an und schreibe auf:

Was ist dein »Wald«? Was willst du an »großen Dingen« erreichen?

Beispiele: in einem schönen eigenen Haus leben, eine Familie haben, ein Buch schreiben, IT-Managerin in Irland werden.

Sei so spezifisch wie möglich. Beschreibe alle Einzelheiten des Ziels so genau, als wolltest du einem wohlmeinenden Universum genaue Anweisungen geben.

Beispiel: Wie soll das Haus aussehen? Wie groß soll es sein? Wo soll es liegen?

2. Finde die Hindernisse auf den Waldwegen

Dieser Schritt ist ziemlich leicht – Schwierigkeiten wittern viele Intros drei Meilen gegen den Wind. Aber sei's drum. Wer oder was ist dir dabei im Alltag hinderlich, deinen großen Wald zu bestellen? Hierzu zählen innere und äußere Hindernisse.

Beispiele: Ängste, deine Lieblingsfeindin, Wissenslücken, Geldknappheit.

Überlege systematisch, wie du mit dem jeweiligen Hindernis umgehen kannst, wenn es auftaucht. Was tust du gegen die Angst, wenn du sie spürst? Wie kannst du verhindern, dass die Lieblingsfeindin dich sabotiert? Wo und wie lernst du, was du noch wissen solltest? Wie kannst du dir das Geld beschaffen oder mit weniger Geld durchstarten?

3. Schau nach Unterstützung auf den Waldwegen

Dieser Schritt lenkt deinen Blick auf den »Rückenwind«, der dir auf dem Weg helfen kann – also die Hilfen, Chancen und Möglichkeiten, die du nutzen kannst.

Beispiele: Freunde, eine Erbschaft, deine richtig gute Selbstdisziplin.

Ganz wichtig: Halte bitte auch diese Ressourcen schriftlich fest. Sie geben dir Power zum Durchhalten. Wie auch der nächste Schritt.

4. Pack Proviant ein

Proviant ist das, was uns auf dem Weg durch unsere Waldgebiete stärkt. Schreibe auf: Was gibt dir Kraft und Vergnügen, wenn du auf diesem Weg bist? Erst das macht den Wald zu deinem Wald.

Beispiele: der Wunsch, deine alte Firma zu verlassen, Neugier auf Neues, dein Traum von einem eigenen Haus.

Ganz nebenbei erfährst du in diesem Schritt, wie wichtig dir dein Wald tatsächlich ist. Dann geht es beim Wandern auch nicht nur darum, das Ziel zu erreichen, sondern auch um die Freude, auf dem Weg zu sein.

5. Unterteile den Wald intelligent: in Areale, dann in Bäume

In diesem Schritt teilst du den Wald in überschaubare Baumgruppen und Bäume ein. Mit anderen Worten: Du blickst auf die großen Ziele, gewichtest sie und unterteilst sie in überschaubare Teiletappen.

Wenn du mehrere Ziele hast: Kannst du sie parallel verfolgen? Wenn nicht: Bestimme die Wichtigkeit und bringe eine klare Prioritätenliste aufs Papier. (Ja, das darf etwas dauern. Aber nicht zu lange.) Das wichtigste Ziel kommt zuerst.

Unterteile nun dein Ziel in Teilziele: Schreib auf, aus welchen Etappen oder Bereichen dein Ziel besteht, und beschreibe dabei auch, was genau in dieser Etappe oder diesem Bereich zu tun ist.

Beispiel: allein Urlaub in der Einsamkeit machen – mit einem Stapel Bücher und viel Papier zum Schreiben.

Etappen: Länder (nur sichere!) identifizieren, Bedingungen vergleichen und Land aussuchen; Wunschhaus beschreiben, Preise recherchieren, Wunschobjekt aussuchen, Bekannte und Portale konsultieren, Haus buchen, Reise buchen, Gepäckplanung (welche Bücher?).

Am Ende dieser (ja, kleinteiligen!) Phase steht eine schöne Liste mit allem, was genau wann und wie zu tun ist, damit du dein Ziel erreichst.

6. Bestimme die Wanderzeiten

Wann wirst du deinen Teilzielen nachgehen und die Etappen bewältigen? Trag die Zeiten, in denen du an deinen Zielen arbeiten willst, mit Anfang und Ende in deine(n) Kalender ein. Es sind Termine mit dir selbst. Auch hier lohnt Kleinteiligkeit!

7. Lies, was du geschrieben hast

Führe Buch – das ist als Intro für dich nicht so schwer, oder? Schreib genau auf, was du zu tun hast und was du getan hast. Und noch wichtiger: Lies mindestens einmal täglich nach, was deine Ziele sind und welche Teilziele noch vor dir liegen. Sieh auch auf deine Ressourcen und deinen Proviant. Das beeinflusst den Bereich in deinem Hirn, den du nicht mit deinem Willen beeinflussen kannst. Ich habe meine Ziele als Hintergrundbild auf meinem Desktop.

Und jetzt viel Freude im Wald und bei den Bäumen. Da darf sie dann wohnen, die Kleinteiligkeit – und deine Ziele füttern …

Sebastian, leiser CEO

Ich habe den Plan nach Sebastians Anweisungen ausprobiert. Es funktioniert. Der Beweis ist dieses Buch, das in Zeiten gnadenloser Überstimulation entstanden ist. Der Plan hat mir die Luft verschafft, mich immer wieder an den Schreibtisch zu setzen.

Lustig ist, dass die Auseinandersetzung mit der Kleinteiligkeit über Sebastians 7-Punkte-Plan wieder für Konzentration sorgt: die Stärke, die über diesem Kapitel steht. Womit sich ein Kreis schließt: Gehen Sie Ihre Ziele konzentriert an! Wer, wenn nicht Sie?

Konzentration: 4 Tipps zum Weiterlesen

Brand eins: Schwerpunkt Konzentration. Ausgabe 4/2014

Konzentration hat Folgen in der Wirtschaft – und die *brand eins* versteht es wieder einmal, überraschende Zusammenhänge auf den Punkt zu bringen.

Daniel Goleman: Konzentriert Euch! Eine Anleitung zum modernen Leben. München: Piper 2014

Goleman räumt gründlich mit falschem »Group Think« und mit dem Mythos des Multitaskings auf. Außerdem liefert er Tipps zum Umgang mit dem täglichen digitalen Wahnsinn.

Anja Dilk: Konzentration als Kompetenz. In: managerSeminare, Heft 222, September 2016, S. 68–74

Dies ist ein guter Überblicksartikel, in dem Sie auf wenigen Seiten viel über die leise Stärke der Konzentration erfahren. Und Sie erfahren auch, wie Sie klug mit der Versuchung zum Aufschieben umgehen.

Im Internet: http://www.konzentrationlernen.de/was-fördert-die-konzentration

Diese Seite des Lernbegleiters Andreas Tenzer ist eigentlich für Schülerinnen und Schüler gedacht. Aber hey, das sind wir doch alle …

Substanz

Intros sind ständig mit innerer Arbeit beschäftigt. Das, was sie hören, sehen, denken und erfahren, geht bei ihnen »nach innen«: Die Eindrücke wollen ausgewertet und verglichen werden, nach Sinn und Bedeutung befragt, getestet und gefiltert und möglichst zu Ende gedacht. Sie wissen schon: die Großhirnrinde …

Substanz = verarbeitetes Weltwissen

Nachdenklich sein ist etwas anderes als depressiv sein. Wenn Sie den Dingen gern auf den Grund gehen und in Ruhe verarbeiten, dann entsteht allmählich ein reiches Kapital an verarbeitetem Weltwissen: eine Tiefendimension. Mit anderen Worten: Substanz.

Was ein leiser Mensch erkennt und (vielleicht!) an andere weitergibt, hat oft eine besondere Tiefe. Vielleicht liegt darin der Grund, dass die meisten Intros, die ich kenne (mich eingeschlossen), mit Small Talk nicht viel anfangen können. Ein Geplauder über banale Themen langweilt uns schnell. (Außer natürlich, die Person, mit der wir reden, ist auf andere Weise interessant!)

> **Innere Tiefe hat ihre Ursachen: ein verarbeitetes Weltwissen und ein nachdenklicher Blick auf uns und andere.**

Auch Menschen mit Substanz laufen dabei manchmal Gefahr, aus dem Bauch heraus weniger nachdenkliche Zeitgenossen zu bewerten (und zwar mit dem Daumen nach unten), weil diese einfach anders sind.

Menschen mit Substanz halten zum Beispiel gut gelaunte Small Talker oft für oberflächliche Schlichtmenschen. Auch Menschen, die sich über Luxus freuen und äußeren Status sichtlich genießen, kommen bei substanzreichen Intros eher schlecht weg.

Dafür haben genau diese Mitmenschen auch ihre Meinung über substanzreiche Intros. Aus ihrer Sicht sind sie tendenziell langweilige Trauerklöße, die nichts aus sich machen und sich auch nichts gönnen, die schlecht angezogen sind und womöglich sogar in muffigen Buden leben.

Konsequente Umsetzung von Werten

Beide Bewertungen stimmen natürlich nicht. Aber sie prägen die Kommunikation zwischen Menschen, die unterschiedliches Gewicht auf Substanz legen. Viele Menschen mit Substanz fühlen sich Dingen und Haltungen verpflichtet, für die sie sich entschieden haben. Sie denken über ihre Werte nach – und richten sich dann nach ihnen. Sie suchen nach Wahrheiten – und leben sie dann. Sie entscheiden sich durch Nachdenken und Vergleichen für einen Weg – und gehen ihn dann. Die äußere Veränderung folgt der inneren Veränderung.

Die Substanz ist die Stärke, die am deutlichsten zeigt, dass das Reifen Zeit braucht. Und erst recht das Reifen der Persönlichkeit.

Sind Sie ein Mensch mit Substanz? Bemühen Sie sich um Tiefe, wo andere eher an der Oberfläche bleiben? Dann lesen Sie hier weiter …

Mit Substanz auf dem Weg

Werte-Wegweiser

Ich könnte jetzt alles Mögliche über Werte schreiben. Aber ganz ehrlich: Darüber haben andere schon sehr kluge Dinge gesagt. Wenn Sie Ihren eigenen Werten auf die Spur kommen wollen, dann empfehle ich Ihnen, bei Uwe Böschemeyer (2005) nachzulesen. Böschemeyer hat die wertorientierte Persönlichkeitsbildung entwickelt, und das richtig gut. Außerdem schreibt er in einer wunderbar zugänglichen Sprache.

TEST: Welche Werte vertreten Sie?

Roland Kopp-Wichmann hilft Ihnen beim Finden Ihrer praktischen Werte – also der Werte und Grundsätze, die Ihre Entscheidungen im Alltag tatsächlich prägen:

http://www.persoenlichkeits-blog.de/article/180/welche-werte-bestimmen-ihr-leben-ein-aufschlussreicher-test

Das heißt: Es geht weniger um »höhere« Werte wie Freiheit und Gleichheit. Stattdessen finden Sie heraus, welche Werte Sie in einem bestimmten Supermarkt landen oder eine bestimmte Partei wählen lassen. Sie werden sehen: Sie haben immer Gesellschaft.

Vielleicht denken Sie bei Substanz auch an die Frage nach dem Sinn. Ihr gehen wir im Kapitel über analytisches Denken nach.

Substanz im Gegenwind

Große Entwicklungsschritte gerade bei Herausforderungen

Im ersten Teil dieses Buches haben Sie von Aristoteles erfahren, dass Glück und ein selbstbestimmtes Leben eng zusammenhängen. Hier, im Kapitel zur Substanz, bin ich Ihnen eine Nachlieferung schuldig – eine, die wir mit einem guten Leben nicht unbedingt verbinden. Es geht darum, dass wir manchmal genau dann große Entwicklungsschritte und Erfahrungen von Glück machen, wenn uns der Wind ins Gesicht bläst. Sprich: wenn uns Dinge passieren, die wir erst einmal nicht anders als mit »richtig mies« umschreiben können. Oder wenn wir in unserem Leben hohen Hindernissen begegnen, wie sie unsere Mitmenschen anscheinend nicht zu überwinden haben.

Wenn Sie selbst mit Hindernissen und Widrigkeiten kämpfen, verstehen Sie ohnehin, worauf ich hinauswill: Sie haben sich sehr wahrscheinlich Fragen gestellt, die viele Menschen sich nicht stellen. Und Sie haben Probleme bewältigt, vor denen viele andere kapitulieren würden. Um das zu verdeutlichen, stelle ich Ihnen hier einen Kollegen und eine Kollegin vor. Boris Grundl und Katja Kerschgens beeindrucken mich tief. Sie haben eine erstaunliche Substanz und leben diese auch: in einer Weise, die anderen Menschen Mut macht und ihnen neue Möglichkeiten zeigt.

Boris Grundl bricht sich 1990 beim Sprung in eine mexikanische Lagune den Hals und wird mit 25 Jahren zum Querschnittsgelähmten. Aus einem Leistungssportler und beruflich erfolgreichen jungen Mann wird ein schwerbehinderter Sozialfall. Doch Grundl gibt nicht auf. Mit großer Selbstdisziplin, hoher Intelligenz und dem Mut zum Außergewöhnlichen erfindet er sich nach und nach neu. Grundl wird zum Führungsexperten, Unternehmer und Vortragsredner.

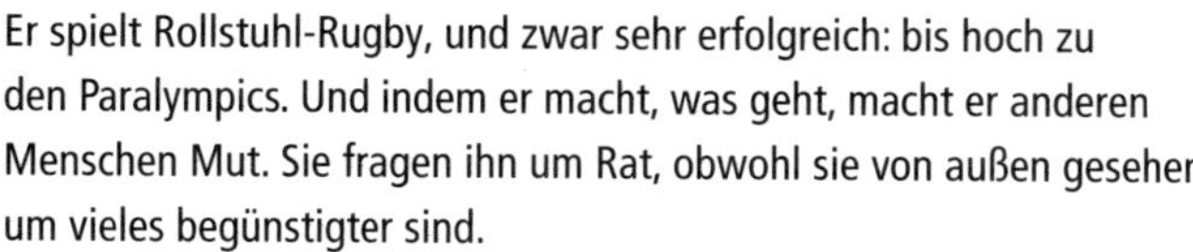

Er spielt Rollstuhl-Rugby, und zwar sehr erfolgreich: bis hoch zu den Paralympics. Und indem er macht, was geht, macht er anderen Menschen Mut. Sie fragen ihn um Rat, obwohl sie von außen gesehen um vieles begünstigter sind.

Am Ende dieses Kapitels finden Sie unter den »3 Tipps zum Weitergehen« auch den Hinweis auf ein Vortragsvideo, in dem Sie Boris Grundl direkt erleben können. Doch zunächst ein Interview: Ich habe ihm einige Fragen rund um das Thema Substanz gestellt:

Herr Grundl, was bedeutet für Sie Substanz im Leben? Und wie finden Menschen etwas über ihre eigene Substanz heraus?

»Es gibt zwei Pole, zwischen denen wir uns bewegen: Oberfläche und Tiefe. Keiner der beiden Pole ist besser oder schlechter. Sich an der

Oberfläche zu bewegen heißt, das Neue im Neuen zu finden. Bei einer neuen Liebe, einem neuen Wohnort oder Job schwingt immer Leichtigkeit mit. Gelingt es einem aber auch nach Jahren, den Partner oder die Heimatstadt neu kennenzulernen, führt das in die Tiefe. Und hier liegt die Substanz: das Neue im Alten finden.

Das gilt auch für Experten. Nur wer seine eigenen, individuellen Themen immer wieder neu durchdringt, wird Substanzielles finden. Doch wichtig ist: Substanz allein macht schwermütig. Ständig nur der oberflächliche Kick erfüllt ebenfalls nicht. Was zählt, ist die goldene Mitte: Balance.«

Sie haben eine besonders sichtbare Widrigkeit in Ihrem Leben erfahren. Gibt es einen Zusammenhang zwischen dem, was uns an Widrigem widerfährt, und einer besonderen Chance zu reifen?

»Nicht unbedingt. Es heißt doch: Der Dumme lernt nicht aus seinen Fehlern. Der Kluge lernt aus seinen Fehlern. Und der Weise lernt aus den Fehlern anderer.

Das zeigt: Das mittlere Exemplar muss tatsächlich selbst eine Widrigkeit überwinden, um emotional zu wachsen. Dort lautet der Dreiklang: erkennen, anerkennen, transformieren. Doch für den Weisen ist nicht zwingend ein eigener Schicksalsschlag nötig, um Reife zu erfahren.«

Haben Sie einen besonderen Tipp für Introvertierte?

»Stehe zu deiner Art des mentalen Verarbeitungsprogramms! Keine Persönlichkeitsausprägung ist besser oder schlechter. Am Ende zählt Wirkung. Egal, woher sie kommt. Und habe den Mut, Extrovertiertheit zuzulassen. Auch dieser Pol ist interessant und kein Mensch hat ja nur eine Seite in sich. Zudem plädiere ich für Respekt vor beiden Arten. Weder Intros noch Extros sollten das andere bewerten, sondern vielmehr vom anderen lernen, es integrieren und auf einer höheren Ebene auflösen.«

Die zweite Persönlichkeit, die gerade angesichts des Gegenwinds in ihrem Leben Substanz zeigt, stammt ebenfalls aus dem Kollegenkreis: Katja Kerschgens.

Katja Kerschgens studiert Germanistik und arbeitet als Frau des Wortes als Pressereferentin in einer großen Organisation sowie als Redakteurin bei verschiedenen Zeitschriften. 2001 macht sie sich mit einem Kommunikationsservice selbstständig. Da weiß sie schon seit einigen Jahren, dass sie Multiple Sklerose hat – eine bis heute nicht heilbare Krankheit, die das zentrale Nervensystem schädigt und viele Störungen hervorrufen kann. Katja selbst nennt das: Käselöcher im Kopf. Sie wagt trotz ihrer Krankheit den Schritt ins Ungewisse.

Heute, nach über zwei Jahrzehnten mit der Krankheit, braucht sie einen Stock und meistens einen Rollstuhl zum Fortbewegen. Sie schreibt erfolgreiche Sachbücher und Romane. Sie coacht, trainiert und hält Vorträge rund um das Thema Kommunikation. Sie unterstützt Menschen mit ihrer Aktion »Plan B« und hilft ihnen, sich auch schwierige Wege zu bahnen.

Auch mit Katja Kerschgens habe ich gesprochen.

Katja, was ist für dich wesentlich? Und wie hast du das in deinem eigenen Leben herausgefunden?

»Mein wichtigstes Anliegen war und ist bis heute, meinen ganz eigenen Weg zu gehen – allerdings nicht mit dem Kopf durch die Wand, wenn ich nebenan nichts verloren habe. Ich mach mein Ding, bin dabei offen für Richtungswechsel, wenn sie aus meiner Sicht sinnvoll sind, bleibe aber auf Kurs, wenn ich weiterhin überzeugt bin. Oder anders gesagt: Zweifler sorgen bei mir für einen Gegenwind, gegen den ich mit meinen Lebenssegeln gerne ankreuze. Das brauchte ich nicht herauszufinden, das war schon von Kind an so bei mir.

Dazu gehört auch, dass ich offen und ehrlich mit allem umgehe und mir das auch von meinem Gegenüber wünsche. Das schränkt meinen Freundeskreis sicher ein, aber mit dem Rückenwind der wenigen segelt es sich schneller.«

Du hast dich mit deiner Krankheit selbstständig gemacht. Was hat dich dazu bewegt?

»Das hat mehrere Gründe. Zum einen war ich nicht glücklich in meiner Festanstellung. Schon seit Jahren war ich festgebacken auf einer Stelle, von der ich nicht weiterkam. Zum anderen hatte mich die MS-Diagnose mehrere Jahre vorher zum Nachdenken gebracht: Wollte ich wirklich so weitermachen? Ich schrieb auf ein Blatt Papier, was ich am besten kann, was ich davon am liebsten tue und was sich davon als Dienstleistung eignen könnte. Dabei kam unter anderem Rhetoriktraining heraus, weil ich gern vor Menschen spreche. Frei nach dem Motto: Was ich kann, kann ich auch anderen beibringen. Blauäugig – aber ganz nah bei mir. Denn der wichtigste Faktor war und ist bis heute: Freiheit! In den letzten 15 Jahren war das mein größter Antrieb, mit ganz klarem Suchtfaktor!«

Du hast eine besonders sichtbare Widrigkeit in deinem Leben erfahren. Gibt es einen Zusammenhang zwischen dem, was uns an Widrigem widerfährt, und einer besonderen Chance zu reifen?

»Jeder Mensch, da bin ich mir sehr sicher, hat Herausforderungen zu meistern. Das kann eine einzige Sache sein, oft sind es aber auch mehrere. Für andere sind es vielleicht kleine Dinge, für mich selbst aber große. Die Herausforderungen reichen von Verlusten über traumatische Erlebnisse, Erkrankungen oder Engpässe und hören bei Unterdrückung oder Missbrauch in all seinen Varianten noch lange nicht auf. Diese zu meistern, ist – wie oft erst im Nachhinein deutlich wird – ein Reifungsprozess. Job verloren – und aus Ermangelung an Alternativen was ganz Neues ausprobiert? Schlechte Erfahrungen mit einem Menschen gemacht – und nun achtsamer sich selbst gegenüber? Eine Krankheit bekommen – und diese kurzerhand in das eigene Leben integriert? Das ist in meinen Augen ganz klar Reifen!

Jede Erfahrung lässt uns ein Stück wachsen. Das sind wertvolle Bausteine, die unser Ich größer, stärker, kraftvoller werden lassen. Immer vorausgesetzt, dass wir diese Herausforderungen auch als Chance für inneres Wachstum erkennen, uns nicht wegducken oder mit unserem Schicksal hadern. Die Introvertierten sollten darüber offen sprechen, damit ihre innere Größe wahrgenommen werden kann. Und die Extrovertierten sollten auch mal in sich hineinhorchen, um diese Bereicherungen als solche zu erkennen.«

Last, but not least: Gibt es eigentlich so etwas wie »Reifen«? Hat das etwas mit Substanz zu tun, dem »Wesentlichen«, von dem du gern redest?

»Für mich persönlich gilt: Nichts hilft mehr beim Reifen als die Erdung durch eine Krankheit und all ihre Umstände. Sie macht deutlich, worauf es wirklich im Leben ankommt. Ich war immer schon klar in meinen Zielen, doch durch meine derzeitigen körperlichen Einschränkungen sage ich viel öfter Nein zu Dingen, die mich auf meinem Weg stören. Konzentration auf das Wesentliche ist meine wichtigste Devise, heute mehr denn je.

Im Übrigen werde ich gern älter, freue mich über neue Fältchen und die ersten grauen Haare. Sie alle erzählen von Lebenserfahrung, die ich gewonnen habe und nicht mehr missen möchte. Denn nur darauf kommt es an.«

Die Schattenseite: Selbstverleugnung

Selbstverleugnung: eigene Bedürfnisse vernachlässigen

Die Kehrseite der Substanz ist die Selbstverleugnung. Wer sich selbst verleugnet, vernachlässigt seine eigenen Bedürfnisse; er unterdrückt sie oder wertet sie ab, bis er sie womöglich gar nicht mehr wahrnimmt. Dann wird einem noch die Extro-Schwester oder der Extro-Kollege als Ideal vor die leise Nase gehalten (»Ach du immer! Sei doch nicht so eine Spaßbremse!«). Das macht die Sache nicht einfacher: Eigene Bedürfnisse (»Lasst mir doch einfach mal meine Ruhe!«), die für die anderen wenig sexy aussehen, scheinen es nicht wert, ernst genommen zu werden. Und wer ständig wegen »komischer« Verhaltensweisen belächelt wird, mag sich dann irgendwann selbst nicht mehr.

Dabei kann sich der Selbstverleugner sogar noch nobel vorkommen: Er nimmt sich ja selbst schließlich nicht so wichtig. Stattdessen rückt die Substanz in den Mittelpunkt: Es geht schließlich um Wichtigeres als um die eigenen Bedürfnisse. Aber: Das scheint nur so. Wenn es immer wieder Menschen und Dinge gibt, die wichtiger sind als das, was Sie gerade brauchen, dann lugt die Selbstverleugnung mit verkniffenen Augen um die Ecke und will Ihnen den Tag verderben. Oder gleich das ganze Leben. Wenn es ganz schlimm kommt und das verkniffene Etwas Sie so richtig am Wickel hat, dann wissen Sie gar nicht mehr, was Sie eigentlich benötigen, damit Sie sich freuen oder entspannen, das Leben genießen oder einfach zufrieden ins Bett plumpsen können. Sie funktionieren nur noch. Das heißt: Sie singen in einem Käfig, den Sie selbst gebaut haben, Ihr trauriges Lied.

Machen Sie sich nicht zur Nullnummer

Ich sage es ganz deutlich: Sie schaden sich selbst, wenn Sie sich oder bestimmte Eigenschaften, die Sie haben, verleugnen. Denn Sie machen sich zur Nullnummer: »Das kann ich nicht so gut wie der oder die.« Diese Strategie ist mies: Sie machen sich selbst zur Verliererin und die anderen zu den Besseren. Das hilft niemandem.

So finden Sie Ihre eigenen Bedürfnisse

Die eigenen Bedürfnisse haben im Zustand der Selbstverleugnung keine Chance. Schauen wir also einmal hin: Wie entdecken Sie Ihre eigenen Bedürfnisse eigentlich?

Eigene Ansprüche werden oft verleugnet

Wahrscheinlich wissen Sie ungefähr, wo Ihre Talente liegen und was Sie gern tun. Schwerer ist es, unseren Neigungen, unserem Verlangen auf die Spur zu kommen und danach zu fragen: Was *will* ich? Die meisten von uns haben schon als Kind gelernt, dass eigene Ansprüche nicht immer gern gesehen werden – und dass sich auch die Erwachsenen um uns selten trauten, eigene Wünsche zu formulieren. Wollen wird zum gefährlichen sozialen Risiko, denn es könnte zu folgenden Szenarien führen:

Warum Wollen waghalsig ist

1. Wichtige Menschen wenden sich von uns ab oder missbilligen uns. Aus Angst davor höre ich in meiner Coachingpraxis immer wieder den Satz: »Ich will ja nicht egoistisch sein!«
2. Wir werden gedemütigt oder lächerlich gemacht. Wir bekommen Sätze um die Ohren geschlagen wie: »*Was* willst du? Das ist ja wohl ein Witz. Schaffst du eh nicht!«
3. Wir verlieren Verbindungen und verursachen bei uns und bei anderen Schmerz. Ein Beispiel wäre der leise Ehemann, der seine Frau nach Jahren gemeinsamen Unglücks verlässt, um in ein Leben aufzubrechen, das er sich wünscht.
4. Wir krachen mit dem, was wir wollen, gegen die Wand: weil wir es nicht erreichen. Und schämen uns dann dafür.

Ohne Wollen (scheinbar) keine Enttäuschungen

Die Versuchung der Selbstverleugnung liegt darin, dass sich solche Risiken vermeiden lassen: Wenn ich mir nichts wünsche, gibt es keinen Schmerz und keine Enttäuschungen. Scheinbar. Und so verdrängen wir das, was wir uns am meisten wünschen: weil das Scheitern dort am meisten schmerzt. Wenn wir dann lange genug wegschubsen, was uns am Herzen liegt, dann ist es nur sehr schwer wiederzufinden. Und das, liebe Leserinnen und Leser, ist noch teurer als das Scheitern beim Versuch, unsere Wünsche zu erfüllen: Denn es nimmt uns etwas, das uns beflügeln und Freude bringen kann. Und es nimmt uns die Verbindung zu dem, was uns im tiefen Inneren ausmacht.

Die Angst vor den eigenen Wünschen: unbegründet!

Haben Sie keine Angst davor, dass Ihr Herzenswunsch schlecht sein könnte. Selbst wenn Ihnen als erster Wunsch einfällt, Ihren Chef umzubringen: Wenn Sie Ihren Frust über ihn ansehen, dann stehen die Chancen gut, dass hinter Ihrem Wunsch etwas anderes steckt. Und dieses andere ist meistens positiv und nicht mit Meuchelwünschen verbunden.

Vielleicht ist es ja Ihr tiefer Wunsch, Ihr eigener Chef zu sein? Oder es ist Zeit, dass Sie eine Führungsposition übernehmen?

Beginnen wir also mit der wesentlichen Frage (wir sind ja noch immer im Substanz-Kapitel):

Was will ich?

Wenn es Ihnen so geht wie vielen meiner Coachees, dann lässt Sie diese Frage zunächst ratlos dastehen. Vor allem dann, wenn Sie sie zum ersten Mal ganz grundsätzlich stellen und nicht nur beim Blick in eine Speisekarte. Hier ist eine Anleitung in vier Schritten. Sie hat schon einigen Menschen auf dem Weg zu ihrer persönlichen Antwort weitergeholfen.

So finden Sie heraus, was Sie wirklich, wirklich wollen

1. **Achten Sie auf den ersten Impuls. Er ist ein wichtiger Wegweiser**

Nehmen Sie ihn wie eine erste Anweisung Ihres inneren Navigationssystems. Sie sind noch nicht auf der Strecke zum Ziel, aber Sie haben einen ersten Hinweis.

Es kann sein, dass Ihnen (wie es oben Katja Kerschgens berichtet) als Erstes in den Kopf kommt, was Sie am besten *können*. Das ist vernünftig und gibt Ihnen eine gute erste Idee. Fragen Sie sich dann aber bitte sofort weiter: Will ich das tun, was ich gut kann? Denn das kann so sein, muss es aber nicht. Mögliche Fragen zum Prüfen sind: Was finde ich spannend? Was lese ich gern? Wovon träume ich?

Beispiel aus der Praxis: Aus meiner Coachee Wiltrud platzte es förmlich heraus: »Ich will einfach mal in Ruhe ausschlafen!«

2. Gehen Sie dem Wegweiser nach

Versuchen Sie geduldig, das zu entdecken, was hinter Ihrem ersten Impuls steht. Lassen Sie sich Zeit. Kommen Sie immer wieder zurück.

Beispiel aus der Praxis (Wiltrud): »Ich bin immer so müde. Ich mag meinen Job nicht. Ich will mich zurückziehen. Ich will lieber allein sein als immer unter Menschen. Deshalb träume ich von meinem Bett: Da bin ich immer allein.«

3. Fragen Sie: Was dann?

Diese Frage führt Sie näher an Ihren Wunsch heran und geht in die Tiefe.

Beispiel aus der Praxis: »Ich will in Ruhe ausschlafen.« – Was dann? – »Dann wäre ich viel entspannter.« – Was dann? – »Dann hätte ich gute Ideen. Die sind immer viel besser, wenn ich ausgeruht bin.« – Was dann? – »Ich könnte ein Seminar entwickeln und die Ideen dazu sammeln und aufschreiben.« – Was dann? – »Hm. Schreiben ist schon gut. Ein Seminar zum Schreiben wäre für mich auch gut.« – Was dann? – »Ich würde richtig gern schreiben. Da bin ich allein und habe Ruhe, und ich bin dabei schöpferisch, das tut gut ...«

4. Werden Sie aktiv: Bauen Sie Ihr Leben um Ihre Wünsche herum

Was könnten Sie tun, um Ihren Wunsch Einfluss auf Ihr Leben nehmen zu lassen? Hier werden Sie konkret – und hier spüren Sie auch am deutlichsten, was Sie bekommen, wenn Sie sich selbst nachgehen. Zu Beginn kann sich das anfühlen wie ein Schmerz. Aber es ist der gute Schmerz des Lebendigwerdens.

Beispiel aus der Praxis: Wiltrud überlegte, wie sie ihrem Wunsch am besten nachgehen konnte. Sie entschied sich, einen Schreibcoach zu nehmen. Und sie nahm sich vor, jeden Tag zu schreiben. Sie wusste noch nicht einmal, was genau sie so schreiben wollte. Aber sie baute die Schreibpraxis in ihr Leben ein. Und das tut sie noch heute. Mit Erfolg: Es ist inzwischen gut möglich, dass Sie schon etwas von Wiltrud (die natürlich einen anderen Namen hat) gelesen haben.

Selbstverleugnungs-Oberliga: Das Hochstapler-Syndrom

Setzen Sie die Erwartungen an sich selbst so hoch an, dass Sie sie niemals erreichen können, auch bei beachtlichen Erfolgen nicht? Unterschätzen Sie immer wieder, was Sie leisten? Dann sind Sie auf dem besten Weg in den Olymp der Selbstverleugnung: als Kandidat(in) für das Hochstapler-Syndrom. Denn dieser Begriff beschreibt nicht etwa Menschen, die tatsächlich zu hoch stapeln, sondern solche, die irrigerweise glauben, irgendwann könnte auffliegen, dass sie in Wahrheit gar nichts können. Aber: Sie können sehr wohl etwas.

Stärken und Leistungen werden für selbstverständlich gehalten

Gerade leise Menschen mit der Stärke der Substanz sind anfällig für das Hochstapler-Syndrom: Sie setzen sich ständig mit sich selbst auseinander und hinterfragen sich und ihre Leistung besonders kritisch. Gleichzeitig neigen sie dazu, ihre Stärken für selbstverständlich zu halten – und auch die Leistungen, die diese Stärken mit sich bringen. Denn was uns leichtfällt und vielleicht sogar Spaß macht, das scheint selbstverständlich. Und so lautet das Mantra der Selbstverleugnenden: »Das ist doch nichts Besonderes, was ich da tue.«

Das Schlimme ist: Wer sich selbst permanent schlechtredet und dann tatsächlich einmal eine negative Rückmeldung erhält, der leidet viel stärker als eine Person mit einem normal ausgeprägten Selbstbewusstsein. Und die Wahrscheinlichkeit steigt, dass künftige Leistungen tatsächlich schlechter ausfallen, als sie sein könnten: weil derjenige, der sich selbst schlechtredet, sich darin bestärkt sieht, dass seine Leistungen nicht richtig gut sind. Ein Teufelskreis!

Mit dem folgenden kleinen Test finden Sie heraus, ob Sie zur Risikogruppe gehören. Bitte kreuzen Sie alle Aussagen an, bei deren Lektüre Sie denken: Ja, genau.

Hochstapler-Syndrom: Sind Sie auf der Gefährdetenliste?	
Ich habe manchmal das Gefühl, dass ich für meine Firma/ meine Kunden nicht genug leiste.	❑
Ich bin bisher weitergekommen, weil ich viel Glück hatte.	❑
Ich mache keine große Sache aus meinen Erfolgen. Manchmal vergesse ich sie.	❑
Ich bin ziemlich gut angepasst und komme deshalb besser durch als andere.	❑
Ich habe meine jetzige Position vor allem deshalb erreicht, weil ich Unterstützer mit Einfluss hatte.	❑
Ich bewerbe mich auf eine neue Stelle bzw. um einen Auftrag nur dann, wenn ich alle Anforderungen erfülle.	❑
Ich gehöre nicht zu den besonders begabten Menschen.	❑

Wenn Sie mehr als drei Aussagen angekreuzt haben, lesen Sie bitte den folgenden Abschnitt. Wenn Sie bei sechs oder sieben Aussagen genickt haben, dann suchen Sie sich bitte dringend Hilfe außerhalb dieses Buches. Okay?[23]

Sie und die anderen

Nehmen wir an, Sie gehören nach diesem kleinen Test in den noch gemäßigten Bereich. Sie wissen, dass es um Sie herum von lauter mittelmäßigen Mitbewerbern wimmelt, die sich schmerzfrei selbst überschätzen. Und wenn Sie ganz ehrlich sind, dann nervt Sie das. Was folgt daraus für Sie? Sie ahnen schon: Die Antwort hat etwas mit Ihnen und anderen Menschen zu tun. Die anderen sollen Sie und Ihre Leistung würdigen, Ihre Persönlichkeit schätzen und Ihnen ab und zu einen Pokal überreichen.

Ist das so? Oder reicht es Ihnen, wenn Sie in Ruhe Ihr Ding machen können? Dann würde es schon reichen, wenn die anderen

Sie tatsächlich in Ruhe lassen. Ihr Job ist dann schon einmal eines: nicht laut zu trommeln.

Der Ausweg aus der Selbstunterschätzung heißt nicht: »Lauter trommeln!«

Was denken denn die anderen eigentlich über Sie? Witzigerweise ist es ziemlich egal. Der Psychologe Jens Asendorpf (2012) zeigt in der Besprechung mehrerer Studien, dass das, was andere aus unserer Sicht über uns denken, einfach nur eine Reflexion dessen ist, was wir selbst von uns denken. Diese Einschätzung entspringt also unserem eigenen Kopf und unserer eigenen Meinung von uns.

Dennoch gilt: Nur wenn Sie sich selbst einen Stellenwert zugestehen, werden Ihnen auch andere einen Stellenwert geben. Nur wenn Sie sich selbst lieben und Ihre Bedürfnisse respektieren, ermöglichen Sie es anderen, Sie zu lieben und zu respektieren. Diese Wahrheit finden Sie in vielen alten Weisheitstexten. So heißt es in der Bibel:

»Du sollst deinen Nächsten lieben wie dich selbst.«

3. Mose 19,18b und Matthäus 22,39b

Konzentrieren Sie sich auf die drei letzten Worte …

Zurück zur Substanz: Vom Hochstapler-Syndrom zum Understatement

Bleibt noch immer die Frage: Wie kommen Sie aus der Negativdenke über Ihre Person und Ihre Leistungen wieder heraus und stehen zu dem, was Sie können und sind? Ohne dass Sie sich auf die Brust trommeln und ganz unleise Dinge tun, die gar nicht zu Ihnen passen?

Das Gegenteil eines Hochstaplers ist die Untertreiberin: die Person, die sehr viel kann und sehr viel darstellt, aber nur wenig davon zeigt. Den typischen PR-Berater packt da das reine Grausen: Er will uns schließlich beibringen, jede auch noch so kleine Leistung gut verpackt an die Öffentlichkeit weiterzureichen. Was das bedeutet, brauche ich nicht näher zu erklären: Sie sehen es jeden Tag auf Facebook und Xing oder in der Website-Prosa der scheinbar so Erfolgreichen. Sie hören es außerdem im Businessmeeting am Dienstagvormittag, wenn Krause aus dem Marketing mal wieder ordentlich Schaum aus fast nichts schlägt. Für leise Menschen – und erst recht für solche, die das Hochstapler-Syndrom von Nahem kennen – ist es aus verschiedenen Gründen wenig lustvoll, das Schaumschlagen und Lautsprechen selbst zu praktizieren: Erstens ist es anstrengend. Zweitens wirkt es nervtötend. (Oder essen Sie gern mit professionellen Selbstanpreisern zu Mittag?) Und drittens, geben wir es zu, passt lautes Trommeln doch gar nicht zu uns Intros. Wir fühlen uns unwohl, wenn wir uns wie auf einem Marktplatz laut selbst anpreisen. Lassen wir es also.

Die leise Kunst der Untertreibung

Wirken können und werden wir trotzdem. Sogar Prominente fallen durch ein bewusstes Zurückgenommensein auf dem großen Jahrmarkt medialer Eitelkeiten positiv auf. Hier ein Beispiel:

> *»In der Art und Weise, wie er […] gerade nicht auftrumpft, sondern sich zurückzunehmen weiß, ist er besser als alle anderen. Das ist sein schönes Paradox: Man vergisst ihn nicht, weil er sich nicht aufdrängt.«*
>
> Dr. Julia Encke, Journalistin, über den introvertierten Schauspieler Matthias Brandt[24]

Mein leiser Kollege Matthias Nöllke schlägt in seinem Buch *Understatement* vor: Wir sollen einfach mehr sein als scheinen, uns in aller Ruhe eher kleine Ziele setzen als große, uns unabhängig machen von den Hypes der Selbst- und Fremdbeweihräucherer. Wenn Sie Untertreibung praktizieren, haben Sie mehrere Vorteile:

7 Gründe dafür, die Kunst der Untertreibung zu pflegen

1. Sie haben Ihre Ruhe. Wenn Sie einfach unauffällig Ihr Ding machen, quatscht Ihnen niemand rein. Sie bleiben unbeobachtet, niemand stört Sie – und Sie bekommen auch keine Haltungsnoten von Besserwissern.
2. Wenn Sie mit Ihrem Vorhaben scheitern, bekommt es niemand mit. Das entspannt. Und wenn Sie Erfolg haben, werden Sie als Überraschungssieger stark wirken.
3. Sie haben Freiheit zum »Spielen«: Sie sind Ihre eigene Instanz. Es geht nicht nur um Ihren Erfolg, sondern um ein zufriedenes und entspanntes Tun. Sie müssen niemandem etwas beweisen. Sie halten sich für verschiedene Entwicklungen in Ihrer Arbeit offen. Das ist auch für Intros mit der Stärke der Unabhängigkeit wunderbar stimmig: Sie sind nicht auf die Meinung anderer oder auf den Mainstream angewiesen. Und auf Aufmerksamkeit auch nicht. Sie machen sich unabhängig von der Bestätigung der Oberflächlichen.
4. Sie brauchen keine Energie für anstrengende Statusspielchen aufzuwenden. Stattdessen werden Sie von den Alphatieren unterschätzt, ziehen aber womöglich elegant an ihnen vorbei, weil Sie sich auf gute Arbeit und auf das Erreichen Ihrer Ziele konzentriert haben – und nicht aufs Wegbeißen der Konkurrenz. (Das bedeutet leider nicht, dass immer die Substanz gewinnt: In einem Umfeld, in dem nur Heißluftabsonderer gedeihen und Erfolg haben, werden Sie es weiter schwer haben.)
5. Sie bekommen es mit angenehmen Menschen zu tun: mit Menschen, die rücksichtsvoll sind, so wie Sie auch selbst Rücksicht nehmen. Menschen, die wie Sie eher auf die Substanz als auf den schönen Schein achten und die kleine, feine Gesten schätzen. Und die finden Sie vielleicht auch sonst ganz angenehm. In Japan habe ich viele wunderbare Untertreiber kennengelernt, die in der östlichen Kultur bestens gedeihen. Und ich habe dort gelernt, wie schön es sein kann, Dinge einfach einmal ungesagt zu lassen. Um es mit Ulrich Plenzdorf zu sagen: Wer alles sagt, ist vielleicht kein Mensch mehr.[25]

6. Sie geben anderen Menschen Luft und lassen sie zu Wort kommen und im Scheinwerferlicht stehen. Sie schätzen inhaltliche Leistung und Sachziele mehr als Machtdemonstration und Selbstdarstellung. Damit beeindrucken und erreichen Sie vor allem solche Menschen, die gern etwas leisten und Verantwortung übernehmen. Wenn Sie Führungskraft sind, ziehen Sie mit dieser Strategie Hochleister an – und Sie sorgen für eine wunderbare Atmosphäre.
7. Sie entwickeln Selbstbewusstsein. Diejenigen, die kompetent hinsehen, werden Ihre Leistung sehen. Sie selbst setzen auf die Intro-Stärke der Substanz, die Thema dieses Kapitels ist. Voilà!

Quasi nebenbei heilen Sie sich über das Understatement von Ihrer Selbstwahrnehmung als Hochstapler. Sie können Ihre Erfolge freundlich zur Kenntnis nehmen und brauchen sich über vermeintliche Schwächen nicht zu grämen: Sie nehmen sie einfach ebenso freundlich zur Kenntnis.

Wahrscheinlich sind Sie schon ein Untertreiber

Bleibt noch eine Frage: Wie funktioniert das Untertreiben genau? Es gibt einen Grund, warum diese Frage erst jetzt kommt: Denn wenn Sie dieses Buch in den Händen halten, ist es recht wahrscheinlich, dass Sie schon ziemlich begabt auf diesem Feld sind. Dennoch habe ich den Understatement-Profi Matthias Nöllke danach gefragt, wie Sie das Untertreiben erfolgreich angehen können.

So geht Untertreiben

»Understatement ist das Prinzip ›Mehr sein als scheinen‹. Sie reden nicht darüber, was Sie haben, was Sie können und wie großartig Sie sind. Ihre Leistungen stellen Sie nicht heraus – Sie spielen sie herunter. Sie treten höflich, aber selbstbewusst auf. Sie halten sich im Hintergrund, lassen anderen den Vortritt.

Sie kündigen nicht an, was Sie alles leisten werden. Sie machen es einfach. Sie können abwarten, um zu zeigen, was in Ihnen steckt. Dies tun Sie mit der größtmöglichen Beiläufigkeit. Sie überlassen es den anderen, Ihre Qualitäten zu entdecken und zu würdigen. Sie machen sich nicht abhängig von deren Anerkennung.

Zum Understatement gehört aber auch, immer etwas in der Hinterhand zu behalten. Sie legen nur im Notfall alle Karten auf den Tisch. Sie wählen Ihre Ziele so, dass Sie sich nicht völlig verausgaben, sondern Ihnen immer noch Reserven bleiben. Das sorgt nicht nur dafür, dass Sie erreichen, was Sie sich vorgenommen haben. Es beeinflusst auch, wie Sie wahrgenommen werden: Sie klopfen keine Sprüche, Sie liefern – und Sie sind ernst zu nehmen.

Letzter Punkt: Sie erwecken nicht den Eindruck, perfekt zu sein. Schwächen räumen Sie ein. Sie geben zu, etwas nicht zu wissen oder noch nicht ganz durchdrungen zu haben. Es ist eine Einladung an die anderen: Lasst uns entspannt und rücksichtsvoll miteinander umgehen.«

Dr. Matthias Nöllke, Autor und Speaker

Mit diesem Blick auf die Untertreibung schließen wir den Abschnitt über die Stärke der Substanz. Sie haben über Ihre Werte nachgedacht, Ihre eigenen Bedürfnisse ermittelt und mit scheinbaren Hochstaplern und echten Untertreibern zu tun gehabt. Wenn Sie weitere Gedanken nachlesen wollen, werden Sie hier fündig:

Substanz: 3 Tipps zum Weitergehen

Uwe Böschemeyer: Worauf es ankommt. Werte als Wegweiser. München: Piper 2005

Dieses Buch hilft zu verstehen, warum Werte so wichtig sind. Und wie die eigenen aussehen könnten.

Boris Grundl: Wie wir im Leben bekommen, was wir wollen. Vortrag 2016 auf der Gedankentanken-Rednernacht in Frankfurt.
Link: https://www.youtube.com/watch?v=MlMmzMA1L1E

Ein substanzreicher und trotzdem leicht zugänglicher Vortrag, in dem Boris Grundl über Erfolge, Niederlagen und ihre Gesetze spricht. Und über Substanz.

Matthias Nöllke: Understatement. Vom Vergnügen, unterschätzt zu werden. Freiburg: Herder 2016

Für Intros ist dieses Buch wunderbar: Es zeigt, wie Sie leise und selbstbewusst sein können. Balsam für den Gentleman und die Lady, die das Sein mehr als den Schein schätzen. Ich habe durch das Buch einen neuen Blick auf das bekommen, was wir Erfolg nennen.

Zuhören

Das Zuhören steht hier für das genaue Wahrnehmen. Es steht für das Aufnehmen von Informationen aus unserer Umwelt und auch für das genaue Beobachten, Hinspüren und intuitive Erleben.

Theoretisch gelobt, in der Praxis unterschätzt

Die Fähigkeit, auf die Menschen in unserer Umgebung genau zu achten, wird in der Theorie sehr gelobt. In der Praxis ist sie dagegen ziemlich unterschätzt. Die meisten Menschen in Kulturkreisen wie Europa und den USA meinen bewusst oder unterbewusst, in einem Gespräch möglichst viel selbst reden zu müssen. Zuhören wird weniger gewürdigt und praktiziert. Aufmerksamkeit ist deshalb inzwischen zu einer echten und sehr knappen Kostbarkeit geworden.

Leise Menschen hören im Vergleich sehr gut zu. Sie sind wegen ihrer neuronalen Ausstattung intensiv damit beschäftigt, Informationen aufzunehmen und zu verarbeiten. Sie hören, sehen und spüren, was ihr Gegenüber sagt. Darüber hinaus filtern sie und denken weiter: Was braucht der Gesprächspartner? Was ist an dem Gesagten wichtig? Wie passt alles zusammen? Diese Verarbeitung macht das Zuhören zu einer sehr aktiven Tätigkeit. Viele Intros entwickeln aus der Praxis des Hinhörens, Hinsehens und Sichhineinversetzens erstaunliche Fähigkeiten darin, Zwischentöne wahrzunehmen und Unausgesprochenes zu erschließen.

Wer dazu noch die Stärke der Konzentration besitzt, wird das Zuhören besonders intensiv betreiben können. Haben Sie je mit einer Person zu tun gehabt, die gut zuhören kann, dann wissen Sie, wie wohl es tut, wenn jemand Ihnen die volle Aufmerksamkeit widmet. Wer Beziehungen gedeihen lassen will – egal, ob im privaten Bereich oder in geschäftlichen Situationen –, dem wird die Stärke des Zuhörens immer wieder helfen.

Vier-Ohren-Modell

Der Psychologe und Kommunikationswissenschaftler Friedemann Schulz von Thun, der sich selbst übrigens als introvertiert bezeichnet, hat das bekannte Vier-Ohren-Modell entwickelt und mit analytischem Scharfsinn das Zuhören genau erfasst.

Die Grenzen des Zuhörens

»Ich sage manchmal: Heute kann ich noch alles, nur nicht mehr sitzen, reden und zuhören! Ich habe ja einen Kontaktberuf, habe viel mit Menschen zu tun, bin aber ein introvertierter Mensch. Stille ist für mich der Geburtsort eigener Gedanken.«

Prof. Dr. Friedemann Schulz von Thun, Psychologe und Entwickler des Kommunikationsquadrats, im Interview mit dem *Spiegel*[26]

Aber zurück zu den vier Ohren. Jede gehörte Nachricht hat in Schulz von Thuns Kommunikationsmodell vier Seiten: einen Sachinhalt, eine Offenbarungsseite (des Senders), eine Beziehungsseite und eine Appellseite. Entschlüsseln können wir diese vier Seiten, indem wir neben dem reinen Inhalt auch Formulierung, Tonfall, Körperhaltung, Mimik und Gestik beachten.

SELBSTAUSSAGE
Was offenbart der andere über sich?

SACHASPEKT
Worüber spricht der andere?

BEZIEHUNGSASPEKT
Wie steht der andere zu mir?

APPELL
Was will der andere von mir?

Ein Vier-Ohren-Beispiel

Nehmen wir an, Sie sitzen in einem Café, lesen ein Buch und die Bedienung sagt zu Ihnen: »Jetzt wird es schon langsam dunkel!«

Sachaspekt: Es wird dunkel.

Die Entschlüsselung der anderen drei Aussagen hängt stark davon ab, *wie* Ihr Gegenüber den Satz sagt.

Selbstaussage: Gleich habe ich Feierabend. Oder: Ich will mit dir ins Gespräch kommen. Oder: Ich freue mich auf den Frühling, wenn die Tage wieder länger werden.

Beziehungsaspekt: Wir stehen so miteinander, dass wir gemeinsam über unverbindliche Dinge reden können. Ich halte Distanz, nähere mich aber freundlich an – denn ich muss ja nicht über die Dunkelheit reden, um hier meinen Job zu tun.

Appell: Unterhalte dich ein wenig mit mir. Nimm mich freundlich wahr. Oder einfach: Denk mal langsam ans Bezahlen!

Wenn Sie sich diese Analyse ansehen: Merken Sie, dass Sie in der Kommunikation gut hinhören und hinsehen? Können Sie gut entschlüsseln, was Menschen sagen und tun? Dann lesen Sie hier weiter …

Mit Zuhören auf dem Weg

In diesem Abschnitt geht es um einen Bereich, der im übrigen Bereich des Buches außen vor bleibt: um unseren Körper. Unser Körper sorgt für Wohlbefinden. Wir können Menschen an ihrem Körper ansehen, ob es ihnen gut geht und ob sie mit ihrem Leben zufrieden sind. Und wenn wir unseren Körper gut behandeln, strahlt das auf unser Inneres aus.

Spitzenmusiker gehören zu den Menschen, die am meisten von Körperarbeit verstehen: denn ihr eigener Körper wird in ihrer Arbeit zum Instrument, das sie pfleglich behandeln. Und Spitzenmusiker sind auch Menschen, die genauestens zu- und hinhören. Wenn wir verstehen wollen, wie wir das Hören in unserem Leben nutzen können, dann sollten wir sie fragen. Genau das habe ich getan.

Tom Peters ist ordinierter Theologe, Pianist, Komponist und Musikpädagoge. Er beschäftigt sich über musikalische Fragen hinaus besonders mit dem Verhältnis von Körper, Persönlichkeit und Gesundheit. Er ist mit seinem vielseitigen Hintergrund sehr erfolgreich als Coach für Körperarbeit und Stimmbildung tätig. Tom hat die folgenden Abschnitte als Gastautor verfasst: Er hat sich Gedanken über das Zuhören gemacht – und wie es zu einem guten Leben beitragen kann.

Näheres finden Sie auf www.tompeterspiano.de

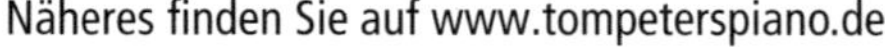

Hören und Gleichgewicht

Hören und Gleichgewicht sind die entwicklungsbiologisch ältesten Sinne. Von all unseren Sinnen sind diese beiden zuerst und auch noch gleichzeitig entstanden. Was wir also hören, ist mit dem Gleichgewicht eng verbunden. Wir empfinden etwas als wohltuend und sicher und fühlen uns dann im Gleichgewicht. Oder wir spüren Unbehagen oder sogar Bedrohung und empfinden das Gegenteil: ein Ungleichgewicht. So entscheiden wir mittels Hör- und Gleichgewichtssinn im Grunde ständig über die Frage, ob wir lieber bleiben wollen oder fliehen. Und je bewuss-

ter wir uns dies fragen, umso selbstbestimmter und »stimmiger« fühlt sich unser Leben an.

Vielleicht ist dies auch eine Antwort auf die Frage, weshalb Menschen so gern Musik hören: Sie berührt uns in allen Variationen des »erhörbaren« – und manchmal sogar des »unerhörten« – Lebens.

Eine kleine, einfache Übung: Hören Sie einer ausklingenden Glocke nach, einer Klangschale oder einem Echo in einem großen Kirchenschiff. Bleiben wir in Gedanken einfach einmal vor der Kathedrale Notre-Dame in Paris stehen. Die Glocken läuten zur vollen Stunde. Zunächst hören Sie den Glockenton deutlich als eine von außen kommende Schallquelle. Dann verebbt dieser Ton, wobei er immer noch deutlich außerhalb von uns selbst klingt. Aber dann, ab einer gewissen »Leisheit«, sind wir uns nicht mehr sicher, ob wir den Ton noch von außen hören oder ob er nur unsere Wahrnehmung in der Vorstellung unseres Gehirns ist, die durch ihn entstanden ist: also eine Erinnerung.

Genau genommen geht uns das bei jedem Sinneseindruck so: Er erreicht eine Schwelle, ab der unser Gehirn ein Abbild zaubert, das dann zur Wahrnehmung führt. Die Wahrnehmung ist das, was wir vom Eindruck behalten, auch wenn er real längst entschwunden ist. Denken Sie nur einmal an Ihren ersten Kuss.

Unser Gehirn zaubert Abbilder des Hörens.

Zurück zum Hören: So wie ein Traum hell sein kann, obwohl es in unserem Kopf eher dunkel zuzugehen scheint, so kann auch unsere Vorstellung von einem Ton so hell sein wie ein besonderes Bild, das wir im Traum verarbeiten. Beim Hören – wie bei der Sinneswahrnehmung allgemein – geschieht also immer ein feiner Übergang von unseren nach außen gewandten Sphären zu unseren nach innen gewandten. Sie merken schon: Es gibt einen Extro- und einen Intro-Aspekt des Hörens.

Sie können dieses Zusammenspiel nutzen, wenn Sie schöpferisch kreativ sein wollen. Das geschieht dann, wenn es uns gelingt, allein aus unserer inneren Anschauung heraus etwas zu schaffen, was für andere Menschen dann prägend, bildend, unterhaltend, bereichernd als neuer

Bestandteil der Welt wirken kann: Sie schaffen ein faszinierendes Bild, eine hinreißende Skulptur, einen Superhit, einen Mega-Groove, einen fesselnden Roman, ein Gedicht oder eine bezaubernde Melodie.

Versuchen Sie es: Hören Sie nach innen, und gestalten Sie aus dem, was Sie hören, nach außen.

Ruhe und Aktion im Zuhören

Zunächst einmal hören wir immer, ob wir das wollen oder nicht. Denn unsere Ohren als Sinnesorgane sind immer »an«. Verbinden wir diesen Umstand jedoch mit unserem Bewusstsein, dann wird es spannend: Wir merken, dass wir hören. Und das nennen wir Hören.

Was bedeutet dies für die Praxis? Wenn wir nur zuhören, wird es für unser Gegenüber langweilig. Wir müssen schon auch reagieren, also etwas sagen, in Worten oder mit unserer Körpersprache. Wir signalisieren unserem Gegenüber im besten Fall, dass wir an ihm interessiert sind – und unser Gegenüber signalisiert das hoffentlich auch uns.

Das Zuhören ist also ein Wechselspiel, eingebunden in die Abwechslung von Ruhe und Aktion im Gesprächsmoment. Wir nehmen auf, versuchen, vom anderen her zu denken, und werden selbst aktiv. Und dann gibt es diesen magischen Moment, in dem zwei Menschen gemeinsam schweigen können, ohne dass ihnen langweilig wird, ohne dass sie dieses Schweigen als Bedrohung empfinden und fliehen wollen. Es passiert sogar, dass sie dieses Schweigen als wohltuend empfinden und es vielleicht immer wieder suchen.

Menschen, denen so etwas gelingt: in unserer geschwätzigen Welt zu schweigen, sind alles andere als untätig. Im Gegenteil: Es kann sehr viel und sehr Tiefes entstehen. Die Zen-Lehrerin Fleur Wöss hat diese Erfahrung auch gemacht:

Schweigen schafft Gemeinschaft

»Gemeinschaft gibt es jedoch nicht nur in den üblichen Situationen. Worte spezifizieren und trennen, Schweigen verbindet. Ich begleitete einmal eine internationale Bank mit Meditation. Jede Woche vor der Vorstandssitzung meditierten wir eine halbe Stunde. Nach Abschluss sagte einer der Vorstände: ›Am besten hat mir gefallen, mit meinen Kollegen zu schweigen.‹ Es ist eine neue Art des Gemeinschaftsgefühls entstanden.«

Dr. Fleur Wöss, Zen-Lehrerin und Autorin

Übrigens: Eine stille Nachtwanderung ist für uns Musiker genauso wohltuend wie das Glucksen des Wassers an der Bootswand. Und Wasserglucksen ist neben dem Herzschlag unserer Mutter vielleicht der erste musikalische Eindruck, den wir im Mutterleib monatelang intensiv mitbekommen – zusammen mit dem rhythmischen Impuls eines gesunden, schlagenden Herzens vielleicht das musikalisch Prägendste überhaupt.

Freuen Sie sich am Hören!

Die Schattenseite: Überstimulation

Sie wissen aus dem ersten Teil dieses Buches schon, warum Intro-Hirne so leicht überstimuliert sind. Sind die Eindrücke von außen zu viel und zu heftig, dann kostet uns das Energie, macht uns das müde und gereizt. Zu viel ist nicht gut. Zu viel hören ganz bestimmt nicht.

Wichtig: Entlastung unserer Sinne

Der Schlüssel liegt in einer Entlastung unserer Sinne. Die erreichen Sie dadurch, dass Sie sich seelisch und körperlich schützen. Die folgenden Tipps klingen in Ihren Ohren vielleicht banal oder aber übertrieben – doch es stimmt jedes Wort darin. Fragen Sie Ihren Arzt oder Ihre Apothekerin …

Überstimulation vermeiden: Schützen Sie sich!

1. Suchen Sie sich Rückzugsräume!

Das sind alle Bereiche, die Sie vor zu viel Lärm und Rummel schützen oder wenigstens den üblichen Pegel verringern.

Beispiele aus der Praxis: Hotelzimmer, die Sie auf Konferenzen für kurze Ruhepausen aufsuchen. Oder der Spa-Bereich des Hotels, vielleicht sogar mit Schwimmbad oder Sauna. Toilettenkabinen. Ruheabteile in der Bahn. Wenn es kein Entkommen gibt: Ohropax und/oder Kopfhörer mit Geräuschunterdrückung.

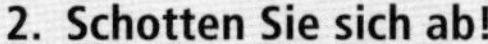

2. Schotten Sie sich ab!

Sorgen Sie für Alleinzeiten: unterwegs ebenso wie zu Hause oder an Ihrem Arbeitsplatz.

Konkreter Tipp: Ein Buch oder ein Kopfhörer sendet kontaktfreudigen Mitmenschen ein klares Signal. Die freie Natur oder alle Arten leer stehender Räume sind ideal.

3. Entspannen Sie sich!

Gönnen Sie Ihrem Parasympathikus Aufladezeit! Dazu finden Sie im Kapitel über Ruhe viele Hinweise.

Beispiele: Meditation, Yoga, Massagen …

Leise sein und selbst gehört werden

Überstimuliert fühlen wir uns auch dann, wenn wir uns genötigt sehen, uns selbst Gehör zu verschaffen. Für viele Intros ist es sehr anstrengend, sich bemerkbar zu machen. Und doch ist das in vielen Teilen des Lebens nötig: Selbst wenn wir nicht serienmäßig aus Torten springen, wollen wir zum Beispiel doch, dass unsere Kundinnen und Vorgesetzten sehen, was wir leisten. Wir wollen Dinge überzeugend ansprechen, die wir für wichtig halten. Und auch das geht auf leise Weise.

Die Kommunikationsexpertin Katja Kerschgens empfiehlt als Zentro leisen Menschen im Arbeitsalltag folgende Strategie:

Kompetenz vermitteln!

»Niemand kann einem anderen hinter die Stirn schauen. Auf Anhieb ist schwer zu erkennen, was dessen Leistungen, Wünsche oder Fähigkeiten sind. Wer diese nicht marktschreierisch verkünden möchte, kann es in eleganten Nebensätzen tun. So kann man wie selbstverständlich eine Kompetenz ganz nebenbei erwähnen, beispielsweise so: ›Die Unterlagen, die ich obendrein noch Korrektur gelesen habe, liegen bereit‹ oder ›Der Artikel, den ich für eine Fachzeitschrift geschrieben habe, zeigt auf …‹ oder ›Der Flug, den ich trotz Pilotenstreik buchen konnte, geht morgen um …‹.

Das Gegenüber hat nun zwei Möglichkeiten: Entweder bekommt es den Nebensatz bewusst mit und reagiert darauf. Oder der Nebensatz wird unterbewusst registriert und dort zu einem Gefühl. Sollte uns diese Person wiederbegegnen, wird sie das ›Gefühl‹ haben, dass sie es mit einer kompetenten Ansprechpartnerin zu tun hat.«

Katja Kerschgens, Rednerin und Autorin

Die Zen-Lehrerin Fleur Wöss hat einen Ort entdeckt, den wir erst einmal nicht mit leiser Kommunikation verbinden: die Bühne.

Zuhören und selbst vorkommen: eine Kunst

»Ich bin in einer sehr lebhaften Familie aufgewachsen. Zwei von uns waren Künstler und Selbstdarsteller, zwei mehr auf der wissenschaftlichen Seite, die aber auch gern redeten. Ich war die Jüngste und kam nie zu Wort. Ich wurde eine gute Zuhörerin, aber keine gute Rednerin. In meiner ganzen Kindheit und Jugend war ich still und wurde oft unterschätzt. Mir fiel sogar Telefonieren schwer.

Dann bekam ich ein Stipendium in den USA. Sehr bald nach meiner Ankunft wurde ich eingeladen, nach der Messe in einer kirchlichen

Gemeinschaft über Österreich zu sprechen. Ich war von diesem Ansinnen wie gelähmt. In unseren Schulen lernten wir das Reden ja nicht, und so wusste ich nicht, dass es möglich und vor allem sinnvoll ist, sich auf einen Vortrag vorzubereiten. Ich ging auf die große Bühne und starb tausend Tode. Aber ich redete. Irgendetwas.

Danach waren alle sehr nett und lobten mich, dass es sehr interessant gewesen sei. Von hinten kam ein glatzköpfiger Mann im grünen Anzug, grünen Hemd und grüner Krawatte auf mich zu und fragte mich, ob ich reden lernen wolle. Er war Rhetoriklehrer an einer Highschool und bei ihm belegte ich den ersten Kurs. Dies war der Anfang meiner intensiven Beschäftigung mit Rhetorik, die mich heute noch immer nicht loslässt. Wohl weil ich die Gesetzmäßigkeiten durchschauen und gut vorbereitet sein will.

Bei diesem Schockerlebnis in den USA habe ich eine wichtige Erfahrung gemacht: Anders als in anderen Gesprächssituationen in einer Gruppe schneidet mir niemand das Wort ab, wenn ich vortrage. Wenn ich auf der Bühne stehe, habe ich das Wort – und damit die Macht. Diese Erkenntnis war so tief greifend, dass ich bis heute gern auf der Bühne stehe.

Was das für Intros bedeutet? Es geht um klare Regeln.

Sie brauchen Zeiten, in denen Sie das Wort bekommen und Ihnen niemand dreinredet. Eine Möglichkeit ist es, in der Gruppe einen Stock oder einen Stein in die Hand dessen zu geben, der das Wort bekommt.

Am besten ist es, wenn schon im Vorfeld klar ist, welche Rolle jemand hat. Dann kann sich jeder vorbereiten. Spontansachen sind stressreich!

Leise Menschen behaupten sich mit der Zeit. In einer Gruppe brauchte ich einige Jahre, um mir Gehör zu verschaffen. Dann jedoch drehte der Chef jeden ab, wenn er merkte, dass ich etwas sagen wollte: weil er erkannt hatte, dass mein Beitrag meistens Gewicht hatte, die Inhalte durchdacht waren. Die Stärke der Intros ist, dass sie sich jedes Wort genau überlegen. Andere Menschen tun gut daran, ihnen zuzuhören.

Meine Empfehlung: Fragen Sie vorab, was in einem Treffen zur Sprache kommt. Bereiten Sie sich vor. Auch schriftlich – das fällt uns Leisen leicht, und wir haben etwas zum Draufsehen.[27] Auch schriftliche

Exposés oder Briefings können viel bewegen. Gute Handouts vertiefen Inhalte des Gesprochenen.

Schreiben kann uns auch Respekt verschaffen – und damit Aufmerksamkeit im Zuhören. Alles, was den Status eines Menschen im Vorhinein klärt, ist für Intros gut. Beim Schreiben haben sie meist einen Vorteil. Sie sollten ein Buch schreiben, einen Blog, einen Artikel, sodass sie selber schon vorformuliert haben, was sie sagen werden. Dann fällt es ihnen leichter, etwas zu sagen, wenn es an der Zeit ist. Und die anderen, die sie kennenlernen, können sich vorinformieren und sind darauf vorbereitet, einem interessanten Menschen zu begegnen. Viele werden das nicht tun, umso größer ist dann das Erstaunen, wenn herauskommt, was der leise Mensch schon alles geleistet hat.«

Dr. Fleur Wöss, Zen-Lehrerin und Autorin

Ich vermeide durch Schreiben sehr viel Überstimulation, weil ich es bevorzugt zum Kommunizieren nutze. Wann immer ich eine Textnachricht oder eine E-Mail schreiben kann, anstatt zu telefonieren, dann tue ich genau das. Und manchmal ersetzt das geschriebene Wort auch persönliche Gespräche ganz gut. Näheres dazu finden Sie im Abschnitt über das Schreiben.

Zuhören: 3 Tipps zum Weiterlesen und -hören

Joachim Ernst Behrendt: Vom Hören der Welt – das Ohr ist der Weg. Hörwerk mit 4 Audio-CDs und Beiheft. Leipzig: Zweitausendeins 1988

Ein zeitloses Erlebnis: Der Musikwissenschaftler Behrendt erläutert mit vielen Beispielen, was das Ohr kann, wie es uns zu Menschen macht und warum wir es so dringend brauchen.

Tom Peters: Klangproben zum Hinhören. Zu finden unter https://www.youtube.com/channel/UC6Yyylugob11Neho4QTYfQA

Kompositionen und Interpretationen von Tom Peters, der in diesem Kapitel Gastautor ist: Jazz, Klassik, Piano-Tutorials und mehr.

Deborah Tannen: Du kannst mich einfach nicht verstehen. Warum Frauen und Männer aneinander vorbeireden. Hamburg: Kabel 1990

Neben dem Behrendt noch ein Klassiker, der mich als Linguistikstudentin sehr geprägt hat. Am Beispiel der Kommunikation zwischen Männern und Frauen arbeitet Tannen anschaulich und mit vielen lebensnahen Geschichten heraus, worauf es beim Hören (und in anderen wichtigen Aspekten der Kommunikation) wirklich ankommt. Und auch, was Sprache und Macht miteinander zu tun haben.

Ruhe

Ludwig van Beethoven war ein Spaziergänger. Am besten ging es ihm, wenn er allein in der Natur sein durfte. Unter freiem Himmel trug er Notizbuch und Bleistift mit sich. Und dort, im Alleinsein, kamen ihm viele seiner Kompositionen in den Kopf. Ein schönes Beispiel: die sechste Sinfonie, die Pastorale, die das Landleben und die Natur als Schule des Lebens feiert – inklusive Donnerwetter und Sturm.

Damit stieß Beethoven übrigens das Tor zur romantischen Betrachtung von Mensch und Welt auf.

Beethoven spürte, wie gut es ihm tat, in der Natur zu sein. Seine Musik entstand aus diesen Momenten der Ruhe, wenn er herausgenommen war aus dem Lärm der Wiener Großstadt, aus der Arbeit mit seinen Schülern, aus gesellschaftlichen Verpflichtungen.

Äußere Ruhe ist eine Idealbedingung

Ruhe kann äußerlich oder innerlich sein. Äußere Ruhe ist vor allem die Abwesenheit von Hetze und Überstimulation. Sie ist weniger eine Stärke als vielmehr eine Praxis. Und ist sie eine Idealbedingung für Intros, die leicht überstimuliert und damit empfindlicher sind. Denn äußere Ruhe liefert Schutz und Entlastung von dem Druck, den schon der ganz normale Alltag bedeuten kann. Ganz abgesehen von Störungen, Krisen und Katastrophen, die das tägliche Leben schnell in gefühlten Wahnsinn verwandeln.

Die eigentliche Stärke ist die innere Ruhe. Wer die Welt und sich selbst in diesem Zustand betrachtet, der hat, das zeigen neurologische Studien über regelmäßig meditierende Personen, viele Vorteile auf seiner Seite. So wiesen die Neurologen Andrew Newberg und Eugene d'Aquili nach, dass bei Meditierenden die Hirnregionen besonders aktiv sind, die für Glücksempfinden, das Gefühl inneren Friedens und für die Verbundenheit mit der Umwelt zuständig sind. Menschen im meditativen Zustand der inneren Ruhe sind gelassener, klarer und innerlich stabiler. Andere Hirnregionen sind weniger aktiv. Dazu gehören diejenigen, die Aggression, Flucht oder zwanghafte Aktivitäten steuern.

Innere Ruhe ist eine Stärke

Liegt für Sie die Kraft in der Ruhe? Sehnen Sie sich nach dem Zustand inneren Friedens? Dann lesen Sie hier weiter ...

Mit Ruhe auf dem Weg

Ruhe ist für Introvertierte so etwas wie die Eintrittskarte in ein gutes Leben. Für unser Thema besonders wichtig sind der ruhige Blick auf uns selbst und die innere Klarheit, die mit diesem Blick verbunden ist. Innere Ruhe – auch hier hilft ein forschender Blick auf regelmäßig Meditierende – verbessert die Fähigkeit, zwischen wichtigen und unwichtigen Umweltreizen zu unterscheiden. Dadurch ist mehr Konzentration auf das Wesentliche möglich; die Stärken der Konzentration und der Substanz wachsen also aus der Ruhe heraus.

Eintrittskarte in ein gutes Leben

»Wir müssen uns Ruhe erst wieder zurückerobern. Manchmal mit großer Anstrengung. Doch immer mit großem Gewinn.«

Dr. Cornelia Topf, Coach und Autorin (2010, S. 248)

Muße: Eigenzeit macht das Leben reich

»Mist!«, sagt die Managerin, die mir gegenübersitzt und an ihrem summenden Mobiltelefon herumfingert. Sie hat wieder vergessen, dieses Gerät auszuschalten, mit dem sie wie verwachsen ist. Für die Dauer unserer Coachingsitzung haben wir Flugmodus vereinbart. Das passt gleich doppelt: Wir finden beide, dass Gedanken gern fliegen dürfen. Außerdem schätzen wir Störungsfreiheit während der Arbeit.

Das innere Navi spricht leise

Es gibt eine Art inneres Navigationssystem, über das Menschen verfügen. Dieses Navi unterscheidet sich allerdings von der penetrant freundlichen Frauenstimme im Auto, die den Weg zum abgelegenen Seminarhotel in Scheiben schneidet. Nein, die Navi-Stimme für unseren eigenen Weg ist leise, sehr leise und störanfällig. Wenn wir es hören und uns auf den verschlungenen Wegen unserer inneren Aktivität bewegen wollen, brauchen wir deshalb äußere Ruhe. Und die befördern wir zum Beispiel durch ein ausgeschaltetes Mobiltelefon.

> **Hohe innere Aktivität braucht äußere Ruhe, um fruchtbar zu werden.**

Für den Zustand, der uns diese Ruhe ermöglicht, gibt es ein altes Wort: Muße. »Muße« hört sich leicht anrüchig an. Sie steckt in dem Wort »Müßiggang«, das sich direkt neben der Faulheit eingerichtet hat. Die meisten Menschen, die ein Buch wie dieses lesen, gehören aber in ein ganz anderes Lager: dorthin, wo die Menschen ständig »Keine Zeit!« murmeln. Heute sind schon Kinder in Zeitnot, erst recht Menschen, die im Leben stehen (oder besser: durchs Leben flitzen). Und natürlich stimmt es nicht, wenn wir behaupten, dass uns Zeit fehlt. Wir verteilen sie einfach zu fremdbestimmt. Irgendwer oder irgendwas darf sie uns ständig wegnehmen, und wir finden lauter gute Gründe dafür: Unsere Kinder brauchen uns, wir müssen Geld verdienen und vor der Fahrt nach Hause sollten wir noch schnell die Blusen aus der Reinigung und ein paar Brötchen vom Bäcker holen. Während ständig das Handy summt.

Muße wirkt in einer ständig betriebsamen Gesellschaft schockierend

Haben Sie oft das Gefühl, gehetzt zu sein? Das ist nicht unbedingt Ihr Problem, und es hat auch nichts damit zu tun, dass Sie als Intro mehr Ruhe benötigen als andere. Nein, das Gehetztsein gehört in unserer Gesellschaft selbstverständlich dazu. Muße gilt als langweilig und nutzlos. Wer mehr davon hat, als er will, etwa eine Arbeitslose oder ein Rentner, hat oft das Gefühl, in zu viel Zeit zu versumpfen. Wir erwarten von uns selbst, dass wir ständig in Bewegung sein müssen. Auch nach Feierabend und am Wochenende meinen wir, volle Kanne beschäftigt sein zu müssen. Denn neben der Arbeit gibt es ja die Familie, vielleicht Kinder, Freunde und Bekannte und dann noch Sport, Kultur, Freizeitbeschäftigungen, die wir mögen: Wir wollen auch noch ein gutes Buch lesen, ein Konzert hören und die neue Ausstellung ansehen. Nur keine der schönen Möglichkeiten verpassen, die sich wie auf einem riesigen Buffet verlockend anbieten und die ausgewählt werden wollen.

Der Journalist Ulrich Schnabel verweist auf ein Paradox: Wir glauben, mit dem Erwerb von Büchern und Musik oder dem Buchen von Wellnesskursen gleichzeitig auch die Zeit für ihren Genuss einzukaufen.[28] Abgesehen davon, dass Konsumieren sowieso Unruhe ist: Das ist eine Illusion. Leider. Eine kleine Testfrage: Wie viele Bücher haben Sie sich in den letzten drei Monaten in der Hoffnung gekauft, dass Sie sie in Ruhe lesen können? Und wie viele dieser Bücher stehen unaufgeschlagen in Ihrem Regal? (Ich weiß, wovon ich rede. Stellen Sie mir diese Frage also lieber nicht.)

In seinem Buch über die Muße weist Schnabel süffisant darauf hin, dass wir mit unserem Körper pfleglicher umgehen als mit unserem Geist. Eine maßvolle Ernährung, gesunde Lebensmittel, Bewegung, das Körpergewicht: All dies beschäftigt uns und bringt uns zu einem vernünftigen Umgang mit unserem physischen Selbst. Für den Umgang mit Informationen, so Schnabel, gilt das nicht:

»Dort frönen wir häufig einer ungezügelten Völlerei, stopfen unser Gehirn mit zu vielen, falschen oder unwichtigen Informationen voll und kommen kaum einmal auf den Gedanken, dass unser armes Denkorgan dies alles ja verarbeiten muss, dass es – wie jedes Organ – auch Zeiten der Regeneration braucht. Am Ende wundern wir uns, warum wir geistig so ausgebrannt sind und häufig die wirklich entscheidenden Aufgaben aus dem Blick verlieren.«

Ulrich Schnabel (2012, S. 21)

Es gibt zwar immer mehr Menschen, die diesen Wahnsinn hinterfragen. Wer sich bewusst Muße gönnt, ist dennoch erst einmal eine unerhörte Ausnahme. Denn unser gesellschaftliches Leben insgesamt spielt sich in einem enormen Tempo ab.

»Ich brauche lange und die Entscheidungen fallen spät. Dann stehe ich aber auch dazu.«

Dr. Angela Merkel, 17. November 2016, vor ihrer Entscheidung, zum vierten Mal als Bundeskanzlerin zu kandidieren[29]

Wenn Sie dem Turbo-Hamsterrad wenigstens zeitweise entkommen wollen, kostet das ein wenig Mühe. Deshalb brauchen Sie smarte Strategien. Die bekommen Sie auch gleich. Aber seien wir ehrlich: Bevor Sie sich für Ihr Zur-Ruhe-Kommen schöne Wege zurechtlegen, brauchen Sie erst einmal Gewissheit, dass Sie damit eine gute Idee verfolgen.

Muße ist »Eigenzeit«

Die österreichische Soziologin Helga Nowotny nennt Muße »Eigenzeit« und schrieb schon Ende der Achtzigerjahre ein Buch mit gleichem Titel. Dem Journalisten Ulrich Schnabel sagte sie: »Muße ist die Übereinstimmung zwischen mir und dem, worauf es in meinem Leben ankommt.«[30]

Muße gibt uns den Raum, unser eigenes Leben wahrzunehmen und zu gestalten: weil wir einfach stehen bleiben und hinsehen. Sie ist viel mehr als die Hot-Stone-Massage, die Yogasession nach der Arbeit oder das Mittagsschläfchen am Samstag, mit dem wir uns von einer anstrengenden Woche erholen. Denn solche Aktivitäten ermöglichen erst das hohe Tempo unseres Alltags: Sie helfen uns, unsere Arbeitskraft wiederherzustellen. Dann können wir wieder im Eiltempo loshetzen und alles abhaken, was uns die tägliche To-do-Liste so aufgibt. Nein, echte Muße ist das intelligente Gegenteil von gehetzter Ruhelosigkeit. Sie gibt uns die Freiheit, in Ruhe etwas zu tun, was uns ganz persönlich entspricht. Echte Mußezeit erkennen Sie an folgenden Merkmalen:

Mußezeit …

… macht Freude. Was konkret Freude bereitet, ist dabei persönlichkeitsabhängig. Extros verstehen unter »Muße« oft, dass sie nach außen gehen, also Menschen treffen oder fröhlich Feste feiern dürfen. Intros dagegen gehen gern nach innen. Sie mögen eher ein gutes Buch, einen Spaziergang in der freien Natur wie Beethoven, sie hängen Tagträumen nach, halten einen Mittagsschlaf oder meditieren.

… bietet Freiheit. Und zwar mehrfach. In der Muße genießen wir Freiheit *von* dem, was uns stresst, und auch Freiheit von dem Zwang, immer etwas Nützliches tun zu müssen. Wenn wir dösen oder still auf einer Wiese den Sonnenuntergang bewundern, dann verabschieden wir uns für einen Moment aus dem knallharten »Zeit-ist-Geld«-System. Die Freiheit, die uns aus der Pflicht löst, ist Voraussetzung für den zweiten Aspekt von Freiheit: Muße bietet nämlich auch die Freiheit *zu* etwas: zum Spielen, zum Leben um des Lebens willen, zum Genießen, zum Forschen ohne Zweck, aus reiner Neugier und Lust am Lernen. Viele Intros gehen im Mußezustand auch einfach ihren Gedanken oder Gefühlen nach – sie lassen sie sozusagen spazieren gehen.

… tut uns gut. Sie gibt unserem Leben einen Eigenwert. Wer sich aus dem täglichen Trubel zurückzieht und einfach nur für sich da ist, der erinnert sich daran, dass sein oder ihr Leben einen eigenen Wert hat –

unabhängig von dem, was andere gern von uns hätten. Oder auch wir selbst. Die Chance: Wir entdecken, was unser Leben reich macht.

Muße: Zucker für den Parasympathikus

Ruhephasen sind wichtig für die Gehirnleistung

Kurz: Muße ist Lebenskunst. Sie hat aber durchaus auch gesundheitliche Vorteile. Sie erinnern sich: Der Parasympathikus kommt oft zu kurz, obwohl gerade wir Intros dringend auf die Ruhephasen angewiesen sind, die dieser Teil des vegetativen Nervensystems uns bietet. Wenn wir uns Entspannung gönnen und dem Parasympathikus damit eine Chance geben, können wir uns erholen. Die Hirnforschung kann heute belegen, dass Ruhephasen ohne äußere Aktivität wichtig für unsere Gehirnleistung sind, und zwar für die Stabilität ebenso wie für die Beweglichkeit. Der Parasympathikus hilft uns nicht nur, unsere Energie wiederherzustellen, sondern er sorgt auch dafür, dass unsere Gedächtnisleistung stimmt, dass wir leicht lernen, dass wir uns gut fühlen – und dass wir Ideen haben. Interessanterweise scheint sich aber auch in der Großhirnrinde einiges zu tun: Wie Aufräum- und Reparaturtrupps werden bestimmte Mechanismen gerade dann aktiv, wenn wir geistig nicht auf etwas fokussiert sind. Sie stellen frische Verbindungen zwischen Nervenzellen her und binden längst vergessene Erinnerungen und Erfahrungen wieder ein. Hierin liegt der Grund dafür, dass wir nach Phasen der Entspannung manchmal Geistesblitze haben: zum Beispiel nach dem Aufwachen oder nach dem Joggen unter der Dusche.

Die drei Funktionen der Muße: 1. Regeneration, 2. Kreativität, 3. Ich-Gefühl.

Die Regeneration ist also nur *ein* Vorteil der Muße. Wenn Sie sich aus dem Hamsterrad ausklinken, warten noch weitere schöne Dinge auf Sie: Sie werden kreativer und entwickeln Ihr Gefühl für Ihr eigenes Ich. Sehen wir einmal näher hin.

Muße als Kreativparadies

Humus für Fantasie

Entspannung lässt also den Geist blitzen: Muße ist damit eine Voraussetzung für echte Kreativität und der beste Humus für unsere Fantasie. Auch der berühmte Flow, die tiefe Freude konzentrierter Vertiefung in etwas, was wir als sinnvoll empfinden, wurzelt sehr oft in absichtslosem Nichtstun. Viele geistige Glanzleistungen entstanden durch entspanntes (Herum-)Spielen.

Der kreative Beatle John Lennon, die Regisseurin und Autorin Doris Dörrie, das Genie Albert Einstein und der Komponist John Cage waren bzw. sind bekennende Müßiggänger. John Cage schaffte es mit seiner Komposition *4,33* sogar, ein Musikstück aus scheinbarem Nichtstun zu schaffen: mit einem Pianisten, der nicht spielen darf, und Zuhörern, die erfahren, dass in der Stille, die sie dadurch erfahren, Musik liegt.

Ein Beispiel aus der Gegenwart ist der hochkreative Intro-Kopf Gunter Dueck. Er sagte mir im Interview:

»Ich werde kreativ, wenn das Gehirn auf ›set all zero‹ gesetzt ist, also im Computervergleich neu hochgefahren ist – es dürfen keine Aufregungen und Sorgen im Hirn sein; früher sagte man wohl Muße dazu. Ich muss so lange Gartenarbeit oder Ähnliches machen (Tetris am Computer spielen ist auch gut), bis alle Sorgen raus sind. Dann wäre es gut, dass ich das so lange weitermache, bis ich mich langweile – und dann kommen die guten Ideen! Ganzheitliches Denken geht wohl nur mit dem ganzen Gehirn. Wenn das aber durch Stress blockiert ist, kommt gar nichts. Insbesondere bei Brainstormings werde ich böse, weil sie bei mir zu nichts taugen – sonst ja auch nicht.«

Prof. Dr. Gunter Dueck, Mathematiker und Querdenker

An Gunter Duecks Antwort ist spannend, dass er ein ruhiges Intro-Vorsichtszentrum als gute Basis für Muße sieht. Und das

Brainstorming als Kreativitätstechnik ist wohl ganz klar eine Präferenz stimulationsbegeisterter Highspeed-Extros.

Das spielerische Kind

Meine Kollegin Margit Hertlein sieht als Extrovertierte in der Muße eher den Freiraum für funktionsbefreites Spielen. In der Fachliteratur hat die kreative Version des Homo ludens einen Namen: das spielerische Kind-Ich.[31] Die Muße ist, wie Margit Hertlein hier zeigt, die Basis für Unvernunft, ein Unangepasstsein, das fast etwas Anarchisches hat:

»Das spielerische Kind-Ich ist eine innere Haltung, in der wir spontan, begeisterungsfähig und direkt sind. Typisch für diese innere Haltung sind Superlative wie ›Toll!‹ oder ›Super!‹. Dieser Ich-Zustand glänzt durch Herumblödeln, Ausgelassensein, Begeisterung, Heiterkeit, Fantasie und Ideen. Es ist die innere Haltung, die die intrinsische Motivation und Innovation befeuert und für Leichtigkeit sorgt.

Das spielerische Kind-Ich verfügt über eine geradezu übersprudelnde Quelle der intrinsischen Motivation. Das ist die Motivation, die man braucht, um die Mühen der Ebenen erfolgreich zu durchwandern. Das spielerische Kind-Ich erlaubt sich, Dinge um der Dinge willen zu tun. Es pflegt einen heiteren, leichten Umgang mit der Welt, voller Kreativität und Faszination. Es lässt sich von Kleinigkeiten fesseln, ist bereit zu staunen, neugierig zu sein und sich zu freuen.

Natürlich braucht es auch eine erwachsene Sicht, wie Disziplin, Ausdauer und Dranbleiben, aber eben unbedingt auch ein spielerisches Kind-Ich. Für diesen Ich-Zustand ist die nächste Möglichkeit immer nur einen Katzensprung entfernt – auch wenn der Weg sehr lang ist.«

Margit Hertlein, extrovertierte Kommunikationsexpertin und Humorprofi

Wir können in Phasen der Muße »unvernünftig« aktiv sein und genau das macht uns kreativ. Fällt Ihnen an dem obigen Zitat noch etwas auf? Disziplin, Ausdauer und Dranbleiben – also Eigenschaften, die für echte Veränderungen ebenfalls notwendig sind – diese Eigenschaften haben Intros in vielen Fällen. Jetzt müssen wir nur noch in die Muße und zum spielerischen Kind-Ich finden und dies mit den erwachsenen Intro-Stärken kombinieren.

Die Monty-Python-Legende John Cleese ist ein gutes Beispiel. Der bekennende Introvertierte entwickelt seine grandios-skurrilen Ideen im spielerischen Kind-Ich, das er sich in sein Erwachsensein hinübergerettet hat. Und er geht dazu regelmäßig in die Stille. Mußezeit – ein Must für ihn. Er sagt selbst sehnsüchtig über die jetzt so seltenen Zeiten des Nichtstuns: »Die Menschen waren mal ganz gut darin, eine Zeit lang überhaupt nichts zu tun und nicht zu kommunizieren. Man ging angeln, mit dem Hund spazieren oder saß am Abend einfach nur draußen vor seinem Haus und glotzte in die Landschaft ...«[32] Cleese selbst sieht seine Stärke als Komiker in der »Balance zwischen Kreativität und Logik«. Letztere erscheint in diesem Buch als Stärke des analytischen Denkens. Das Schöpferische und das Strukturierende scheinen eine interessante Intro-Kombination zu sein – nicht nur für Komiker.

Ein weiteres Beispiel für Kreativität in der Muße ist eine Intro-Legende aus der Wissenschaft:

Albert Einstein: Spielerisches Kind-Ich und analytisches Genie

Der introvertierte Albert Einstein mit der herausgestreckten Zunge des spielerischen Kind-Ichs – dieses Bild ist eine Popikone geworden. Einstein war ein hochintelligenter und beharrlicher Forscher, der sich durch Rückschläge und Schwierigkeiten nicht schrecken ließ. Ebenso ging er aber auf Abstand zum Etablierten und besah die Dinge aus neuen Perspektiven. Zeit seines Lebens blieb er interessiert an Bereichen außerhalb seiner Disziplin. »Ich habe keine besondere Begabung, sondern bin nur leidenschaftlich neugierig«, sagte Einstein über sich selbst.

Einstein suchte, wie er selbst sagte, immer wieder die Einsamkeit und Stille, um nach innen zu gehen und seinen Tagträumen nachzuhängen – Mußezeit! In diesen absichtslosen Phasen ging er spazieren, segelte, machte Geschicklichkeitsspiele. Hier gediehen seine Ideen. Er war wahrscheinlich diese Kombination, die Einstein zu einem Spitzenwissenschaftler machte, dem Bahnbrechendes gelang.

Muße und Ich-Gefühl

Last, but not least ist es gerade der »Leerlauf« im Gehirn, der es uns ermöglicht, ein Bewusstsein für unser Ich zu entwickeln, das heißt eine Identität – und damit ein Gefühl für die Person, die wir sind. Wenn Sie also bewusst Phasen der Muße suchen, dann kommen Sie Ihrer eigenen Vorstellung von einem guten Leben besonders gut auf die Schliche.

Tipps für den eigenen Mußeraum

Wir Intros spüren die Überstimulation des Alltags am stärksten – und wir profitieren am meisten davon, wenn wir uns ihr entziehen. Ich kenne leise Menschen, die es auf bewundernswerte Weise schaffen, echte Muße zu pflegen. Tolle Menschen! Ich habe sie danach gefragt, wie sie sich ihre innere Ruhe schaffen. Die Ergebnisse finden Sie im nächsten Kasten. Die Namen habe ich auf Wunsch einiger Befragter geändert. Sehen Sie die Hinweise als ein Buffet an Möglichkeiten, von dem Sie sich gern bedienen können, um sich Ihren eigenen Mußeraum zu erschließen. Probieren Sie es!

7 Wege zur Muße

1. Verstecken Sie sich

Intros haben – anders als viele Extros – mit dem Alleinsein wenig Probleme. Im Gegenteil. In dieser Ruhe ohne andere Menschen kann Muße wachsen. Henry, ein leiser, weiser Freund, steht am Ende eines sehr intensiven Berufslebens, in dem er ständig Menschen um sich hatte. Er weiß seit Langem, dass er zunächst einmal eine Zeit für sich braucht, bevor er überhaupt zur Muße fähig ist. Der erste Schritt heißt für ihn: Störungen beseitigen, allein sein und ein wenig warten.

Hier ist Henrys Rat: »Wo auch immer du bist, was auch immer du tust: Finde einen Ort, an dem du allein sein kannst.« Henry selbst berichtet, dass er das im privaten Raum leicht umsetzen kann: Er hat sein eigenes Arbeitszimmer und sogar ein eigenes Schlafzimmer, in das er sich auch einmal einen ganzen Tag zurückzieht. Unterwegs wird es komplizierter, aber auch außerhalb des Zuhauses ist ein Rückzug möglich, um in einen Mußezustand zu kommen. Henry zählt auf, wo er sich in seinem bewegten Leben schon überall erfolgreich »versteckt« hat, um wenigstens für kurze Zeit in Ruhe seinen Gedanken nachzuhängen: im Wald, auf Bootsstegen, auf einem Berg, in der Speisekammer von Freunden, in Hotelzimmern, in Kellern, in leeren Konferenzräumen, auf Toiletten, in einem Gepäckaufbewahrungsraum, auf einem Jägerhochstand und wie der sehr junge Harry Potter in einem Verhau unter einer Treppe.

2. Verstecken Sie Ihre Uhr

Wir leben hier, mitten in Europa, in einer der »schnellsten« Regionen der Welt: mit dem Blick auf die Uhr, eng getaktet und möglichst effizient. Wir funktionieren von Zeitabschnitt zu Zeitabschnitt. Und so unruhig, gehetzt und überstimuliert wir unsere Termine auch abarbeiten, sie geben unserem Tagesablauf doch zugleich eine Struktur. Diese Struktur stabilisiert uns auch: Sie gibt uns eine Ordnung und so etwas wie einen Rhythmus.

Das können Sie ziemlich leicht überprüfen – eine Coach-Kollegin gibt ihren Klientinnen und Klienten diese Aufgabe: Versuchen Sie einmal, einen Urlaubstag oder einen Sonntag lang völlig ohne Uhr zu leben. Ja, wirklich, ganz ohne Uhr, weder an Ihrem Arm noch an der Wand, im Fernsehen oder online. Also können Sie auch gleich Ihr Smartphone so lange in irgendeiner Schublade verstauen, das Ding zeigt schließlich auch die Zeit an (und kommt im nächsten Abschnitt ohnehin wieder vor).

Bitte versuchen Sie es wirklich. Sie werden spannende Erfahrungen mit einem nicht messbaren Zeitablauf machen. Zwei Dinge werden Ihnen deutlich werden: Erstens ist der Wegfall der Uhrentaktung irritierend:

Uns fehlt die Struktur. Zweitens – und noch wichtiger: Wir verfügen über einen Zeitwohlstand. Dies ist unsere Lebenszeit, die wir in 24-Stunden-Portionen bekommen. Und ob wir diesen Zeitwohlstand so einsetzen, dass er uns guttut, das liegt vor allem an uns. Nicht an den Uhren. Das ist ein guter Ausgangspunkt für Mußezeit.

3. Gehen Sie offline – und weg vom Bildschirm

Gleich mehrere Bekannte und Freunde gaben mir diesen Hinweis mit Blick auf Mußezustände: Wir sind »overconnected« – via Mobiltelefon, Tablet, Computer, Fernsehen ... Wenn Sie einmal alle Bildschirme meiden und alles ausschalten, womit Sie online sein können, werden Sie wie beim zweiten Vorschlag oben erst einmal innerlich unruhig werden: Viele soziale Verbindungen und professionelle Kontakte laufen online und vor Bildschirmen; ebenso unsere Informationskanäle.

Gerade gewissenhafte Intros gehen oft davon aus, dass sie sich erst Zeit für sich selbst nehmen dürfen, wenn sie alles abgearbeitet haben, was an Kommunikation so aufgelaufen ist. Das heißt übersetzt meistens: niemals. Reduzieren Sie also den Zugang zu Ihren Informationskanälen.

Ich schreibe diese Worte an einem ganz normalen Vormittag. In meinem E-Mail-Eingang warten 38 Nachrichten, die seit gestern Abend hereingekommen sind. Ohne die Spams. Der Anrufbeantworter blinkt und zeigt drei Nachrichten an. Von diesen 41 Nachrichten sind 14 wichtig: drei von Familie und Freunden, sechs von Kunden, drei von Leserinnen und Lesern meiner Bücher, und zwei sind Anfragen für einen Vortrag und ein Coaching. Von den 14 übernimmt meine Assistentin acht. Wenn ich die sechs anderen erledige, bevor ich mir die Zeit zum Schreiben dieses Buches nehme, und wenn ich das grundsätzlich tue, bevor ich mir Ruhe gönne: Dann kann es lange warten, das Buch. Und dann wird es nichts mit der Muße. Denn in der Zeit, in der ich die Nachrichten beantworte, laufen ja wieder die nächsten ein.

Ich hatte vor meinem ersten Tag ohne Handy und ohne Bildschirm ein richtig mulmiges Gefühl, und ich gebe zu: Ich habe ihn nicht wiederholt. Aber ich habe etwas gelernt: Es ist nicht gut, immer online zu sein. Deshalb beantworte ich meine Nachrichten in je einem Zeitfenster vormittags und einem Zeitfenster nachmittags. Na gut, manchmal zusätzlich am Abend. Aber ich gönne mir zwischendurch Muße. Manchmal fühle ich mich dabei als Königin meiner Zeit.

4. Trödeln Sie. Und machen Sie Umwege

Dieser Tipp ist das Gegenteil des guten Rates: »Setz dir ein Ziel!« Tun Sie einfach einmal nichts. Jedenfalls nichts Nützliches. Ein guter Start ist eine Bahnfahrt von mindestens 100 Kilometern. Schauen Sie traumverloren zu, wie die Landschaft an Ihnen vorüberzieht. Auch die Natur ist ein guter Ort. Gehen Sie im Wald verloren. Gehen Sie am Wasser spazieren. Setzen Sie sich auf eine Parkbank und lassen Sie Kinder, Hunde, Jogger und hektische Geschäftsleute passieren. Blinzeln Sie in einem Café in Ihren Milchkaffee und hängen Sie Ihren Gedanken nach. Sammeln Sie Orte, an denen Sie genau das tun können.

Der israelische Mathematiker und Ökonom Ariel Rubinstein hat das sehr ernst genommen und bietet etwas Wunderbares an: einen (englischsprachigen) Onlineatlas mit »coffee places where you can think«[33]. Eine andere Inspiration, die sich weniger zur Nachahmung empfiehlt, aber das Prinzip des Trödelns schön verdeutlicht, bietet ein Mathematiker mit einem tragischen Schicksal: der Franzose André Weil. Weil ging 1940 in der Haft seinen Forschungen nach. Ulrich Schnabel zitiert ihn in einem Brief an seine Frau: »... und ich bin sogar ein wenig beunruhigt, ob ich, wenn ich nur im Gefängnis so gut arbeiten kann, es zukünftig einrichten sollte, jedes Jahr zwei oder drei Monate hinter Gittern zu verbringen.« Das Forschen an arithmetisch-algebraischen Fragestellungen ist zwar nicht das, was wir unter Muße verstehen, aber das reizarme, wenig Zielgerichtete im Arbeitsalltag war mit Sicherheit ein sehr guter Humus dafür. Und Muße ist offensichtlich gar nicht direkt an Freiheit gebunden: Weil hat es geschafft, sich selbst unter widrigsten Bedingungen die Ruhe zum Arbeiten zu nehmen.

Wenn Sie die Freiheit haben, Ihre eigenen Bahnen zu ziehen: Wechseln Sie diese einfach einmal. Steuern Sie vor allem die Natur an. Einen Park, einen Flusslauf, eine grüne Wiese, das Meer, einen Wald. Dort ist die Dichte der Reize im Vergleich zu urbanen Landschaften viel geringer, und das ist gesünder und bietet einem chronisch überstimulierten Intro-Hirn Entspannung. Und schöne neue Möglichkeiten der Betätigung.

5. Planen Sie einen Mittagsschlaf von 20 Minuten ein

Die Wissenschaft weiß: Sie erhöhen Ihre Aufmerksamkeit, können sich Dinge besser merken, leichter entscheiden, abends länger aktiv sein und sind wegen der Serotoninausschüttung guter Laune. Falls es Sie interessiert: Sie bleiben auch gesund, denn Sie schützen sich vor Herzerkrankungen und Infektionen, hohem Blutdruck und Problemen im Hormonhaushalt und bleiben außerdem länger jung und schön, weil Ihre Zellen sich regenerieren. Auch nicht zu verachten: Sie bekommen bessere Ideen. Unter den Superkreativen gibt es erstaunlich viele bekennende Mittagsschläfer: Leonardo da Vinci, Isaac Newton, Thomas Alva Edison, Thomas Mann …[34]

Am Wochenende oder im Urlaub lässt sich ein Nickerchen leicht einrichten. Viele Intros schaffen das auch am Arbeitsplatz. Wenn Sie nicht zu den Glücklichen gehören, deren siestafreundliche Firma ihren Mitarbeitern Ruheräume oder -liegen gönnt, werden Sie erfinderisch. Es gibt Intros, die sich in ihrem Auto ausruhen oder sich aus Büchern ein Kissen für den Schreibtisch bauen. Es gibt Hartgesottene, die mit Ohropax in Kutscherhaltung auf der Toilette einen Kurzschlaf schaffen. Ich habe einen Kopfschlafsack ausprobiert, und er ist nicht so meins, aber vielleicht mögen Sie ihn? Hinweise dazu gibt es zum Beispiel unter https://www.kopfschlafsack.de.

6. Tun Sie eine (und nur eine) Sache

Mit einer leisen Kollegin sprach ich über Achtsamkeit, die gerade an jeder Ecke empfohlen wird. Achtsam werden – der Wunsch drückt, da waren wir uns einig, die Sehnsucht aus, aus dem täglichen Hamsterrad herauszuklettern und zur Ruhe zu kommen. Es gibt reichlich Rezepte, wie wir Achtsamkeit in den Alltag integrieren; am bekanntesten ist wohl die Mindfulness-Based Stress Reduction von Jon Kabat-Zinn (Sie finden zwei seiner Bücher im Anhang aufgeführt).

Die Kollegin lächelte, als ich mehrere Wege aufzählte. Und dann sagte sie das, was ich hier an Sie weitergebe: »Es ist doch ganz leicht. Tu nur eine Sache. Nichts anderes. Und dann tu die nächste Sache. Und nichts anderes.«

Wenn Sie die Stärke der Konzentration (siehe oben) haben, dann werden Sie mit diesem Muße-Tipp besonders gut klarkommen.

7. Meditieren Sie

Die Meditation ist die hohe Schule des Nichtstuns. Neurologische Studien zeigen: Beim Meditieren aktivieren Sie – gerade durch die innere Ruhe, die Sie sich gönnen – die Hirnregionen, die für Glücksgefühle, inneren Frieden und für Ihre innere Verbundenheit mit Ihrem Umfeld sorgen. Dafür bekommen die Areale weniger Energie, die Sie aggressiv oder zwanghaft machen. Außerdem trainieren Sie in der Meditation die Fähigkeit, zwischen wichtigen und unwichtigen Eindrücken zu unterscheiden. Sie können so Ihre Hirnaktivität mit deutlich weniger Energie betreiben und sich entlasten, ähnlich wie ein Spitzensportler, der einen niedrigeren Ruhepuls hat. Für uns leicht reizüberflutete Intros ist diese Entlastung sehr, sehr spürbar. Weitere nette Nebenwirkungen, die sich heute messen lassen, sind ein besseres Arbeitsgedächtnis, erhöhte Aufmerksamkeit, mehr Ausgeglichenheit und innere Zufriedenheit. Sie üben, sich von störenden Gedanken und plötzlichen Gefühlen nicht einfach mitreißen zu lassen. All diese Folgen der Meditation machen ein gutes leises Leben noch besser.

Es gibt ganze Stapel an guten Büchern über Meditation für jeden Geschmack. Wenn Sie der Meditation ohne religiöse oder weltanschauliche Voraussetzungen nachgehen und sie vielleicht ausprobieren wollen, empfehle ich Ihnen das ausgezeichnete Buch *Meditation für Skeptiker* von Ulrich Ott. Sie finden es im Literaturverzeichnis.

»Ruhe ist für Introvertierte positiv. Schon als Kinder beschäftigen sie sich gern alleine und wissen daher, dass ihnen Ruhe Kraft gibt. Ich habe als Kind alle Bücher der Kinderabteilung meiner Bücherei durchgelesen. Alle 72 Karl-May-Bücher! Ich hatte eine rege Vorstellungskraft und war mir selbst genug. Jedes Mal wenn jemand mich von außen

ansprach, war ich verwirrt und fühlte mich gestört. Das begleitet mich bis heute.

Ruhe lässt Intros in einer tiefen Weise zu sich kommen, sodass sie von innen her mit neuer Kraft genährt werden. Deshalb ist Zen-Meditation ideal für sie. In der Meditation tut sich ein stiller Raum auf, frei vom Gedankengeplapper und frei von Störungen von außen. Mit den klaren Vorgaben, wie es im Zen üblich ist, können leise Menschen ganz bei sich bleiben und brauchen nicht zu befürchten, dass sie plötzlich angesprochen werden. Zen ist Klarheit und Stille.

Das ist für Introvertierte eine neue und meist willkommene Art, bei sich bleiben zu können und doch in der Gemeinschaft zu sein.«

Dr. Fleur Wöss, Zen-Lehrerin und Autorin

Weiter unten, im Abschnitt über das Einfühlungsvermögen, werden wir auf der Muße aufbauen und noch ein wenig über sie hinausgehen. Zunächst aber richten wir den Blick auf einen anderen Bereich.

Die Schattenseite: Passivität

Der Passive weigert sich zu handeln. Er ist kraftlos, faul, trotzig, ängstlich, phlegmatisch oder gleichgültig. Oder alles auf einmal. Anstatt aktiv zu werden und Änderungen zu suchen, nimmt der Passive lieber Leiden auf sich, das er dann oft als ungerecht empfindet. Er erlebt sich selbst als machtlos, kraftlos, ohnmächtig, kurz: als unfähig, das eigene Leben zu gestalten. Er wirkt auf andere womöglich nicht besonders intelligent. Seine Aussicht, depressiv zu werden, ist ziemlich groß.

Der Passive gibt anderen Macht über sein Leben

Gleichzeitig erlaubt es der Passive anderen Menschen, die mehr Initiative haben, über seine Zeit, Arbeitskraft oder Energie zu verfügen. Er gibt ihnen damit Macht über sein Leben. Der Politiker Rainer Barzel prägte den ziemlich knallharten Spruch:

»Wer nicht handelt, wird behandelt.«

Dr. Rainer Candidus Barzel

Und mehr noch: Passivität kostet sogar einiges an Kraft. Die wird aber nicht in die Veränderung der eigenen Situation gesteckt, sondern in Selbstmitleid und in das Zuweisen von Schuld und Verantwortung. Untätigkeit führt zu Unzufriedenheit und zum Gefühl von Hilflosigkeit: Wenn wir keine Anstalten machen, etwas zu bewegen, dann denken wir irgendwann, wir können auch nichts bewegen. Meine Kollegin Margit Hertlein sieht Menschen mit einer solchen Haltung im Biotop des Jammersumpfes stecken (Hertlein 2014).

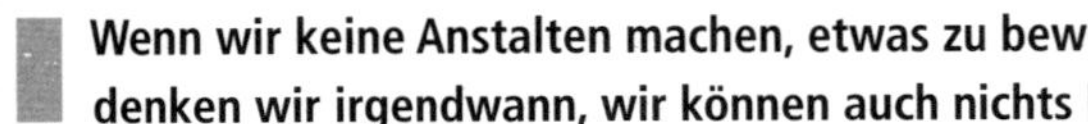

Wenn wir keine Anstalten machen, etwas zu bewegen, dann denken wir irgendwann, wir können auch nichts bewegen.

Die Ärztin Eva Kalbheim hat viel Erfahrung mit passiven Menschen. Sie arbeitet mit psychisch labilen Menschen und als Coach mit Führungskräften aus Medizin und Pflege – und sie sieht dabei gemeinsame Nenner, wenn es um den Abschied vom Gewohnten geht. Eines ist aus ihrer Sicht nicht gut: verharren, wenn es merklich drückt, und im »bequemen Elend« bleiben.

»Das Verharren im Gewohnten hat seinen Preis: Stillstand oder gar Rückschritt können die Folge sein. Wer sich immer nur mit dem Spatz in der Hand zufriedengibt, verpasst möglicherweise viele Chancen und bunte Vögel auf dem Dach. Wenn die Istsituation suboptimal ist und Veränderung nur aufgrund irrationaler Ängste nicht gewagt wird, entwickelt sich leicht das bequeme Elend: Man gewöhnt sich an die Begrenzungen, schränkt seinen eigenen Radius ein und verharrt in der Mittelmäßigkeit. Den Schritt aus dem bequemen Elend ins unbekannte Reich der Möglichkeiten zu gehen, verlangt gerade leisen Menschen

viel ab, denn sie fühlen sich erst sicher, wenn sie alle Optionen durchdacht und abgewogen haben.«

Dr. Eva Kalbheim, Ärztin, Autorin und Coach

Sie merken schon: Für ein gelungenes Leben ist Passivität keine gute Option. Doch es gibt Abhilfe.

Rituale: Die Kreise der Ruhe

Gewohntes ist nicht anstrengend

Es gibt tatsächlich ein Mittel, um ohne viel Anstrengung aus der Passivität herauszukommen. Es heißt: Rituale schaffen. Regelmäßige Gewohnheiten. Wenn Sie etwas regelmäßig tun, ist es nicht anstrengend. Und Sie verändern in kleinen Schritten Ihr Leben dorthin, wo Sie es haben und führen wollen. Was genau Sie zum Ritual machen, hängt davon ab, was Sie am liebsten verändern wollen. Wie Sie Rituale installieren können, lesen Sie im Kapitel zur Beharrlichkeit, wo es um Gewohnheiten allgemein geht.

Hier nur einige Anregungen – lassen Sie sich von der Aussicht auf das, was Sie in Ihrem Leben gern ändern wollen, zu Ihrem neuen Ritual »verlocken«. Legen Sie fest, wann und wie oft Sie es praktizieren wollen. Und dann behandeln Sie es wie das Zähneputzen: als eine Selbstverständlichkeit.

Ziel	Ritual
Muster erkennen	Tagebuch führen (siehe Kapitel »Schreiben«)
zur Ruhe kommen	Meditation
fitter werden	laufen, Rad fahren, Yoga …
Menschen kennenlernen	ein interessanter Workshop pro Halbjahr

Sehr beliebt ist bei Intros ein recht unspektakuläres Ritual an frischer Luft: der Spaziergang. Auch die Zen-Lehrerin Fleur Wöss praktiziert diese gute Gewohnheit:

»Für mich ist die Natur eine Quelle der Ruhe. Von März bis Oktober mache ich fast täglich eine kleine Wanderung durch den Lainzer Tiergarten. Es ist so schön, die Änderungen in der Natur zu beobachten. Wie die Königskerzen wachsen, die Blüten ansetzen und wieder verwelken. Wie sich in den Pfützen die Kaulquappen entwickeln. Die Natur ist vielfältig und daher spannend. Sie zerrt nicht an mir, sie will nichts, sie lässt mich so sein, wie ich bin. Und ich spüre im Gehen die Einheit von Körper und Geist.«

Dr. Fleur Wöss, Zen-Lehrerin und Autorin

Fleur hat einige Ideen zu Ritualen:

Rituale der Ruhe

- Zen-Meditation, was sonst?!
- der Gottesdienst am Sonntag
- ein paar Minuten Tee trinken und aus dem Fenster schauen
- den Ort wechseln, in die Natur gehen
- mit Gesprächspartnern den Termin im Gehen machen – da stellen sich automatisch Ruhephasen und damit Erholungsphasen und Denkphasen ein
- sich an Orte der Stille zurückziehen: Kirchen, Wald, Bank im Park
- für den Abschluss des Tages im 3-2-1-Kopfkissenbuch notieren: drei Dinge, die Ihnen gelungen sind, zwei Dinge, für die Sie dankbar sind, ein Ding, das Sie gelernt haben[35]

Allgemeines zu Ruheritualen

- bei der Planung der Ruhepausen den Biorhythmus beachten, beispielsweise Pausen nach dem Mittagessen einplanen

- die Rituale regelmäßig machen: jeden Tag oder jeden Sonntag
- der gleiche Ort ist wichtig, die gleiche Zeit ist wichtig

Dr. Fleur Wöss, Zen-Lehrerin und Autorin

Dieses Kapitel hat Ihnen hoffentlich Lust darauf gemacht, Ihr Leben in aller Ruhe zum Guten zu verändern. Gestalten Sie Ihre Ruhephasen in kleinen Schritten. Probieren Sie aus, was Ihnen guttut. Sie werden froh sein, wenn Sie merken, was geschieht.

»Neue Energie schöpfen wir nur aus der Stille. [...] Die Intuition erwacht nur in der Stille. Der Sinn des Lebens [...] erscheint uns in den stillen Momenten unseres Lebens. [...] Vor allem finden wir uns selbst nur in der Stille.«

Dr. Cornelia Topf, Coach und Autorin (2010, S. 248)

Ruhe: 7 Tipps zum Weiterlesen (diesmal mehr als 3 – das Thema ist so wichtig!)

Zunächst eine Internetadresse: http://mymonk.de

Tim Schlenzig nennt die leise innere Stimme »meinen Mönch«. In seinem Blog finden Sie viele Impulse, die Ihnen helfen, Ihre Stimme zu hören und Ihr Leben zu entstressen, kurz: zur Ruhe zu kommen.

Jon Kabat-Zinn: Im Alltag Ruhe finden. Meditationen für ein gelassenes Leben. München: Knaur 2015

Der Erfinder der Mindfulness-Based Stress Reduction (MBSR) und frühe Vater der Achtsamkeitsmeditation stellt in diesem Buch sehr verschiedene Übungen vor, die Ihnen Ruhe bringen. Ein idealer Fundus für ganz unterschiedliche Vorlieben. Und eine riesige Sammlung, aus der Sie sich für Ihre eigenen Rituale anregen lassen können. Mit vielen Beispielen und in einer angenehmen Sprache.

Robert A. Levine: Eine Landkarte der Zeit. Wie Kulturen mit Zeit umgehen. München, Zürich: Piper 1999

Dieses Buch gibt Ihnen einen Eindruck davon, wie flexibel und relativ der Umgang mit Zeit ist – und welche Folgen unser Zeitempfinden für unser körperliches und psychisches Wohlergehen hat. Außerdem kennen Sie nach der Lektüre den Unterschied zwischen »Uhr-Zeit«, »Natur-Zeit« und »Ereignis-Zeit«. Und Sie wissen, wie Sie diese Unterscheidung für Ihre Lebensqualität nutzen können.

Hartmut Rosa: Beschleunigung. Die Veränderung der Zeitstrukturen in der Moderne. Frankfurt am Main: Suhrkamp 2005

Wenn Sie zu den Intros gehören, die gern anspruchsvolle Kost lesen: Hier ist die Vogelperspektive auf unsere tägliche Zeitnot. Der Soziologe Hartmut Rosa zeigt kristallklar, welche Probleme wir uns schaffen, wenn wir hetzen und gehetzt werden – und warum die natürliche Folge der ungesunden Beschleunigung die Krise ist.

Ulrich Schnabel: Muße. Vom Glück des Nichtstuns. München: Pantheon 2012

In diesem Buch finden Sie viele, viele gute Gründe dafür, einfach mal nichts zu tun. Und Sie erfahren auch, warum Sie genau dann viel mehr tun als nichts. Es ist nach der Lektüre viel leichter, sich Muße zu gönnen.

Cornelia Topf: Einfach mal die Klappe halten. Warum Schweigen besser ist als Reden. Offenbach: GABAL 2010

Cornelia Topf ist selbst extrovertiert, sieht aber sehr introfreundlich auf die Nachteile der gängigen Gesprächskultur – und wie wir damit umgehen können. Ich habe beim Lesen immer wieder genickt.

Fleur Wöss. Das Wesentliche und das Dazwischen. München: Kösel 2017

Dieses Buch gibt der Ruhe einen Ort: den Zwischenraum, der im Rhythmus des Lebens seinen Platz haben sollte. Da, wo nichts ist, ist Platz für vieles.

Unabhängigkeit

Geringere Empfänglichkeit für Lob

Nach innen gewandte Menschen brauchen im Vergleich zu ihren extrovertierten Zeitgenossen weniger Rückmeldung von der Außenwelt. Sie mögen zwar wie die allermeisten Menschen für Lob, Belohnungen und gezollten Respekt empfänglich sein, doch ihre Lebensqualität hängt weniger vom anerkennenden Kopfnicken anderer ab. Und sie können in aller Regel ganz ausgezeichnet allein sein und sind damit auch weniger auf konkrete Gesellschaft durch ihre Mitmenschen angewiesen.

Viele Intros können deshalb auf Distanz gehen, anstatt mit den Wölfen zu heulen. Sie bilden sich gern ihre eigene Meinung und übernehmen nicht einfach die von anderen. Sie selbst sehen das als Selbstständigkeit und innere Freiheit.

Leise Freigeister

Das hat im Umgang mit anderen Menschen Folgen. Unabhängige sind oft wenig konform mit Standardmeinungen oder allgemein üblichen Denk- und Verhaltensweisen. Das erstaunt bisweilen diejenigen, die leise Menschen herablassend für Leisetreter halten. Unabhängige stellen zuweilen Selbstverständliches infrage und sehen Dinge, die andere nicht sehen. Sie brechen durchaus Regeln, wenn sie es für sinnvoll halten, und können ganze Revolutionen in Gang setzen.

Der große Leise Mahatma Gandhi erreichte die Unabhängigkeit seiner Heimat Indien, indem er die Massen für gewaltlosen Widerstand gewann.

Die mutige Leise Rosa Parks weigerte sich im Jahr 1955 in Alabama, ihren Sitzplatz im Bus für einen Weißen zu räumen – und setzte damit den entscheidenden Impuls für die schwarze Bürgerrechtsbewegung in den USA gegen Diskriminierung und Rassentrennung.

Kritische Distanz zu den eigenen Bedürfnissen und Eigenschaften

Sie sehen: Unabhängige können außerhalb üblicher Trampelpfade denken und handeln. Die Ergebnisse sind oft bemerkenswert. Die reifste Form der Unabhängigkeit ist die Fähigkeit, von sich selbst abzusehen und eine kritische Distanz zu den eigenen Bedürfnissen und Eigenschaften zu entwickeln. Das eigene Verhalten ist dann kaum noch impulsgesteuert. Eitelkeiten, Ehrgeiz, Geltungsbedürfnis verlieren an Antriebskraft für das eigene Denken und Handeln. Das Selbstbewusstsein ist so stark, dass sich der Unabhängige echte Selbstlosigkeit erlauben kann.

Lieben Sie das Gefühl der Autonomie? Empfinden Sie die innere Distanz zu anderen oft als angenehm? Dann lesen Sie hier weiter …

Mit Unabhängigkeit auf dem Weg

Wenn Sie aus diesem Kapitel nur einen einzigen Satz für sich mitnehmen, dann rate ich zu diesem:

> **Stehen Sie zu Ihrer Unabhängigkeit, und nutzen Sie die Stärke, die mit ihr verbunden ist.**

Die Stärke hilft Ihnen nämlich, Ihr eigenes Leben und Ihre Entwicklung in die Hand zu nehmen, auf Ihre Weise, mit Ihren Prioritäten. Wer kann das besser als Sie selbst?

Und natürlich können Sie dabei wichtige Menschen in Ihrem Leben berücksichtigen. Oder Sachzwänge. Aber weder Menschen noch Zwänge sollten Ihren Weg bestimmen dürfen. Und das Gefühl persönlicher Freiheit kann außerordentlich beglückend sein!

Unabhängigkeit hat gute Folgen

Finanzielle Unabhängigkeit

Wenn Sie Autonomie lieben und sich auf Ihren eigenen Weg machen, hat das gute Folgen. Zum Beispiel werden Sie gern finanziell auf eigenen Füßen stehen und haben damit sehr viel mehr Bewegungsspielraum für die Gestaltung Ihrer Lebenszeit. Es ist ein unvergleichlich cooles Gefühl, finanziell unabhängig zu sein. Da dies aber kein Finanzratgeber ist, schauen Sie einfach einmal auf folgende Blogs, wenn Sie das Thema interessiert:

Wie Sie finanzielle Unabhängigkeit erreichen können

Wenn Sie sich näher und auf unterhaltsame Weise informieren wollen, schauen Sie mal hier:

www.finanzglueck.de
www.finanzwesir.com
www.freiheitsmaschine.com

Kommen wir von der äußeren zur inneren Unabhängigkeit. Nicht bitten müssen, niemandem verpflichtet sein, sich von Unerwünschtem befreien können – auch dies schätzen unabhängige Menschen über alles. Dazu eine schöne Übung aus einem Unabhängigkeitstraining, das sich zwischen zwei Buchdeckeln befindet:

Was kann ich loslassen?

1. Wovon möchte ich mich in meinem Leben gern befreien?
2. Was hindert mich daran?

Quelle: Schweppe und Long (2016)

Doch Moment! Sind wir Menschen nicht Gemeinschaftswesen und aufeinander angewiesen? Im Prinzip ja. Aber …

Gemeinschaft – ja und nein und ja

Alle brauchen Gemeinschaft

Menschen gedeihen in Gemeinschaften – Intros wie Extros. Wir sind rein biologisch Rudeltiere und können ohne die Unterstützung anderer nicht überleben. Das gilt zum einen für physische Unterstützung: Stellen Sie sich vor, Sie müssten täglich Ihr eigenes Essen jagen und sammeln. Und es gilt zum anderen für unser Innenleben: Isolationshaft, die den Kontakt von Gefangenen zu anderen Menschen verhindert, hat schlimme Folgen für die Gesundheit und die Psyche und gilt vielen als Folter. Und jede menschliche Gemeinschaft gedeiht nur, wenn die Menschen in ihr sich gegenseitig helfen, wenn sie Verantwortung füreinander übernehmen, wenn sie Mitgefühl zeigen und sich um Gerechtigkeit bemühen. Adam Grant (2013) und Dacher Keltner (2009) zeigen solide, dass nicht die »Alles gehört mir und zwar sofort!«-Typen die wirklich erfolgreichen und zufriedenen Menschen sind. Nein, es sind die Gebenden, die Teilenden, die Unterstützenden, die langfristig nicht nur glücklicher sind, sondern auch stärker. Das hat mit Evolution zu tun: Wer dem Rudel hilft zu überleben, überlebt eben auch selbst mit größerer Wahrscheinlichkeit. Und die Umgebung wird besser.

Wir brauchen also physische und psychische Gemeinschaft. Das gilt für Extros wie für Intros. Der Modus, in dem uns Gemeinschaft gelingt, unterscheidet sich allerdings.

»Ich glaube nicht, dass irgendetwas Revolutionäres von einem Gremium erfunden wurde. [...] Arbeite allein. Du wirst am besten imstande sein, revolutionäre Produkte und Anwendungen zu entwerfen, wenn du selbstständig arbeitest. Nicht in einem Gremium. Nicht in einem Team.«

Stephan »Steve« Wozniak, Mitbegründer von Apple Computer, in seinen Memoiren[36]

Alleinsein: für Introvertierte eine Voraussetzung für Kreativität

Alleinsein ist für Introvertierte eine wichtige Voraussetzung für Kreativität. Viele Studien weisen darauf hin, dass die so hochgejazzte Teamarbeit so gut wie nie wirkliche Exzellenz hervorbringt. Googeln Sie doch einmal »Tauzieh-Experiment«!

- **Leistungen nehmen mit steigender Gruppengröße ab. Wirklich.**

Wenn Sie also selbst kreativ sein wollen: Sorgen Sie dafür, dass Sie jenseits von Teams und Gremien nachdenken und Dinge ausprobieren können. Nutzen Sie dazu Ihre innere Unabhängigkeit – und wenn Sie dazu die Stärke der Beharrlichkeit besitzen: umso besser.

Mut zum Alleingang

Als Intro sind Sie wahrscheinlich kreativer und leistungsfähiger, wenn Sie auf Distanz zu anderen gehen und allein arbeiten. Zumindest streckenweise. Wenn Sie danach zu Ihrem »Rudel« zurückkehren, geben Sie ihm mehr, als wenn Sie sich zwingen, in einer für Sie zu unruhigen Umgebung auszuharren.

Nutzen Sie auch Ihre Fähigkeit, die Dinge mit Ihrem unabhängigen Geist zu hinterfragen. Viel zu viele Menschen tun dies nicht.

Unabhängigkeit bedeutet nicht, dass Sie Ihr Team im Stich lassen. Im Gegenteil: Sie bringen Ihrer Gruppe das für Sie bestmögliche Ergebnis – das Beste, was Sie liefern können. Das erzielen Sie als

Intro sehr wahrscheinlich, wenn Sie in Ruhe allein arbeiten können und wenn Sie in Phasen der Gemeinschaft zwischendurch Rückzugsmöglichkeiten haben. Und bestimmte Talente fordern sogar den Rückzug. Denken Sie an die Übungszeiten, wenn Sie ein Instrument spielen. Oder an stundenlanges Brüten über Formeln, wenn Sie Mathematik spannend finden.

Und doch tut auch unabhängigen Intros Gemeinschaft gut. Sie steuern ebenso wie Extros zum Gelingen von Gruppen bei. Aber Intros tun es auf ihre eigene Art, eher am Rand von Gruppen. Intros haben oft nur wenige Freundschaften und ein relativ kleines Netzwerk. Das sorgt natürlich für Druck bei den wenigen Menschen, denen sich der Intro öffnet und anvertraut.

Zugehörigkeit zu größeren Gruppen sinnvoll

Schon aus Sicherheitsgründen ist es eine gute Idee, auch in einen großen sozialen Zusammenhang zu gehören. Größere Gruppen haben handfeste Vorteile für Intros. Erstens haben sie den Charme, dass es leicht ist, dort Kontakte zu pflegen. Meistens gilt: Je größer der Kreis, umso weniger wird vom einzelnen Mitglied dieses Kreises gefordert. Zweitens bekommen Sie, wenn Sie dazugehören, reichlich nützliche Informationen, die Sie weiterbringen.

»Wenn wir nur in private Beziehungen investieren […], beschränken wir unseren menschlichen Horizont. Du erfährst nichts Neues. Du triffst keine Menschen, die nicht wie du sind, und ebenso wenig triffst du Menschen, die dir echte Impulse zum Verändern bringen. Menschen geraten leicht in einen Trott, und wir vergessen das allzu leicht, besonders mit zunehmendem Alter.«

Emily White, Autorin, im Gespräch mit Sophia Dembling in der Zeitschrift *Psychology Today* (2015)[37]

Insofern ist es eine gute Idee, wenn Sie gerade als unabhängige Persönlichkeit dafür sorgen, dass Sie in größere Gruppen eingebunden sind – institutionell, digital und manchmal auch persönlich. Welche professionellen Verbände, privaten Vereine und gesellschaftlichen Gruppen könnten das für Sie sein?

Ihre große Gruppe

Suchen Sie sich eine größere soziale Gruppe, in der Sie Austausch und Informationen finden, die zu Ihnen passen.

Wie Sie Ihre unterschiedlichen sozialen Rollen bewusst gestalten, erfahren Sie im folgenden Kapitel: Dort werden Sie Ihr analytisches Denken nutzen, um Ihre Position innerhalb der verschiedenen »Rudel«, in denen Sie sich bewegen, nach Ihren eigenen Wünschen zu gestalten.

Gegen den Wind!

Autonomie und Vorsicht

Manchmal bedeutet Unabhängigkeit auch, dass Sie gegen Widerstände angehen: weil Sie davon überzeugt sind, dass Ihr Anliegen wichtig und fruchtbar ist. Das ist gerade dann eine reife Leistung, wenn Sie introtypisch auch noch über ein aktives Vorsichtszentrum verfügen. Dann empfinden Sie womöglich Stress und Angst, während Sie Ihr Autonomieding machen. Alles hat seinen Preis …

Der ehemalige Mathematikprofessor und IBM-Manager Gunter Dueck gibt Intros mit Neigung zur Unabhängigkeit noch etwas mit auf den Weg: Echte Unabhängigkeit ist Trainingssache.

»Intros haben die Unabhängigkeit ja nicht, sie müssen sie sich erarbeiten, um ihr Glück zu finden. Ich habe lange Jahre gebraucht – ich habe es nie zum ›Action Man‹ gebracht, der selbstbewusst tut, was er nötig findet. Aber zu einem Querdenker hat meine mir selbst antrainierte Tapferkeit gereicht. Mein Rat: Erfinde nicht dauernd, entwickle es – auch gegen den Willen der anderen – zu einer fruchtbaren Innovation. Das habe ich mir selbst auf die Fahnen geschrieben.«

Prof. Dr. Gunter Dueck, Mathematiker und Querdenker

Gegen den Wind zu wirken, ist eben anstrengend.

Die Sprachwissenschaftlerin und Begründerin der feministischen Linguistik, Prof. Dr. Luise F. Pusch, hat ihr Leben lang gegen den Widerstand etablierter Strukturen gewirkt. Sie ist eine beeindruckende introvertierte Persönlichkeit, die in ganz besonderer Weise zeigt, welche enormen Folgen innere Unabhängigkeit haben kann.

Ihre Arbeiten über *Das Deutsche als Männersprache* wurden als Provokation aufgefasst und kosteten sie die akademische Karriere. Aber Luise Pusch blieb beharrlich und mit analytischer Kraft an ihrem Thema dran und stellte damals Selbstverständliches infrage (Frauen waren in den Achtziger- und Neunzigerjahren im Sprachgebrauch oft »Ingenieure« oder »Lehrer«), mit Sprachwitz, Kompetenz und mit humorvollem Widerstand. Vieles von dem, was wir heute in der Sprachverwendung für selbstverständlich halten, geht auf ihre Arbeiten zurück.

Mit Luise Pusch habe ich über Unabhängigkeit, Widerstand und menschliches Reifen gesprochen.[38]

Frau Pusch, ich nehme Sie mit Ihrem Werdegang als sehr unabhängige, autonome Persönlichkeit wahr. Und Sie sind introvertiert. Inwieweit kann uns leisen Menschen die innere Unabhängigkeit helfen, ein gutes Leben zu führen, so wie Sie diesen Begriff verstehen?

»Ich stamme aus ärmlichen Verhältnissen und habe früh gelernt, mich selbst zu versorgen und die Eigenverwaltung meines Lebens zu genießen und selbstverständlich zu finden. Und: Ich wuchs als Lesbe in den furchtbaren Fünfzigerjahren auf. Die unausgesprochene Botschaft an mich und meinesgleichen lautete: Ihr wäret besser tot. Also lebten wir so leise und unauffällig wie möglich, im Versteck. Ich bekam eine schwere Angstneurose und gab meine ersten Gelder jahrelang für eine Psychoanalyse aus. Diese verlief überraschenderweise erfolgreich und stärkte meine Widerstandskraft und Zivilcourage.«

Sie haben mit Ihrem Buch *Das Deutsche als Männersprache* aus Überzeugung ein strittiges Thema in den gesellschaftlichen Diskurs eingebracht, das Ihnen reichlich Gegenwind verschafft hat. Was hat das für Ihr Leben bedeutet? Und welche Rückschlüsse ziehen Sie daraus?

»Mein Einsatz für die feministische Forschung beendete meine akademische Karriere – und katapultierte mich in eine zweite, weit interessantere und sogar lukrativere Karriere als freie feministische Autorin und Vortragsreisende.«

Sehen Sie einen Zusammenhang zwischen dem, was uns an Widrigem widerfährt, und einer besonderen Chance zu reifen?

»Der frühen Botschaft an mich ›Du wärest besser tot‹ begegnete ich naturgemäß mit Skepsis. Diese Skepsis übertrug sich auf autoritäres Gehabe, Traditionen und althergebrachte Wahrheiten ganz allgemein. Von da bis zur Kritik am männlichen Wissenschaftsbetrieb und zum feministischen Widerstand ist es nicht weit. Ich bin in meinem Leben und meinem Beruf einige fast halsbrecherische Risiken eingegangen – und habe gewonnen. Und so möchte ich, meine Lieblingsautorin Hedwig Dohm leicht abwandelnd, allen Frauen zurufen: Mehr Stolz und Mut, ihr Frauen!«

Haben Sie ganz allgemein einen besonderen Tipp für gelungenes introvertiertes Leben?

»Wer wie ich als introvertierter, sehr privater Mensch sein, nein, ihr Leben in der Öffentlichkeit zubringen muss, weil sie dort ihren Lebensunterhalt verdient, kann sich damit trösten, dass das Publikum leise Menschen, die mit Überzeugung bei der Sache sind und etwas zu sagen haben, zu schätzen weiß. Die ZuhörerInnen beruhigen und konzentrieren sich und folgen dem Vortrag meist aufmerksam bis gebannt.

Meine wichtigsten Tipps:

1. Streben Sie frühzeitig nach finanzieller Unabhängigkeit, legen Sie Überschüsse in Index-Fonds an.

2. Suchen sie sich eine/n liebevolle/n und ebenbürtige/n Partner/in. Wenn beides geklappt hat, können Sie Ihre Projekte/Anliegen in aller Ruhe und konzentriert verwirklichen.«

Unabhängig mit Partnerin und Partner?

Zwischen Eigenständigkeit und Nähe

Wenn Sie allein leben, ist es mit der Unabhängigkeit vergleichsweise leicht. Doch wie leben Sie als autonomieliebender Mensch eigentlich in einer Partnerschaft? Wie lässt sich das delikate Gleichgewicht zwischen Eigenständigkeit und Nähe gestalten? Dazu habe ich Elisabeth Gatt-Iro gefragt, die zusammen mit ihrem Mann anderen Paaren dabei hilft, glücklich zu werden oder zu bleiben. Und weil die Flucht im nächsten Abschnitt sowieso kommt, habe ich das Weglaufenwollen auch als Herausforderung für Paare in unser Gespräch hineingenommen.

Elisabeth Gatt-Iro und Stefan Gatt haben ihren Lebensmittelpunkt in Linz. Wir sind uns bei einem Dreh für eine ORF-Talkshow begegnet, und ich fand ihren Blick auf Zweisamkeit sehr erfrischend – und auch die Offenheit, mit der sie erzählten, wie sie in ihrer eigenen Beziehung um die Balance von Unabhängigkeit und Nähe gekämpft haben. (Ohne Kamera war es noch viel interessanter!) Die Fragen habe ich Elisabeth gestellt.

Elisabeth Gatt-Iro ist klinische und Gesundheitspsychologin und als Psychotherapeutin auf die Arbeit mit Paaren spezialisiert. Sie teilt ihre Expertise auch über ihre Bücher.

Elisabeth, wie kann ein leiser Mensch seine Unabhängigkeit in einer Beziehung leben? Wie sieht das in der Praxis aus?

»Ganz wichtig für die Unabhängigkeit in einer Beziehung ist eine Offenlegung der eigenen Wünsche und Bedürfnisse. Wichtig ist, dass sie positiv formuliert werden. Je klarer und spezifischer, umso besser. Denn dann kann sich das Gegenüber darauf einstellen und die Freiräume, die dadurch entstehen, für sich nutzen. Einer leisen Persönlichkeit fällt es dadurch leichter, auf die andere Person zuzugehen bzw. in Beziehung zu bleiben.

Ganz praktisch sollte der Wohnraum unbedingt groß genug sein, um dem Wunsch nach Rückzug Rechnung zu tragen. Ich habe schon wirklich liebevolle Beziehungen scheitern sehen, weil dieser Rückzug räumlich nicht möglich war. Für manche Paare sind sogar zwei getrennte Wohnungen unumgänglich, damit sie ihre Beziehung gut leben können.

Im Alltag sind zeitliche Freiräume für den leisen Partner wichtig. Es lässt sich beispielsweise vereinbaren, dass jeder ein bis drei Abende pro Woche für sich nutzen kann. Manchmal braucht die leise Person auch Urlaubszeiten für sich, um zum Beispiel einen Pilgerweg ganz allein zu erwandern oder um einmal ganz allein und ungestört für längere Zeit zu Hause sein zu können.

Dann sind auch die gedanklichen Freiräume wichtig. Das heißt, dass Offenheit und Toleranz und auch Interesse an den inneren Welten des Gegenübers in der Beziehung zu spüren sein sollten.«

Was brauchen speziell Introvertierte in einer Beziehung nach deiner Erfahrung besonders?

»Introvertierte brauchen viel wertschätzende, liebevolle Sicherheit durch den oder die PartnerIn – und natürlich auch Akzeptanz und Verständnis für ihren Zugang zur Welt. Es hilft sehr, wenn der/die PartnerIn immer wieder initiativ wird und mit echtem Interesse auf den oder die Intro zugeht. Durch eine geduldige innere Haltung, die Zeit und Raum gibt, und Offenheit für die Gedanken und Gefühle des Intro kann dieser sich tief öffnen und einlassen.

Ich mache in meiner Praxis immer wieder die Erfahrung: Wenn das zwischen einem Paar klar ist, dann wird plötzlich spür- und sichtbar, wie tief Intros empfinden und wie unglaublich vielfältig, differenziert und interessant ihre Innenwelt ist. Dieser Schatz kann in einer Beziehung aber nur geborgen werden, wenn das Gegenüber sich um warmherziges Verständnis für die leise Liebste bemüht.«

Versuchung Flucht: Was rätst du Paaren, in denen der/die Introvertierte sich nach innen zurückzieht, wenn Dinge nicht gut laufen? Oder wenn das Miteinanderreden rar wird? Welche Optionen gibt es statt dieser Flucht nach innen?

»Wichtig ist, dass die Beziehung eine hohe Priorität für beide hat und es sogenannte Liebesinseln im Alltag gibt, die das Paar bewusst miteinander nutzt. Das muss oft nicht viel sein – eine gemeinsame Tasse Kaffee oder Tee am Tag mit der Möglichkeit, einander zu hören und zu spüren, genügt oft schon, um in Verbindung zu bleiben und nicht abzudriften. Ebenso sind gemeinsame geplante Auszeiten für die Beziehung wichtig. Die höchste Priorität hat aber, dass die introvertierte Person erkennt, wie schmerzhaft es für ihre Partnerin oder ihren Partner ist, wenn sie bzw. er sich zurückzieht und wichtige Themen totschweigt. Denn immer wieder fühlen sich Intros im Recht mit ihrer ›ruhigen‹ Art und wollen nicht einsehen, dass ihr Schweigen oder ihr Rückzug ebenso aggressiv sein kann wie lautstarkes Ausagieren des persönlichen Frusts. Wenn für den Schmerz, den sie mit ihrem Rückzug auslösen, Verständnis und Mitgefühl entsteht, gelingt es, an heißen Themen dranzubleiben und diese zu klären. Und manchmal ist es auch für Intros notwendig, über den eigenen Schatten zu springen, initiativ zu werden und auf den/die PartnerIn zuzugehen. Die Intro darf lernen, dass sie formuliert, was die Auslöser für ihren Rückzug sind, und übernimmt somit Verantwortung für ihre Gefühle. Dadurch vertiefen sich Verbindung und Liebe in der Beziehung.«

Hast du sonst noch etwas, was du Intros aus deiner Erfahrung gern mitgeben würdest?

»Ja, ich möchte Intros noch drei Dinge mitgeben:

1. Erwarte nicht, dass dein/e PartnerIn dir die Wünsche von den Augen ablesen kann. Formuliere deshalb klar deine Bedürfnisse. Die Wahrscheinlichkeit der Erfüllung deiner Wünsche steigt dadurch ungemein.

2. Fordere dich selbst immer wieder. Probiere ruhig auch Extro-Verhaltensweisen aus. Dann kannst du auch deine/n Geliebte/n besser verstehen.

3. Sei stolz auf die Tiefe deiner Gefühle und auf deine geistige Innenwelt – dein Gegenüber freut sich sicher riesig, wenn es daran teilhaben und diese auch spüren kann.«

Die Schattenseite: Flucht

Die Hürde der Flucht bringt es mit sich, dass wir herauszögern oder vermeiden, was wir eigentlich tun sollten. Das hat meistens einen Grund: Etwas macht uns Angst, erscheint uns schwierig oder riskant. Hier ist vielleicht Luise Puschs Werdegang eine gute Illustration: Ich weiß nicht, ob ich als vorsichtige Intro es schaffen würde, innere Unabhängigkeit in einen solchen starken äußeren Lebenslauf zu übersetzen.

Flucht ist eine Bewegung

Anders als bei der Passivität ist die Flucht eine Bewegung: Wir lenken uns ab, machen etwas anderes oder gehen von einem schwierigen Menschen fort oder aus einer schwierigen Situation heraus. Das spart zwar erst einmal Energie, ist aber kurzfristig gedacht: Denn der innere Druck bleibt – wir wissen ja meistens nur zu genau, was wir eigentlich tun sollten. Und in der Außenwelt baut sich womöglich Stress auf: einfach weil sich durch Flucht nur selten etwas von selbst erledigt und nervende Verhältnisse unverändert bleiben. Das sehen Sie zum Beispiel im Abschnitt über Konfliktvermeidung weiter unten.

Das Unabhängigkeitsstreben der Intros spielt sich oft da ab, wo wir ohnehin aktiv sind, nämlich im Kopf. Die Unabhängige distanziert sich also womöglich innerlich von einer Situation und sagt sich: »So will ich das nicht!« Und dann kuscht sie aber doch.

Gunter Dueck hat als Intro genau hingesehen, wie eine solche Flucht aussehen kann:

> *»Intros denken unabhängig, sie würden es auch gern sein, aber sie ducken sich dann doch, mit verkniffenen Lippen und etwas resigniert unglücklich. Manche beginnen zu bloggen, manche engagieren sich nach der Arbeit ehrenamtlich, wieder andere lieben ihre Haustiere … da finden sie ihre Ruhe wieder. Aber am Arbeitsplatz passen sie sich doch unhörbar ständig murrend an.«*
>
> Prof. Dr. Gunter Dueck, Mathematiker und Querdenker

Unabhängigkeit, die im wirklichen Leben Folgen hat, Früchte trägt und wirkt, fordert Mut zum Handeln und Durchsetzungswillen. Eigentlich sind das Extro-Stärken. Der folgende Kasten zeigt Ihnen, wie Sie auch als Intro vom Denken ins Tun kommen.

Vom Denken zum Tun

Fluchtvermeidung: So machen Sie Ihr Denken wirksam

1. Was könnte Ihr Denken eigentlich bewirken?

Wenn Sie sich klarmachen, was Sie erreichen können, bekommen Sie womöglich richtig Lust darauf, das auch in natura zu sehen.

Beispiel: Sie fühlen sich in Ihrem Arbeitsalltag nicht wohl. Der Lärmpegel ist in Ihrem Großraumbüro hoch und Sie sind ständig von Menschen umgeben. Sie wollen wenigstens phasenweise mehr Ruhe haben, um sich auf kompliziertere Projekte besser konzentrieren zu können. Inzwischen haben Sie schon Ideen, wie es besser sein könnte.

2. Wo liegen die Vorteile, wenn Ihr Denken diese Wirkung hat?

Auch dieser Denkschritt wirkt enorm motivierend. Wenn Sie schon so coole Ideen haben: Warum sie nicht nutzen, um etwas zu verändern?

Beispiel: Sie würden Energie sparen. Sie könnten besser und schneller arbeiten. Andere Intros könnten genauso Energie sparen sowie besser und schneller arbeiten. Deshalb würde Ihre Firma viel gewinnen, wenn sie Ihre Ideen in die Tat umsetzt: Die Arbeitszeit von 30 bis 50 Prozent ihrer Angestellten wäre um einiges produktiver.

3. Was können Sie tun, um die Wirkung zu erzielen, die Sie sich wünschen?

Unterteilen Sie den Prozess in einzelne Unterschritte, damit Sie regelmäßige Etappenerfolge feiern können. Mit Zeitplan. Das stärkt Ihr Selbstbewusstsein und erhöht die Freude am Weitergehen.

Beispiel: introfreundliche Arbeitsplätze schaffen.

Schritt 1: Liste mit Möglichkeiten anlegen und nach Gesprächen mit anderen Intros um ihre Ideen erweitern (Woche 1–4 ab jetzt)

Schritt 2: Kosten kalkulieren (direkt im Anschluss)

Schritt 3: mögliche Verbündete auf verschiedenen Hierarchieebenen ansprechen und gewinnen (Woche 5–7)

Schritt 4: Entscheidung für das richtige Meeting vorbereiten (Woche 8)

Schritt 5: im Meeting Umsetzungsvorschlag inklusive Stufenplan mit Zeitplanung präsentieren (Woche 9; Vorbereitung der Inhalte schon ab Woche 1)

Schritt 6: Umsetzung begleiten (nach Meeting)

4. Welche Schwierigkeiten kann es geben und wie gehen Sie dann damit um?

Hier entwickeln Sie Ihre Alternative zur Flucht, wenn Ihnen der Wind um die Ohren pfeift.

Beispiele:

- Die beschlossenen Maßnahmen könnten versanden, weil andere, dringende Aktionen hereinkommen.
  Ihre Strategie: Stufenplan nachhalten, Verbündete informieren und aktivieren, Bericht im Meeting.
- Der neue Extro-Chef hat keine Lust auf die Umsetzung. Und auch kein Verständnis.
  Ihre Strategie: Sie sprechen gezielt das Extro-Belohnungszentrum an – und präsentieren dem Chef eine Kosten-Nutzen-Rechnung und gelungene Beispiele. Außerdem stellen Sie den Nutzen der Maßnahme für ihn selbst heraus.

5. Zeigen Sie das Ergebnis her!

Sie machen die Verbesserung sichtbar – und auch Ihre eigene Leistung. Sie sind wirksam geworden und zeigen, was Sie können. Lassen Sie sich das nicht wegnehmen! Auch hier also: keine Flucht.

Beispiele:

- Sie erstatten nach sechs Monaten Anlaufzeit Bericht vor dem Leitungsgremium.

- Sie verleihen der federführenden Kollegin auf der Betriebsfeier einen frisch gestifteten Intro-Award. ☺

Unabhängigkeit: 3 Tipps zum Weiterlesen

Ronald Schweppe und Aljoscha Long: Loslassen. Mein Übungsbuch für mehr Unabhängigkeit und Lebensfreude. München: Gräfe & Unzer 2016

Dies ist ein richtiges Arbeits- und Trainingsbuch. Sie können hineinschreiben und ziemlich unabhängig ausprobieren, was Sie anspricht. Die Übungen sind nach unterschiedlicher Intensität und nach Zeitaufwand markiert. Ein schönes Konzept!

Gunter Dueck: Schwarmdumm. Frankfurt am Main: Campus 2015

Dueck zeigt mit scharfem Blick und mit Humor die Gefahren der Teamarbeit, vor allem unter Druck. Ein Hohelied der Unabhängigkeit jenseits des Rudels. Besonders nützlich für Intros: Dueck beschreibt die Strategien der »Book Smarts« und der »Street Smarts«. Entscheiden Sie selbst.

Adam Grant: Geben und Nehmen. Warum Egoisten nicht immer gewinnen und hilfsbereite Menschen weiterkommen. München: Droemer 2016

Adam Grant hat als Psychologieprofessor ziemlich viele erhellende Dinge über Introvertierte geschrieben. In diesem Buch geht er der Frage auf den Grund, was besonders erfolgreiche Menschen auszeichnet: Altruismus. Er weist nach, dass – ganz anders als bisher angenommen – nicht die Typen auf Egotrip den Weg nach oben schaffen und besonders produktiv sind, sondern die »good guys«: diejenigen, die andere mitnehmen und auch sonst eher geben als nehmen.

Analytisches Denken

> *»Jede Aussage kann als wahr angesehen werden, egal was kommt, wenn man genügend drastische Anpassungen an anderen Stellen im System macht.«*
> Willard Van Orman Quine

Natürlich können Intros und Extros analytisch denken. Und doch überraschen gerade viele Leise mit ihrer Fähigkeit, die Dinge glasklar auseinanderzunehmen und auf den Punkt zu bringen. Wer ständig filtert und verarbeitet, wer ständig intensiv mit inneren Prozessen beschäftigt ist, wer einfach gern nachdenkt: Ja, der kann dann eben besonders gut und systematisch nachdenken.

Vorteil: Strukturen schaffen

Diese Stärke hat Vorteile: In unübersichtlichen Situationen kann eine analytisch denkende Person Strukturen schaffen. Komplexe und zahlreiche Informationen kann sie ordnen, Pläne sorgfältig entwerfen, und sie kann die richtigen Fragen stellen: Worin besteht dieses Problem? Was genau brauchen wir, um es zu lösen? Wie könnte es noch funktionieren? Unter welchen Voraussetzungen? Analytisches Denken liegt besonders den Intros, die in ihrer Neigung eher verstandes- als gefühlsbetont sind. Allerdings hat die analytische Kraft nichts mit Intelligenz zu tun, sondern eben mit Persönlichkeit.

Analytisches Denken hilft, das Leben so zu organisieren, dass sich die für Intros so anstrengende Überstimulation in einem erträglichen Rahmen hält. Wer strukturiert und plant, sorgt für Orientierung und spart Energie. Ist Ihr Denken genau und mögen Sie Strukturen? Dann lesen Sie hier weiter …

Mit analytischem Denken auf dem Weg

Die Rollen sortieren

Wenn Sie analytisch denken können, dann stellen Sie sich doch direkt einer Kernfrage für gelungenes Leben:

Wie schaffen Sie es, in guter Gemeinschaft mit anderen zu leben und sich dabei selbst treu zu bleiben?

Die Antwort lautet (ganz analytisch): indem Sie bestimmen, welche Rollen Sie wahrnehmen. Unser Zusammenleben mit verschiedenen Menschen und unser Wirken in verschiedenen Bereichen lässt sich wie ein Hin-und-her-Pendeln zwischen verschiedenen Realityshows beschreiben. In der einen Show sind Sie Freundin, in einer anderen sind Sie Managerin, Professorin oder Inhaberin einer Reinigung. Und wenn Sie nach Hause kommen, sind Sie in einer Doppelbesetzung Mutter und Ehefrau.

Ihre Rollenanalyse

Nehmen Sie ein DIN-A4-Blatt quer, um eine Übersicht über die wichtigsten Rollen, die Sie in Ihrem Leben einnehmen, zu erstellen. Fünf bis sieben Rollen sollten reichen.
Bereiten Sie die folgende Tabelle vor:

Rolle	In dieser Rolle für mich wichtig	Zu tun
Rolle 1 Rolle 2 Rolle 3		

Hier ein Beispiel:

Rolle	In dieser Rolle für mich wichtig	Zu tun
Freundin	Austausch mit vertrauten Menschen, Sicherheit, Unterstützung geben und nehmen	Monika treffen, Kurt schreiben, Kaffeerunde planen (regelmäßig)

Spannend, oder? Mit dieser Übung bekommen Sie einen systematischen Überblick über Ihre sozialen Einbindungen und übernehmen gleichzeitig die bewusste Gestaltung dieser Beziehungen – nach Ihren eigenen Prioritäten. Ich bin immer wieder beeindruckt davon, wie viel frischen Wind klares Hinsehen bringen kann.

Die nächste große Frage: Worin liegt eigentlich der Sinn des Ganzen? *Ihr* Sinn? Lassen Sie uns analytisch herangehen …

Die Frage nach dem persönlichen Sinn ist eine der großen Herausforderungen.

Sinn und Intro-Dasein

> *»Wenig wissen wir über das Warum.«*
> Tatjana Schnell (2016), S. VII

Die Frage nach dem persönlichen Sinn ist eine der größten, die wir uns stellen können. Sie beantworten zu können, unterscheidet uns als Menschen von allen anderen Lebewesen: Wir können aus freien Stücken entscheiden, wie wir unser Leben gestalten und womit wir es füllen wollen. Es geht um nicht weniger als darum, als Persönlichkeit zu uns selbst heranzureifen – und womöglich weise zu werden. Große Worte!

»Wir reifen, wenn wir aus unseren Erfahrungen lernen. Etwas zu erleben, reicht allein nicht aus. Der Reifeprozess gelingt erst, wenn wir das Erlebte auswerten, unsere Schlüsse aus ihm ziehen, die Erkenntnisse in unsere weiteren Lebensschritte einfließen lassen. Genau das ist auch ein Kriterium von Weisheit. So finden wir zu immer tieferem Verstehen und Annehmen dessen, was uns ausmacht. Aber auch andere Menschen und unsere Umgebung können wir leichter nehmen, wie sie sind. Damit bekommen wir mehr Energie für unser Wesentliches, für unsere eigene Lebensaufgabe und den Sinn unseres Lebens. Genau das macht unser Reifen als Persönlichkeit aus.«

Ulrike Scheuermann, Sachbuchautorin und Begleiterin für persönliche Entwicklung

Allerdings müssen wir herausfinden, was für unser Leben tatsächlich wichtig und sinnvoll ist. Es kann sein, dass dies dann bestens zu den Bedürfnissen Introvertierter passt. Intros scheinen in Bereichen wie Wissenschaft oder Controlling gut aufgehoben zu sein. Aber manchmal kommt es eben anders. Das, was wir als sinnvoll empfinden, kann ganz anders aussehen als das, was wir uns von einer guten Intro-Umgebung wünschen. Das ist nicht richtig oder falsch – so wie es auch letztlich ein Geheimnis ist, in wen wir uns verlieben. Es können also Lebens- und Verhaltensweisen auf uns zukommen, die erst einmal nicht ideal aussehen.

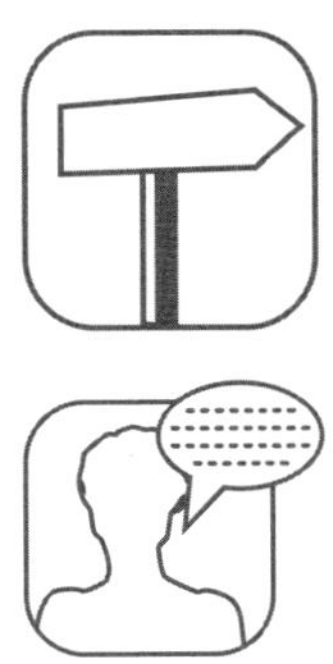

In nicht artgerechter Umgebung sinnerfüllt leben: Beispiele

Sir Elton John studierte sechs Jahre Klavier und Musiktheorie, bevor er seine erste Band gründete. Heute ist er einer der bekanntesten Sänger weltweit.

Dr. Angela Merkel war als Forscherin in der physikalischen Chemie tätig, bevor sie sich in den Zeiten der Wende und der deutsch-deutschen Wiedervereinigung für ein Leben in der Politik entschied. Diese neue Karriere brachte sie ins deutsche Bundeskanzleramt.

Mark Zuckerberg verbrachte schon als Zwölfjähriger viele Stunden vor dem Computer und entwickelte Programme. An der University of Harvard wurde er als Software-Entwickler bekannt und gründete mit Freunden Facebook, das als Dating-Plattform gedacht war. Er ist als CEO von Facebook ein weltweit bekannter Unternehmer und einer der jüngsten Milliardäre, die ihr Vermögen selbst erwirtschaftet haben.

Intros gedeihen auch in Extro-Umgebungen

Offensichtlich können Intros in klassischen Extro-Umgebungen bestens gedeihen. Das, was uns wirklich wichtig ist, ermutigt uns, auch »wesensfremde« Dinge zu tun und unter Umständen zu leben, die eher zu Extros als zu Intros passen.

Freie Merkmale in unserer Persönlichkeit

Der US-Wissenschaftler Brian Little erläutert dieses Spannungsverhältnis mit seiner Free-Trait-Theorie:[39] Er unterscheidet in diesem Modell feste und freie Persönlichkeitseigenschaften. Dieser Unterschied erklärt, warum Intros in Bereichen glücklich und erfüllt wirken, die anscheinend besser zu Extros passen.

Die Persönlichkeit wurzelt erstens in biologischen Anlagen – in unserem genetischen Erbe. Zweitens entwickeln wir unsere Eigenschaften in einer sozialen Umgebung, die uns beeinflusst. Little fügt einen dritten Faktor hinzu, der unsere Persönlichkeit prägt: Er nennt sie »dritte Natur«. Zur dritten Natur gehören für Little persönliche Entscheidungen, Ziele und Projekte.

Um diese Entscheidungen in unser Leben übersetzen zu können, brauchen wir, so Little, freie Persönlichkeitseigenschaften, die insofern frei sind, als sie von Natur und Umgebung unabhängig sind. Und in gewisser Weise *machen* sie uns auch frei: frei von genetischer und sozialer Prägung, die so viel von der Person bestimmen, als die wir (und andere) uns wahrnehmen.[40]

Kommen wir zu Ihrem persönlichen Lebenssinn. Sie rätseln wahrscheinlich an dieser Stelle, warum ein solches Thema ausgerechnet unter der Stärke des analytischen Denkens zu finden ist. Berechtigte Frage! Hier ist die Antwort:

Nicht auf eine Krise warten

Die meisten Menschen fragen sich nach dem Sinn ihres Daseins, wenn sie von einer handfesten Krise erschüttert werden. Das kann ein Unfall sein, eine Trennung oder sogar ein Todesfall, eine Krankheit oder ein schweres Versagen, das sie sich nicht verzeihen. Wenn Sie jedoch die Stärke des analytischen Denkens haben, dann haben Sie ein wunderbares Instrument, über den Sinn des Lebens systematisch nachzudenken, ohne dass Sie ein Unglück heimsucht. Einfach, um sich weiterzuentwickeln und ein Leben zu führen, das Sie später einmal als gelungen betrachten. Gehen Sie es einfach systematisch an – Sie können es!

Einfach so vor sich hinzuleben, ist zwar auch eine Option, aber Sie haben wenig Aussicht darauf, ein erfülltes Dasein zu führen, das Sie als gelungen betrachten können. Die Sinnforscherin Tatjana Schnell (2016, S. 3) nennt drei Gründe, warum das so ist:

3 große Gründe dafür, nach einem persönlichen Lebenssinn zu suchen

1. Multioptionsgesellschaft

Wir haben im Vergleich zu früher viele, viele Wahlmöglichkeiten: Wir können selbst entscheiden, wo, wie, mit wem und in welchem Beruf wir unser Dasein fristen wollen. Einfach das Nächstbeste zu wählen oder der besten Freundin nachzueifern, bringt da nicht viel weiter. Echter Lebenssinn ist immer maßgeschneidert.

2. Wohlfühlfalle

Wer sich nicht selbst Gedanken macht, fällt leicht auf die Versprechen der Glücks-, Wellness- und sonstigen Industrien herein, die uns über diverse Medien weismachen, dass im Konsum der wahre Lebenssinn liegt. Auch wenn wir wissen, dass dieser nicht in der fünften Handtasche oder im siebten Stretchingkurs liegt: Wir müssen uns schon selbst auf den Weg machen.

3. Verpasste Gestaltungsmöglichkeiten

Wer einfach nur in den Tag hineinlebt, der bewegt wenig. Am allerwenigsten sich selbst, aber seine Umgebung eben auch nicht. Wer Sinnfragen stellt, wird sich selbst und anderen manchmal ungemütlich oder erscheint inkorrekt (»Warum darf ich eigentlich nicht mit Motorradhelm in meine Sparkassenfiliale, die Burkaträgerin aber schon?« »Warum wird eigentlich Kapital weniger besteuert als Arbeit?«). Aber er bewegt etwas. Und sich selbst eben auch. Das heißt Entwicklung.

Die Frage nach Ihrem persönlichen Verständnis von Sinn ist anspruchsvoll und vielleicht ungemütlich. Und sie ist die Frage, die am wichtigsten ist, wenn Sie Ihre eigene Stimme finden wollen – und Ihr eigenes Leben so gestalten, dass Sie es später einmal als erfüllend und gelungen sehen können.

Wann genau werden Sie Ihr Leben als sinnhaft empfinden? Die Sinnforschung nennt vier Bewertungskriterien, an denen Sie mit analytischem Denken ansetzen können.

Ein sinnvolles Leben ist ...

1. ... kohärent

Ein kohärentes Leben empfinden Sie als stimmig. Sie gestalten Ihre Zeit mit dem, was Sie tun, nach Ihren Vorstellungen, Zielen und Wertesystemen. Verschiedene Ebenen Ihres Lebens – Ihre Ziele, Glaubenssätze und Entscheidungen beispielsweise – stehen in einer Beziehung. Ihr Tun und Denken stehen für Sie in einem Zusammenhang. Aber auch Ihre einzelnen Handlungen oder die Regeln, nach denen Sie leben, passen zueinander.

2. … bedeutsam

Als bedeutsam empfinden Sie Ihr Leben dann, wenn Ihr Handeln und Ihre Entscheidungen Auswirkungen haben und Sie diese Auswirkungen wahrnehmen können. Hier ist eine Grundlage moralischen Handelns: Wer ethische Prinzipien befolgt, geht davon aus, dass das eigene Tun ein Gewicht hat und nicht beliebig ist.

3. … orientiert

Hier ist kein GPS gemeint, sondern die Ausrichtung Ihres Lebensweges. Wenn Sie orientiert leben, dann haben Sie eine Idee davon, in welche Richtung Sie ihn gehen wollen. Wahrscheinlich haben Sie eine Meinung dazu, was ein gutes Leben ausmacht und wie Sie mit Widrigkeiten und Leid umgehen.

4. … zugehörig

Sinnvoll finden wir auch das Verbundensein mit anderen Menschen, sodass wir uns als Teil eines größeren Ganzen sehen können. Aber auch die Zugehörigkeit zu einer Religions- oder Wertegemeinschaft oder zu einer höheren Macht gehört in diese Kategorie.

Und jetzt sind Sie dran: Entwickeln Sie Ihre Vorstellung von Sinn, nehmen Sie den Raum ein, der Ihnen zusteht, gestalten Sie Ihr Leben. Wer soll es sonst tun?

Die Schattenseite: Verkopftheit

Sehen wir kurz auf die dunkle Seite des analytischen Denkens: die Verkopftheit. Aber ist die streng rationale Bezogenheit überhaupt eine Hürde? Wir leben schließlich in Zeiten, in denen kühle Köpfe eigentlich gut temperierend wirken. In den meisten gesellschaftlichen Bereichen geht es alles andere als vernünftig zu, und das ist anstrengend. Angst und Abschottung, Eroberungsdrang und Rache, Populismus und Naivität prägen zum Beispiel den derzeitigen politischen Diskurs weit mehr als noch vor einem Jahrzehnt.

Zum Wort des Jahres 2016 erklärte die Gesellschaft für deutsche Sprache »postfaktisch«. »Die Vernunft schmilzt uns unter dem Hintern weg«, schreibt der Journalist Wolf Lotter.[41]

Wenn's kompliziert wird, hilft Intuition

Da täte eine Abkühlung über verkopfte Persönlichkeiten vielleicht ganz gut? Doch für kreative Prozesse, für Experimente und Neuaufbrüche und auch für den Zugang zu uns selbst ist es gefährlich, wenn das rationale Denken überhöht wird und Emotionen und Körpersignale vernachlässigt oder sogar blockiert werden. Wenn es kompliziert wird und wir unter Zeitdruck eine Entscheidung treffen müssen oder wenn uns eine Krise heimsucht, dann bringt uns unser Bauchgefühl ins (oft richtige) Tun, während der Verstand langsam und relativ unflexibel noch nicht um die Ecke gekommen ist. Wir brauchen deshalb neben dem rationalen auch das gefühlte Wissen: die Intuition.[42] Dazu Lotter:

> *»Wer die Intuition ernst nimmt, muss sie den Esoterikern – den Gefühlsmenschen – entreißen und zugleich den Mechanisten entgegentreten, die sich gegen die Wissensgesellschaft formieren.«*
>
> Wolf Lotter (2016)

Computer können keine schwierigen Fragen beantworten

Nur scheinbar hat der Verkopfte Kontrolle und Sicherheit: keine Gefühlsduselei, kein Gedöns. Aber wer seine Gefühle beschneidet, reduziert sich. Die Welt der Daten und Fakten ist eben nur ein Ausschnitt. Und wenn es wirklich darauf ankommt, wenn es richtig kompliziert und verwickelt wird: Dann reicht diese Welt nicht aus. Sonst könnten wir alle schwierigen Fragen, vor die uns das Leben so stellt, von Computern beantworten lassen. Denn die sind uns im Auswerten von Daten überlegen, weil sie uns mit der schieren Masse an Informationen schlagen, die sie blitzschnell auswerten können.

Reine Analytik reicht nicht, wenn wir auf Sinnsuche gehen.

Auch der Frage nach der Bedeutung und dem Sinn unseres Lebens lässt sich mit reiner Analytik nicht beikommen. Wir brauchen einen Zugang zu dem Teil in uns selbst, der jenseits des Rationalen liegt. Das heißt allerdings nicht, dass wir uns in nebulöse Gefühlswabereien begeben sollen. Die Intuition ist etwas sehr viel Solideres. Sogar ernsthafte Wirtschaftswissenschaftler und hochkarätige Forschende beschäftigen sich mit ihr – übrigens mit sehr handfesten Zielen: Erfolgreiches Handeln unter komplexen Bedingungen ist etwas, was sich nur jenseits des rein Rationalen beschreiben und erklären lässt. Genau dieser nicht analytisch fassbare Bereich macht das Forschen an emotionaler Intelligenz und Intuition für die Wissenschaft so interessant.

Genaues Planen macht kein gutes Leben

Für unsere Absichten gibt es zwei Gründe, warum wir uns in diesem Abschnitt mit dem Zugang zur eigenen Intuition beschäftigen. Erstens erschließen wir uns damit die Möglichkeit zu handeln, wenn das Denken zu lange dauert oder nicht ausreicht. Genaues Planen macht eben kein gutes Leben. (Das sehen Sie zum Beispiel in den Gesichtern der Menschen, die das versuchen und dann mit ihrem sicheren Job, der sicheren Aussicht auf Rente und dem vernünftig ausgewählten Partner alt geworden sind.) Zweitens greift die Intuition auf wichtige Informationen in unseren Gehirnen zurück, die emotional sind und damit über Sprache nicht zugänglich. Diese Informationen brauchen wir sehr dringend für ein gelungenes Leben: zum Beispiel damit wir Veränderungen durchhalten, damit wir mit anderen Menschen klarkommen, damit es uns gut geht. Sehen wir also einmal näher hin.

Wie Sie den Zugang zu Ihren Gefühlen öffnen können

Wenn der Gefühlsbereich nicht über Sprache erreichbar ist: Wie können wir dann Zugang zu ihm bekommen? Die Antwort ist zum Glück sehr gut erforscht. Maja Storch und Frank Krause haben mit dem Zürcher Ressourcenmodell eine Möglichkeit gezeigt, mit der Sie über Ihre Körpersignale und über Bilder einen Zugang zu Ihren Emotionen bekommen. Das Modell hilft Ihnen auch dabei, diesen Zugang zu nutzen, um Ihre Ziele zu erreichen. Besonders hilfreich ist, dass Storch und Krause dort nicht stehen bleiben: Denn am Ende geht es ja darum, dass wir unseren Verstand *und* unser Gefühl nutzen, um weiterzukommen. Und wir kommen tatsächlich auch viel besser vorwärts, wenn wir beide an Bord haben.

Holen Sie Ihr Gefühl mit an Bord

Sie können das Zürcher Ressourcenmodell entweder im Selbststudium anwenden: Dann lesen Sie Storch und Krause (2014). Oder Sie besuchen ein Seminar bei einem der ausgebildeten ZRM-Trainerinnen und -Trainer. Die finden Sie auf www.zrm.ch.

Willenssache Last, but not least will ich einen Aspekt einbringen, den Sie bei Themen wie Gefühl oder Intuition vielleicht eher nicht mitdenken: den Willen. Verkopfte Intros liegen womöglich auf der Sachebene völlig richtig – können aber ihre Mitmenschen nicht überzeugen. Ich habe Gunter Dueck gefragt: Wie schaffen es introvertierte »Kopfmenschen«, genau dies doch zu schaffen? Hier ist seine Antwort:

»Man sagt das so, dass eine emotionale Komponente fehlt. Aber die oft grausamen Manager zwingen doch seelen- und skrupellos ganze Heerscharen zum willigen Mittun? Brauchen die denn einen Zugang zur Seele der zu Zwingenden? Nein, zuerst muss ein Intro den Willen üben, auch im Kampf bestehen und tapfer sein. Das Emotionale kommt danach – ja. Aber zuerst Willenskraft! Siehe Bill Gates, Steve Jobs, Mark Zuckerberg, Angela Merkel. Denen wird dann vorgeworfen, nicht zu den Seelen der Beherrschten zu sprechen, weil sie zu sehr introvertiert seien. Das ist richtig, aber sie sind doch schon einmal an der Macht, weil sie Willen haben. Den braucht man eben zuerst, ein höherer EQ (Emotionaler Quotient) ist das Sahnehäubchen.

Das Problem ist, dass über Willen im Volk nie geredet wird. Die Extros beklagen sich nie über den mangelnden Willen der Intros, immer nur über deren Kommunikationsverhalten. Daher sieht man dies als das primäre Problem, was falsch ist. Wenn ein Intro Willen hat und sich durchsetzen kann, wenn er also keinen empfundenen Unsinn anderer mitmachen muss, dann hat der das Ziel erreicht und kann jetzt in

Ruhe auch menschenzugewandt werden. So habe ich das mal mit 40 Jahren gelesen, verstanden, und ich bin diesen Weg gegangen.«

Prof. Dr. Gunter Dueck, Mathematiker und Querdenker

Der Wille bewegt also Welten – und in der Tat zeigen coole Intros wie Luise Pusch, Gunter Dueck und die im Zitat genannten Willensriesen genau dies. Was bedeutet: Wenn Sie sich nicht zu sehr auf Ihre Gefühlswelt einlassen wollen, dann könnten Sie einfach mit dem Stärken und Konkretisieren Ihres Willens loslegen. Ein guter Start ist zum Beispiel die Lektüre des Buchs *Die Macht der Disziplin. Wie wir unseren Willen trainieren können* von Roy Baumeister und John Tierney: Das Buch ist gut zu lesen und gibt Ihnen neben einer informativen Grundlage zur Welt des Wollens einen soliden Ansatz beim Trainieren Ihrer Willensmuskulatur.

Zum Abschluss des Kapitels über analytisches Denken hier wieder Hinweise für den Fall, dass Sie weiterforschen mögen:

Analytisches Denken: 4 Tipps zum Weiterlesen

Viktor Frankl: Der Mensch vor der Frage nach dem Sinn. München: Piper 1985

Der Altmeister des Sinns. Punkt.

Willard Van Orman Quine: Unterwegs zur Wahrheit. Konzise Einleitung in die theoretische Philosophie. Paderborn u. a.: Schöningh 1995

Falls Sie wirklich wissen wollen, wie analytisches Denken und Erkenntnisgewinn zusammenwirken: Lesen Sie diesen amerikanischen Logiker. Das Buch ist harter Tobak und braucht Zeit. Und danach können Sie analytische Philosophie …

Tatjana Schnell: Psychologie des Lebenssinns. Heidelberg: Springer 2016

Mit diesem Buch liegen Sie genau richtig, wenn Sie etwas über den aktuellen Stand der Sinnforschung erfahren wollen. Die Autorin legt viel Wert auf eine verständliche Sprache und bietet Ihnen Gelegenheit, anhand von Leitfragen über Ihren eigenen Lebenssinn nachzudenken.

Maja Storch und Frank Krause: Selbstmanagement – ressourcenorientiert. Grundlagen und Trainingsmanual für die Arbeit mit dem Zürcher Ressourcen Modell (ZRM). 5., erweiterte und vollständig überarbeitete Auflage. Bern: Huber 2014

Dies ist eine ziemlich umfangreiche Einführung in das Zürcher Ressourcenmodell, falls Sie sich die volle Packung gönnen wollen. Sie finden darin aber auch kürzere und einfachere Bücher zitiert.

Schreiben

Viele Intros schreiben gern. Es entspricht ihrer bevorzugten Reihenfolge: »Erst denken – dann reden!« Das Schreiben hilft beim Denken. Gleichzeitig setzt Schreiben aber auch Denken voraus: weil die Sprache im Geschriebenen erst dann erscheinen kann, wenn wir uns Gedanken gemacht haben. Beim Reden ist das nicht unbedingt notwendig. Extros schätzen dagegen den umgekehrten Erkenntnisprozess: Sie kommen über das aktive Reden (also über den Sympathikus) zur Erkenntnis darüber, wie sie zu den Dingen stehen.

> *»Woher soll ich wissen, was ich denke, wenn ich nicht höre, was ich sage?«*
>
> Margit Hertlein, extrovertierte Kommunikationsexpertin und Humorprofi

Schreiben als Entschleunigung

Das Schreiben sorgt dafür, dass wir anders mit der Zeit umgehen. Wer etwas zu Papier oder in die Tastatur bringt, entschleunigt die Kommunikation und produziert nach einem ganz eigenen Rhythmus Texte. Das geht zwar langsamer, aber auch sehr viel präziser als mit dem gesprochenen Wort. Und wenn wir eine E-Mail schreiben, müssen wir nicht wie am Telefon sofort mit der Reaktion des Gegenübers umgehen. Die E-Mail lässt sich in Ruhe überdenken und in Worte fassen, die wir meistens ausgesucht haben, anstatt sie spontan hervorzubringen.

»Schreiben ist für viele Intros ein ständiger Lebensbegleiter, etwa in Form von Tagebuchschreiben, in einem wissenschaftlichen Arbeitsjournal oder als Blog. Und das ist gut so, weil Schreiben die persönliche Entwicklung stark fördert: Schreiben entlastet von schwierigen Emotionen und kreisenden Gedanken. Schreiben klärt die eigenen Gefühle, Wünsche, Ziele und Motivationen. Schreiben gestaltet Beziehungen, etwa mit Briefen, in welcher Form auch immer. Schreiben hilft, neue Ideen zu entwickeln, groß und komplex zu denken.«

Ulrike Scheuermann, Sachbuchautorin und Begleiterin für persönliche Entwicklung

Gehören Sie zu den Intros, denen das Schreiben liegt? Oder glauben Sie, es ist einen Versuch wert, es auszuprobieren? Dann lesen Sie hier weiter …

Mit Schreiben auf dem Weg

Mit dem Schreiben Strukturen schaffen

Wenn wir den Weg des Schreibens wählen, wählen wir auch Struktur: Das Kurzlebige und oft Flüchtige des Austausches wird ordentlicher und langsamer. Wenn wir schreiben, halten wir inne. Wir nehmen uns Zeit und lassen dafür das, was immer wir sonst gerade tun, pausieren. Und da wir von Zeit reden: Auch ganz allgemein macht uns das Schreiben unabhängig vom Hier und Jetzt. Denn wir können das, was wir niedergeschrieben haben, nachlesen, wann immer wir wollen.

In einem Buch über gelingendes Leben für leise Menschen verdient das Schreiben einen besonderen Platz. Es hilft uns, danach zu fragen, wie Gelingen aussieht. Und beim Antworten hilft es auch. So viel wabert in unseren hochaktiven Intro-Hirnen hin und her. Oft auch in einer Dauerschleife.

> *»Karussells drehen sich im Kreis. Die gleichen Gedanken kommen immer wieder und wieder, ohne dass der eine Moment kommt, in dem alles gelöst ist. Aus diesem Karussell kannst du ausbrechen, wenn du deine Gedanken aufschreibst. Auf Papier (oder auf dem Bildschirm) wird alles klarer.«*
>
> Patrick Hundt, leiser Unternehmer und Autor, in Hundt (2014), S. 100

Schreiben macht unsere Gedanken und Gefühle deutlich fassbarer. Manchmal hilft es auch einfach dabei, das Vage, das Unausgesprochene überhaupt erst wahrzunehmen.

Schreibkanäle

Schreiben können Sie ganz nach eigenem Geschmack. Wenn Sie überwiegend (und gern) auf der Computertastatur schreiben, dann können Sie natürlich auch elektronisch schreiben. Es kommt darauf an, wie Sie den Schreibprozess für sich selbst auswerten.

> Ich schreibe diese Worte gerade auf dem Laptop. Ich habe aber das Konzept für dieses Kapitel mit der Hand vorgeschrieben – das Schreiben mit dem Stift auf Papier hilft mir sehr beim Denken. Einige Textteile schreibe ich komplett mit der Hand vor und überarbeite sie dann beim Eingeben in den Computer.

Mit der Hand schreiben

Selbst wenn Ihnen der Computer ein vertrauter Begleiter ist: Probieren Sie einmal aus, wie es ist, wenn Sie (wieder) mit der Hand schreiben. Diese Praxis hilft Ihnen, mit sich selbst in Verbindung zu treten. Viele Intros berichten, dass sie besser schreiben und sich in den Prozess hineingeben können, wenn sie das ganz traditionell mit der Hand tun.

> **Ihr eigenes Schreibgerät**
>
> Nach wie vor gibt es einen Markt für schöne, auch kostbare Schreibgeräte. Gehen Sie in ein Fachgeschäft, das eine gute Auswahl anbietet. Lassen Sie sich alles zeigen und probieren Sie Ihre Favoriten aus. Lassen Sie sich Zeit. Wählen und kaufen Sie für Ihre Schreibpraxis einen Stift, der Ihnen richtig gut gefällt. Er darf vor dem Hintergrund Ihres Budgets kostbar sein.
>
> Wenn Sie das Schreiben mögen, kommt diese Übungspraxis mit einer Freudegarantie. Und noch besser: Sie werden sich jedes Mal freuen, wenn Sie Ihren neuen Stift in der Hand halten.

Und noch einen Vorteil hat es, wenn Sie abseits von Bildschirmen und Displays aller Art schreiben: Weder die nächste eingehende E-Mail noch das aufblinkende News-Fenster wird Sie aus Ihren Gedanken holen und Ihre Aufmerksamkeit umlenken.

> Manchmal bekommen erstaunte Mitmenschen von mir etwas fast unüblich Gewordenes: eine handgeschriebene Karte oder sogar einen ganzen Brief. Voll retro – aber etwas, was auf schöne Resonanz stößt.

Digital gibt es alles Mögliche. Die Notizfunktion unserer Mobiltelefone. Tablet-Computer verwandeln sich per App in Schreibpapier. Über Programme wie Evernote halten wir Notizen auf all unseren mobilen Geräten und auf dem Computer gleichzeitig fest und können sogar gescannte Dokumente hinzufügen oder sie mit Kommentaren versehen. Außerdem gibt es Technologien, die analog Handgeschriebenes (mit speziellem Stift und auf speziellem Papier) in eine Computerdatei überführen.

Mein Fazit: Sie sollen sich beim Schreiben vor allem wohlfühlen. Wählen Sie Ihr Schreibmedium. Und dann machen Sie, was Sie wollen!

Schreiben sortiert

Austausch mit sich selbst

Schreiben und Reden helfen uns nicht nur dabei, uns mit anderen auszutauschen. Sie helfen uns auch beim Austausch mit uns selbst: im Finden unserer eigenen Gedanken und Gefühle. Wenn wir schreiben, denken wir vorher in den allermeisten Fällen nach und geben unseren Gedanken damit Struktur. Reden dagegen ist meistens etwas, was spontan passiert. Es ist auch fehleranfälliger und chaotischer als das Schreiben. (Allerdings verbessert sich unsere spontane Rede enorm, wenn wir uns im Schreiben üben – und damit unsere Wirkung auf unsere Mitmenschen.)

Schreiben sortiert uns. Es ist für die meisten Menschen mühsamer, energieaufwendiger als das Reden und fordert eine gewisse Disziplin. Schon das Aussuchen und Niederschreiben der Worte geben dem Inhalt Gewicht. Was auf Papier steht, hat deshalb immer auch einen Anspruch: Wir haben etwas ausgewählt und das bleibt stehen. Manchmal nehmen wir Stellung. Das Ordnende des Geschriebenen hilft uns, wenn wir auf der Suche nach den Dingen sind, die für uns sinn- und wertvoll sind. Und wenn wir uns selbst entdecken wollen, dann sind geschriebene Texte in unserem Denkprozess wichtige Begleiter. Sie heben Dinge erst ans Licht, und sie helfen uns dann, diesen Dingen auf den Grund zu gehen.

> *»Beim Schreiben kann ich mir die Zeit nehmen, etwas so auszudrücken, wie ich es meine. Das gelingt mir beim Reden nicht immer, weil mir oft nicht genug Zeit bleibt, um alles gut zu durchdenken. Manchmal weiß ich selbst erst, was ich sagen will, nachdem ich es aufgeschrieben habe. Deshalb dient Schreiben für mich auch dem Ordnen meiner Gedanken.«*
>
> Patrick Hundt, leiser Unternehmer und Autor

Es gibt verschiedene Formen des Schreibens, die Intros beim Sortieren helfen. Ich stelle hier zwei Schreibformate vor: die Notiz und das Tagebuch. Dabei steht im Mittelpunkt, wie Sie das jeweilige Format begleiten kann. Ich lasse das Schreiben online und in den sozialen Medien außen vor.

Schreibformat 1: Notizen

Notizen sind die kleine Form des Schreibens: unfertig, vorläufig, zwischendurch festgehalten. Sie sind so etwas wie der »barrierefreie« Zugang zum Schreiben und damit eine ideale Form, um erst einmal anzufangen und zu probieren. Mir hilft es, dass ich immer ein Notizbuch in der Tasche habe. Es geht dabei nicht darum, Seiten zu füllen, sondern ich kann einfach Inhalte, Momentaufnahmen oder Ideen auf Papier festhalten – und bei Lust und Bedarf weiterentwickeln. Das Buch ist eine Art gedankliche Schatztruhe. Wenn Sie lange nicht geschrieben haben, dann könnte die Notiz ein fruchtbares Experiment werden.

Wenn Sie etwas notieren, ist das kreatives Schreiben im Miniformat: Mit Notizen können Sie in kleinem, schlankem Format Dinge planen, konzipieren, deuten oder präzise auf den Punkt bringen. Sie können Momente oder Erinnerungen festhalten, Ideen »vorglühen«, Entscheidungen vorbereiten und sogar poetisch werden.

Schreiben dicht am Leben von Hanns-Josef Ortheil (2011a) ist eine gute und umfassende Quelle, wenn Sie sich die unterschiedlichen Formen der Notiz zusammen mit richtig guten Beispielen näher ansehen wollen. Hier drei Appetithappen, die Ihnen hoffentlich Lust machen, es selbst zu probieren. Diese drei Formen sind, wenn Sie sie praktizieren, allesamt dazu geeignet, Ihrem eigenen Leben auf die Schliche zu kommen. Für welche Art der Notiz Sie sich auch immer entscheiden: Sehr praktisch ist es, wenn Sie sich ein Notizbuch und (siehe oben) einen schönen Stift zulegen, die Sie bei sich tragen.

Notizen schreiben: 3 Arten mit Beispielen

Stellen Sie sich vor, Sie interessieren sich für Reisen in europäische Metropolen. Die folgenden Notizarten würden dann ganz unterschiedliche Schreibmitbringsel ergeben.

Notiz 1: Wichtiges festhalten (exzerpieren)

Mit diesen Notizen halten Sie fest, was Ihnen wichtig ist. Zum Beispiel schreiben Sie – in Stichpunkten oder wörtlich – eine Textpassage über Londons Nahverkehrssystem aus einer Zeitschrift ab, die Sie beim Zahnarzt lesen. Später in der Woche fügen Sie eine Webadresse hinzu, die vegetarische Restaurants in Wien vergleicht. Und dann sehen Sie einen Anschlag am Schwarzen Brett Ihres Supermarktes, mit dem jemand eine Mitfahrgelegenheit nach Barcelona anbietet. Wird notiert.

Diese Art Notiz eignet sich auch als Humus fürs Tagebuchschreiben: Halten Sie tagsüber fest, was für Sie so wichtig ist, dass Sie später ausführlicher darüber nachdenken und schreiben wollen.

Notiz 2: Erinnern

Notieren Sie in knapper Form (dies ist kein Tagebuch!) Begebenheiten und Gefühle, auf die Sie später zurückkommen und die sie reflektieren wollen. Bleiben Sie bei diesem einen Thema. Oder schaffen Sie sich mehrere Orte für Ihre verschiedenen Erinnerungsnotizen.

20.12.2016: Zum ersten Mal in einem Flugzeug nach Rom. Mir ist ganz anders weihnachtlich als sonst. Ich muss nicht immer parat stehen!

24.12.2016: Ich gehe über die Piazza Navona und denke an meine Mutter, die heute ganz allein sein wird. Weine ein wenig.

Notiz 3: Erfinden

Diese Art von Notiz überschreitet die Grenze zur Fiktion. Sie erfinden eine Figur, die mit Ihnen einiges (aber nicht alles) gemeinsam hat. Beschreiben Sie in den Notizen weniger äußere Handlungen, sondern vor allem die Gefühlswelt, das Innenleben dieser Figur. Das hilft sehr oft, eigene Haltungen zu überdenken. Und Sie üben ganz niedrigschwellig literarisches Schreiben.

Die Frau war in mittlerem Alter und ausgesprochen gut angezogen. Sie wirkte meistens nach außen hin unbewegt, wenn sie in den römischen Cafés die Passanten an sich vorüberziehen ließ. Sie liebte das Alleinsein inmitten der Betriebsamkeit der Stadt.

Schreibformat 2: Tagebuch

Mit einem Tagebuch legen Sie einen Vorrat aus niedergeschriebenem Leben an. Sie entscheiden dabei selbst, was Sie wie wozu niederschreiben. Wie das Notieren lässt sich das Tagebuch sehr flexibel an Ihre Bedürfnisse anpassen. Sehr viele leise Menschen führen Tagebuch, um sich selbst näher zu kommen.

Das Tagebuch kann Ihnen ein guter Freund werden, wenn es Ihnen nicht gut geht und Sie sich nicht gern anderen Menschen anvertrauen. Es kann auch sein, dass Sie keine Person ansprechen können, der Sie eigentlich vertrauen. Wenn Sie schreiben, drücken Sie sich aus und sortieren dabei Ereignisse und Gedanken.

Viele Intros berichten, dass sie durch das Tagebuchschreiben schwierige und schmerzhafte Situationen und Erfahrungen für sich selbst klären und auch loslassen können. Sie schreiben, systematisch oder spontan, Gedanken zu Problemen oder Schwierigkeiten nieder, um so zu Klärungen oder sogar zu Lösungen zu kommen.

Wie Sie Tagebuch führen können: 4 Anregungen

1. Wahren Sie die Form nur, wenn Sie die Form mögen

Ich weiß, für ordentliche Intros ist das ein Horror. Und doch ist es gut, wenn Sie direkt zu Beginn wissen: Die Form selbst ist nachrangig. Eine Sauklaue ist erlaubt, Korrekturen, Einfügungen, durchgestrichene Passagen und auch ausgerissene Seiten. Ganze Sätze sind fein, aber Stichpunkte oder Fragmente gehen auch. Ein Tagebuch ist mehr eine Werkstatt und weniger ein hochglanzgestyltes Schaufenster. Natürlich können Sie Formen nutzen, die Ihnen Freude machen. Manche Schreibende schreiben zum Beispiel mit unterschiedlichen Farben, zeichnen Skizzen oder pflegen Listen.

Eine gute formale Minimalgewohnheit ist es, wenn Sie Ihre Einträge mit einem Datum versehen. Das hilft Ihnen später, das Geschriebene zeitlich einzuordnen.

2. Machen Sie das Schreiben zu einem Ritual

Schreiben Sie möglichst täglich zur gleichen Zeit. Das kann morgens sein, bevor Sie aus dem Haus gehen, wenn Sie in Ruhe auf den Tag blicken. Oder abends, wenn Sie Ihren Tag Revue passieren lassen. Ein solches Tagebuch lässt rote Fäden in Ihrem Leben erkennen: Sie identifizieren beim späteren Lesen typische Situationen, können Ihre Verhaltensweisen oder Ihren Umgang mit anderen Menschen analysieren. Was in der Situation selbst ganz unwichtig erscheint, wird aus dem Abstand und im Vergleich zu ähnlichen Situationen auf einmal bedeutsam. Das regelmäßige Schreiben macht Ihr Tagebuch für Sie interessant.

Beispiel: Meine Coachee Monika stellte nach mehreren Monaten Tagebuchschreiben fest: Sie jammerte ständig in ihrer geschriebenen Welt. Sie beschwerte sich. Sie klagte an. Ursprünglich hatte sie mit dem Schreiben begonnen, um ihre Vorlieben in ihrer beruflichen Tätigkeit genauer zu fassen. Nun stellte sie fest, dass sie sich durch das Aufschreiben von frustrierenden Begegnungen und Ereignissen regelmäßig Luft machte.

3. Schreiben Sie, wenn Sie an Meilensteinen stehen

Es gibt auch Menschen, die es ganz anders machen: Sie schreiben immer dann etwas auf, wenn etwas Besonderes passiert ist – wenn sie etwas erreicht haben oder wenn sie etwas Spezielles im Gedächtnis behalten wollen. Das macht das Tagebuch zu einer persönlichen Chronik.

Beispiel: Ich kennen mehrere junge Eltern, die besondere Meilensteine und Erlebnisse mit ihrem Nachwuchs festhalten. Oder die ein Schwangerschaftstagebuch führen.

4. Sammeln Sie Glücksmomente

Beispiel: Ich schreibe abends drei bis fünf Dinge auf, für die ich dankbar bin. Das prägt meinen Blick auf den Tag. Egal, wie anstrengend/hart/mies er sich angefühlt haben mag: Er brachte doch auch Gutes. Und je länger ich diese Praxis habe, umso dankbarer werde ich schon in den Momenten, in denen mir das Gute passiert.

Die Schreibexpertin Ulrike Scheuermann gibt zum Strukturieren von Tagebucheinträgen einen sehr nützlichen Tipp, damit Sie die Übersicht behalten:

»Markieren Sie mit Symbolen am Beginn des jeweiligen Textes, zu welchem Thema Sie gerade schreiben. Ein Buch-Symbol etwa steht für die Ideen zu Ihrem neuen Buchprojekt, ein Herz für Ihre Liebesbeziehung usw. Ziehen Sie fortlaufend unten am Ende jeder Seite eine rote Linie. Notieren Sie unter dieser Linie einen Kernsatz – die Essenz jedes Seiteninhaltes. So können Sie diesen ›roten Faden‹ später beim Durchblättern nutzen und wissen auf einen Blick, worüber Sie dort geschrieben haben.«

Ulrike Scheuermann, Sachbuchautorin und Begleiterin für persönliche Entwicklung

Anregungen für Tagebücher

Veränderungstagebuch
Dieses Tagebuch lässt sich gut nutzen, um nachzuhalten, wie Ihnen Veränderungen gelingen, zum Beispiel bei einer beruflichen Neuorientierung oder in einer neuen Familiensituation.

Bilanztagebuch
Eignet sich für Übersichten, die Sie sich schaffen wollen: Lebensstationen, berufliche Entwicklungen, Beziehungen zu Menschen etc.

Reisetagebuch
Für unterwegs!

Glücks- oder Dankbarkeitstagebuch
Hier halten Sie Ereignisse und Situationen fest, die Sie glücklich machen. Oder Dinge, für die Sie dankbar sind.

Traumtagebuch
Dieses Tagebuch nutzen Sie, um nach dem Aufwachen Träume aufzuschreiben.

Schwangerschaftstagebuch
Wie ergeht es Ihnen in Ihrer Schwangerschaft (oder in der Ihrer Partnerin)? Dieses Tagebuch ist ganz der Phase des Erwartens gewidmet.

Kindertagebuch
Hier begleiten Sie Ihr Kind oder Ihre Kinder auf ihrem Entwicklungsweg und halten besondere Situationen fest.

Poetisches Tagebuch
Ein Buch für Gedichte oder poetische Texte, entweder eigene oder solche, die Sie kommentieren oder in einen Zusammenhang stellen wollen.

Kontakttagebuch
Dieses Tagebuch finden Sie im nächsten Abschnitt über das Thema Kontaktaufbau genauer beschrieben.

Schreiben schafft Welten

Viele bekannte Intros nutzen das Schreiben für ihr kreatives Schaffen. Hier drei Beispiele:

Schreibende Kreative

- Albert Einstein, den Sie im Abschnitt über Kreativsein in der Muße schon begegnet sind, nahm in seine selbst gewählten Alleinphasen immer ein Notizbuch mit. Die Einfälle, die er in der Stille hatte, konnte er so sofort festhalten.
- Der Schauspieler und Schriftsteller Matthias Brandt schreibt ein Drehbuch, das er angenommen hat, einmal komplett ab und übersetzt dabei seine Rolle von der dritten in die erste Person – das »er« wird also zu »ich«. Nach eigenen Worten hilft ihm diese Praxis, die Distanz zu überwinden und langsam zu werden. Diese Verlangsamung findet er nach eigenem Bekunden angenehm – es ist ein kreatives Ritual.[43]

- Der Autor Hanns-Josef Ortheil ist einer der bekanntesten deutschen Gegenwartsautoren. Er zeigt in einer Duden-Reihe Möglichkeiten auf, mit dem geschriebenen Wort neue Welten zu schaffen: zum Beispiel auf Reisen, in der Autobiografie oder in den sozialen Medien.[44]

Für den kreativen Prozess gibt es ganz verschiedene Wege. Matthias Nöllke baut – typisch Intro – eine Sicherung ein:

»Ich spreche auch ganz gern darüber, woran ich schreibe. Gerade am Anfang wird mir im Austausch mit anderen manches klarer. Aber jede Person hat ihre ganz eigene Methode, die ihr liegt. Deshalb kann ich nur den Rat geben, Verschiedenes auszuprobieren. Manche schreiben am liebsten, wenn sie unter Menschen sind. Andere können das gar nicht, sobald sie sich beobachtet fühlen. Oder sie ändern dann ihren Stil. Auch das ist interessant.

Das Experimentieren kann sich auch auf andere Dinge beziehen: wann Sie schreiben, was Sie schreiben, wo Sie schreiben. Ob Sie am Computer schreiben oder mit der Hand. Probieren Sie es aus.

Und dann treffen Sie Ihr Urteil. Und zwar immer mit zeitlichem Abstand. Üblicherweise am nächsten Tag. Die Fähigkeit, das, was man geschrieben hat, kompetent zu beurteilen, halte ich für außerordentlich wichtig. Hier entscheidet sich nämlich, welche Qualität Ihr Text haben wird. Das Ausbessern und Nachschreiben gehört einfach dazu.«

Dr. Matthias Nöllke, Autor und Speaker

Schreibdenken

Gerade als Intros kommen wir uns mit Schreiben oft besser auf die Spur, als wenn wir mit anderen reden. Eine besondere Methode ist das Schreibdenken, das in seinen verschiedenen Ursprüngen vor allem in den USA entwickelt wurde. Die introvertierte Psychologin Ulrike Scheuermann entwickelte es als Konzept weiter und führte es in Deutschland ein.[45]

»Beim Schreibdenken nutzen wir das Schreiben als Denk-, Fühl- und auch als Lernwerkzeug. Wir schreiben in diesem Rahmen, um uns beim Denken zuzusehen, um einen anderen Denkweg einzuschlagen und um die Gedanken dazu gleich auch zu dokumentieren. Wir klären auch unsere Gefühle damit und festigen unser Wissen, indem wir den Lernprozess komplettieren: Zum ›Einatmen‹ – Neues aufnehmen – tritt mit Schreibdenken das ›Ausatmen‹ – Neues integrieren und im Schreiben neue Ideen entwickeln.

Die Texte sind (vorerst) für die Schreibenden selbst und nicht für Leser gedacht. Schreibdenken ist eine der wichtigsten Denkformen, ähnlich wirksam wie das Denken im inspirierten Gespräch. Gerade für Introvertierte ist das Schreibdenken im Vergleich zum Gespräch oft die bessere Wahl.«

Ulrike Scheuermann, Sachbuchautorin und Begleiterin für persönliche Entwicklung

Wenn Sie das Schreibdenken ausprobieren wollen, besorgen Sie sich am besten Ulrike Scheuermanns Buch zum Thema. Hier nur die wichtigsten Informationen:

Schreibdenken: Das Wichtigste

Schreibdenken ist eine Methode, mit geschriebener Sprache persönliche Gedanken und Themen weiterzuentwickeln und auf den Punkt zu bringen. Das Schreiben soll aus einer entspannten Haltung heraus erfolgen, ohne längeres Nachdenken und so zügig wie möglich, damit das Unbewusste Raum bekommt. Bilder und Skizzen sind mögliche Bestandteile des Textes.

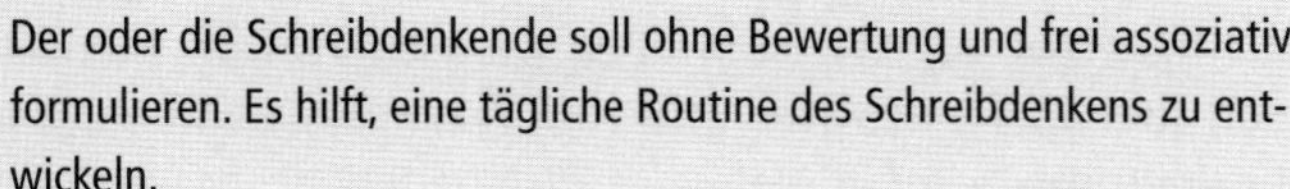

Der oder die Schreibdenkende soll ohne Bewertung und frei assoziativ formulieren. Es hilft, eine tägliche Routine des Schreibdenkens zu entwickeln.

Auf den eigentlichen Schreibprozess folgt eine Phase des Auswertens. In dieser Phase wird ermittelt, welche Muster und wesentlichen Aussagen im Text sichtbar werden. Besonders gut läuft das Schreibdenken, wenn es an Orten außerhalb täglicher Routinen geschieht.

Probieren Sie selbst einmal aus, wie Sie mit dem geschriebenen Wort Neues schaffen können. Sie stellen sich in eine lange Tradition schöpferischer Menschen ...

Netzwerken (und dann auch schreiben)

Auch der Kontakt zu anderen Menschen lässt sich über das Schreiben gestalten. In digitalen Netzwerken von Twitter über Facebook bis zu XING und LinkedIn, in Internetforen und Chatrooms, per SMS: Um mit Menschen zu kommunizieren, muss man sie nicht (immer) sehen oder hören. Gehen wir also, wenn wir über das Schreiben reden, vom Dialog mit uns selbst zum Dialog mit anderen.

Schriftlich Kontakte aufbauen

Das Aufbauen von Kontakten[46] und das Schreiben lassen sich bestens verbinden. Ganz vordergründig durch das Lesen guter Ratschläge, die andere aufgeschrieben haben. Die einschlägigen Blogs und Zeitschriften, Bücher und Websites sind voller Informationen über Small Talk, Networking und Co. Die Botschaften klingen meist ähnlich – wer erfolgreich sein will, muss sich an andere heranmachen. Zur Ausstattung des erfolgreichen Ranschmeißers gehören coole Themen, Elevator-Pitches und eine gute Adressdatenbank.

Viele Intros (dabei schließe ich mich ein) finden das wenig attraktiv. Aber der zwischenmenschliche Kontakt ist natürlich trotzdem ein wichtiges Thema. Wir sind eben Menschen, und Menschen kommen (bei aller Intro-Neigung zum Alleinsein) völlig auf sich selbst gestellt nur bedingt weiter.

Woran Sie merken, wie wichtig Kontakte in Ihrem Leben sind

- Zu unseren schönsten Erinnerungen gehören fast immer andere Menschen.
- Unsere wichtigsten Entwicklungsschritte haben wir gemacht, weil jemand uns unterstützt hat.
- Unsere schwierigsten Situationen haben wir leichter ertragen, wenn wir nicht allein waren.

Wir sind – egal, ob wir Intros oder Extros sind – immer zusammen mit anderen unterwegs. Ich hole also etwas weiter aus, bevor ich wieder aufs Schreiben zurückkomme. Bleiben Sie dran!

Obwohl wir Intros uns in Räumen voller Unbekannter kaum freiwillig auf die Suche nach neuen Gesprächspartnern begeben: Gegen Menschen haben wir eigentlich nichts. Auch Intros mögen es, gemocht zu werden. Wir sind Beziehungswesen wie die Extros. Wir gestalten Kontakte nur anders.

Natürlich wollen auch Intros gemocht werden.

Gezielt mit Menschen in Verbindung treten

Gerade wenn Sie die Idee unbehaglich finden, gezielt mit Menschen in Verbindung zu treten, ist es eine gute Idee, genau dies zu tun. Die Unsicherheit oder Angst, die Ihnen in die Quere kommen kann, regulieren Sie dadurch, dass Sie sich der Situation schlicht aussetzen. Sie wissen aus dem Abschnitt über Angst weiter oben ja: Nach etwa 20 Minuten gibt die Amygdala auf mit dem Alarmschlagen. Sie ist müde.

Aber auch unsere Großhirnrinde hilft uns dabei, Kontakt zu anderen aufnehmen. Dazu brauchen Sie mindestens einen vernünftigen Grund, um sich Kontaktsituationen auszusetzen. Hier ist er: Auf unserem Weg zu uns selbst und zu unseren Zielen helfen uns andere Menschen weiter – Menschen, die es gut mit uns meinen. Das hat nichts mit Parasitentum zu tun. Ich nehme an, Sie selbst meinen es auch mit der einen oder anderen Person in Ihrem Umfeld gut?

Perspektivenwechsel

Stellen Sie sich vor, Sie tun einem solchen Menschen, den Sie mögen, aus wirklich freien Stücken einen Gefallen: Sie geben ihm eine Information, Sie stellen ihm jemanden vor, der wichtig für ihn werden könnte, oder Sie hüten seinen Hund für ein Wochenende. Wie fühlen Sie sich?

Den meisten Menschen tut es sehr gut, andere zu unterstützen – wenn wir anderen helfen, reagiert interessanterweise das Belohnungszentrum des Gehirns so, als ob wir selbst etwas bekommen haben. Soziales Handeln ist wohl von der Evolution gewollt. Mit diesem Wissen fällt es Ihnen vielleicht etwas leichter, auf andere Menschen zuzugehen. Wie bewegen wir uns also auf andere Menschen zu? Und das möglichst so, dass es zu uns passt?

Gut mit Menschen: 2 Seiten einer Kunst

Erste Seite: Kontakt und Sympathie
»Kontakt« heißt »mit Berührung«. Das gelingt uns dann, wenn wir mit anderen Menschen in Beziehung treten. Die Währung dieser Seite heißt Sympathie: Wir mögen uns.

Das Mögen fällt leicht, wenn sich Menschen offen, interessiert, verständnisvoll und freundlich begegnen. Zuhören hilft, ebenso ein gutes Gefühl für die Bedürfnisse unseres Gegenübers.

Zweite Seite: Ziele und Respekt
Wir dürfen uns im Umgang mit anderen auch etwas vornehmen. Das ist nicht mit Berechnung gleichzusetzen: Schimpansen und Gorillas tun das auch. Wir dürfen Mitglieder unserer Spezies direkt oder indirekt dazu motivieren, unsere Vorhaben zu unterstützen und uns etwas von ihren Vorräten abzugeben.

Es ist also okay, aktiv in Kontakt zu treten und das Gespräch oder die Verbindung zu fördern und zu steuern. Viele erfolgreiche Menschen tun genau das und verbinden Vorteile für sich selbst mit Vorteilen für andere. In Neusprech heißt das »Win-win-Situation«. Sehr erfolgreiche Menschen schaffen es, mit anderen zu kooperieren und dadurch viel mehr zu erreichen als allein. Und das können die Kooperationspartner dann eben auch.

Viele Intros finden im Umgang mit ihren Mitmenschen vor allem die erste Seite anstrengend. Vielleicht, weil sie an die zweite Seite gar nicht erst denken, aber auch, weil die erste Seite die chaotischere zu sein scheint. Wie geht es Ihnen, wenn Sie in einen Raum voller Unbekannter eintreten, die sich angeregt zu unterhalten scheinen?

Kein Faible für die strategische Kontaktaufnahme

Aber auch die zweite Seite ist nicht immer einfach. Mein leiser Kollege Matthias Nöllke hat im Interview für dieses Buch Klartext geredet. Ihm geht das strategische Kontaktaufnehmen auf die Nerven:

Von sich selbst absehen – das ist ein guter Anfang!

»Ich habe da bestimmt keine besondere Methode. Menschen, die mich interessieren, spreche ich an, und dann warte ich ab, wie sie reagieren. Warum mich Menschen interessieren, das kann sehr unterschiedliche Gründe haben. Manchmal sind die mir auch gar nicht bewusst. Wogegen ich allerdings eine starke Abneigung habe, das ist das strategische Kontaktknüpfen. Wer kann mir nützlich sein? Wer hat Einfluss? Wer ist die große Nummer auf diesem Gebiet? Sich an solche Personen ranzuwanzen, das empfinde ich als unangenehm.

Freundschaften müssen gepflegt werden, sonst schlafen sie ein. Aber auch Kontakte brauchen Pflege. Wie das geschieht, das hängt ganz von dem jeweiligen Menschen ab. Es geht einfach darum, von sich selbst abzusehen, sich um den anderen mit seinen Vorlieben und Eigenarten zu kümmern. Es ist nicht die große Geste, die zählt, sondern die, die erkennen lässt: Ich kenne dich und ich schätze dich. Ganz einfach. Die andere Person bedeutet mir etwas, nicht als Mittel zum Zweck, sondern weil sie so ist, wie sie ist. Umgekehrt heißt das: Wenn sich jemand nur meldet, wenn er Unterstützung braucht, liegt darin immer eine gewisse Missachtung. Wir empfinden sehr deutlich, dass wir eben nur Mittel zum Zweck sind.«

Dr. Matthias Nöllke, Autor und Speaker

Intros können sich in Matthias' Gedankenwelt wahrscheinlich gut hineinversetzen. Wie lässt sich das auflösen? Einerseits wollen wir ja unsere Ziele erreichen, andererseits aber eben nicht Menschen als Mittel zum Zweck benutzen. Oder selbst benutzt werden.

Sich selbst Ziele setzen

Der Schlüssel liegt darin, dass wir uns *selbst* Ziele setzen. Und hier landen wir wieder beim Schreiben. Das Schreiben unterstützt Sie gut in der Gestaltung Ihrer Kontakte, und zwar eines für beide Seiten gelungenen Miteinanders: zur Kontaktaufnahme aus Sympathie einerseits, für Ziele und Respekt andererseits. Wenn Sie in schriftlichen Austausch treten, tun Sie sich und anderen einen Gefallen. Und damit finden die Ideen zum Tagebuch weiter oben eine Ergänzung. Auftritt:

Das Kontakttagebuch: Schreiben Sie Ihre Verbindungen auf

Legen Sie sich einen Ordner an (elektronisch oder in Papierform). In ihm listen Sie alle aktiven Kontakte alphabetisch auf. Jeder Kontakt bekommt eine Seite, bei Bedarf mehr. Auf dieser Seite führen Sie eine Art Kontakttagebuch. Die folgenden fünf Abschnitte sind wie ein Baukastensystem gedacht: Halten Sie alles schriftlich fest, was Sie für so nützlich halten, dass Sie es in Ihrem Kontakttagebuch verwenden wollen.

1. Schreiben sichert Wissen und Erinnerung

Überstimulierte Intros verlieren leicht den Überblick, wenn sie in kurzen Abständen Menschen begegnen. (Ich weiß, wovon ich rede.) Deshalb halte ich fest, wen ich wann getroffen habe. Und auch, was ich an interessanten Impulsen und Informationen aus der Begegnung mitnehmen durfte.

2. Schreiben sorgt für Abstand und Klarheit

Was wollen Sie eigentlich von dieser Person? Wozu wünschen Sie sich Kontakt? Die Gründe dürfen gern über jedes Nützlichkeitsdenken hinausgehen. Manche Menschen sind klug und hoch spannend in dem, was sie tun. Andere inspirieren uns. Oder sie wärmen uns. Wieder andere fordern uns heraus, weil sie ganz anders sind als wir. Manche haben ihrerseits Kontakte oder tun Dinge, die uns interessieren. Oder sie sind voller Lachen und Überraschungen.

3. Schreiben schafft Sicherheit und Struktur

In welchen Abständen wollen Sie Kontakt aufnehmen? Über was wollen Sie sich austauschen? Was können Sie Ihrem Kontakt geben? Wie können Sie für ihn oder sie Nutzen stiften?

Mit Notizen zu diesen Fragen können Sie den Kontakt ohne langen Anlauf aktiv gestalten: Sie haben jederzeit Zugriff auf die gesammelten Ideen und wissen, was Sie wann tun.

4. Schreiben hält Erfolge fest

Halten Sie in Ihrem Kontakttagebuch fest: Wer von Ihren Kontakten hat Ihnen weitergeholfen? Wem haben Sie weitergeholfen? Diese Informationen geben Ihnen zweierlei: Sie machen Sie dankbar für das, was Sie bekommen haben. Und Sie vergessen nicht, was Sie für andere getan haben. Seien Sie stolz auf Ihre gute Wirkung!

5. Schreiben hilft Ihnen dabei, das zu erreichen, was Sie sich wünschen

Dies ist ein spannender Aspekt: Das Aufschreiben selbst ist eine konkrete Handlung. Es verbindet auf gute Art das bewusste Denken mit unserem Unbewussten. Dadurch verbinden wir zwei wichtige Impulsgeber miteinander, und es wird leichter, das zu erreichen, was wir anstreben. Genauer nachlesen können Sie das (in englischer Sprache) in Klauser (2001).

Mit Schreiben Kontakte pflegen können Sie aber auch in einem kleineren Rahmen. Zum Beispiel können Sie sich vor einer Veranstaltung schriftlich an eine Person wenden, die Sie noch nicht kennen, um mit Sicherheit und Stil einen ersten Kontakt herzustellen.

So bauen Sie schriftlich Brücken

- Gestalten Sie persönliche Treffen mit einem Menschen, den Sie noch nicht kennen: Sie entstressen die Kontaktaufnahme, indem Sie vorher per E-Mail freundlich um einen Termin auf der Veranstaltung bitten, die Sie besuchen wollen. Hier ein Textbaustein: »Liebe Frau Müller, wie ich sehe, werden Sie in der kommenden Woche die Konferenz für Personalentwickler in Hamburg besuchen. Hätten Sie einige Minuten für eine kurze Begegnung? Ich würde mich sehr freuen, wenn wir uns über einige Punkte in unseren firmeninternen Mentoringprogrammen austauschen könnten.«
- Auf diese Weise haben Sie es auf der Veranstaltung selbst dann leicht, den Menschen wirklich anzusprechen: Sie beziehen sich auf die E-Mail.
- Entweder haben Sie schon eine positive Antwort bekommen. Dann ist es sehr leicht. Textbaustein: »Guten Tag, Frau Müller! Mein Name ist Leila Leise. Wir waren schon per E-Mail in Verbindung. Danke für Ihre nette Antwort. Passt es jetzt gerade für Sie?«
- Oder Sie haben noch keine Antwort. Dann können Sie sich immer noch auf Ihre Initiative beziehen. Textbaustein: »Guten Tag, Frau Müller! Mein Name ist Luigi Leise. Vor zwei Wochen habe ich Ihnen eine E-Mail geschrieben, es ging um Ihr neues Mentoringprogramm.« (Pause) Entweder hat Frau Müller Ihre Nachricht bekommen. Dann

sind Sie im Gespräch. Oder sie hat sie nicht bekommen – das kann passieren. Dann sagen Sie: »Oh, das tut mir leid. Hätten Sie denn einige Minuten Zeit? Ich würde gern …«

- Ob Frau Müller Ihre Nachricht bekommen hat oder nicht: Sie werden einen angenehmen Eindruck hinterlassen, weil Sie sich die Mühe gemacht haben, vorab zu schreiben. Damit signalisieren Sie: Der Kontakt zu Ihnen ist mir wichtig!

Wenn Sie interessante Menschen getroffen haben und in Verbindung bleiben wollen, kann Schreiben das perfekte Medium sein. Sie können auf introfreundliche Art den Kontakt ausbauen und erhalten. Dabei sind Ihre Nachrichten auf angenehme Art beständig – sie bleiben ja auf dem Schreibtisch oder im E-Mail-Eingang.

So bleiben Sie schriftlich in Verbindung

- Entscheiden Sie nach einer Begegnung, ob Sie in Verbindung bleiben wollen. Ideal ist, wenn Ihr Gegenüber sympathisch war und auch hilfsbereit und zugewandt wirkte.
- Schreiben Sie innerhalb von drei, maximal vier Tagen. Erinnerungen verblassen so schnell.
- Möglichkeiten: eine nette E-Mail, eine Kontaktanfrage für LinkedIn, XING oder Facebook – immer mit einem freundlichen Dankeschön für den angenehmen Austausch. Wenn Sie unterwegs waren und Ihren Kontakt auf einer Konferenz oder Messe getroffen haben, lassen sich solche Texte gut auf dem Heimweg im Zug oder am Gate schreiben.
- Meine Lieblingsmöglichkeit ist deutlich wertvoller: ein Brief auf Papier oder eine (handgeschriebene) Karte mit einem schönen Motiv, in einem mit der Hand adressierten Umschlag. Das gilt in unserem elektronischen Zeitalter als Geschenk.
- Ein Upgrade ist möglich – Sie legen etwa einen interessanten Artikel über ein Thema bei, das Sie besprochen haben. Oder mailen einen Link zu einer Website, die Ihr Gegenüber spannend finden müsste.

- Thematische Gestaltung: Erwähnen Sie ein Thema, über das Sie sich ausgetauscht haben – idealerweise eines, das Sie interessiert. Das Thema hilft Ihrem Kontakt, sich gut an Sie zu erinnern. Fragen Sie Frau Schmidt also, ob sie den späten Zug nach Hause noch erwischt hat. Oder erwähnen Sie (positive) Folgen Ihrer Begegnung: »Ich habe inzwischen, wie Sie vorgeschlagen haben, den Herausgeber gefragt, ob … Und tatsächlich gibt es eine Möglichkeit, wie die Publikation …«

Wenn Sie Ihre Kontakte schriftlich pflegen, dann nutzen Sie gleich mehrere Intro-Vorteile. Zusammengefasst und auf den Punkt gebracht:

Kontakte schriftlich pflegen!

- Sie können in Ruhe überlegen und strukturieren, was Sie schreiben. Den Inhalt, die Reihenfolge, Ihre Antworten …
- Wenn Sie mündlich nicht gern viele Worte machen, dann können Sie beim gut überlegten Schreiben Missverständnissen vorbeugen. Zum Beispiel dem Eindruck, Sie seien schüchtern oder arrogant.
- Sie haben mehr Luft, um einen guten sprachlichen Stil zu gestalten. Das ist im spontanen Reden schwieriger.
- Sie steuern die Kommunikation auf leise Weise mit. Dazu ist es nicht nötig, dass Sie sich einen Redeplatz erobern.
- Und Hand aufs Intro-Herz: Es ist einfach schön, Kontakte zu haben, ohne die Menschen selbst zu treffen. Jedenfalls manchmal.

Die Schattenseite: Kontaktvermeidung

Gefahr der Isolation

Anders als bei der Flucht, wo das Handeln vermieden wird, macht der Kontaktvermeider einen Bogen um Menschen.[47] Intros fühlen sich auch mit wenigen Freunden und Ansprechpartnern meistens wohl. Das ist erst einmal ganz in Ordnung. Das Risiko beginnt dann, wenn wir andere Menschen meiden, weil wir sie als anstrengend oder lästig empfinden. Die Kontaktvermeidung spart vordergründig wertvolle Energie – ganz ähnlich wie die Fixierung. Mittel- und längerfristig kann sie uns aber in die Isolation führen.[48]

Das Schneckenhaus (1)

Tanja hat es vor zwei Jahren kalt erwischt: Ihr Mann Jens verlässt sie nach fast 15 Jahren Ehe sehr plötzlich und zieht ohne Ankündigung aus. Er weigert sich auch, seine Entscheidung zu erklären.

Tanja ist erschüttert – sie hat Jens immer vertraut und versteht die Welt nicht mehr. Tief verletzt zieht sie sich von den Menschen zurück. Selbst ihre Familie und ihre beiden engen Freundinnen bekommen sie kaum zu sehen. Wie ein Gespenst wirkt sie bei ihrer Arbeit in der Buchhaltung einer größeren Firma. In Meetings sitzt sie da wie abwesend, mit dunklen Ringen unter den Augen.

Es ist ihr aufmerksamer (introvertierter) Vorgesetzter Mario, der sich Sorgen macht. Sein Rat war klug: Er empfiehlt Tanja ein Meditationswochenende in einem abgelegenen Ort. Das hat ihm selbst einmal in einer schwierigen Situation geholfen. Tanja soll und darf sich zurückziehen, erklärt er – aber sie soll auch in einen Abstand von ihrem Alltag gehen, der sie an so viel Schmerzhaftes erinnert.

Wie Tanja tragen Kontaktvermeider ein Risiko: Das Schmoren im eigenen Saft ist auf längere Sicht nicht gesund. Auch Intros sind auf Gemeinschaft angelegt. Wer sie auf Dauer meidet, lebt relativ ungesund. Er oder sie bekommt keine Impulse von außen, die dabei helfen, das Problem zu lösen. Menschen, die eigentlich an uns interessiert sind – Freunde, Kollegen, Vorgesetzte –, nehmen uns als abweisend wahr und ziehen sich ihrerseits zurück. Eine Negativschleife entsteht.

Das Schneckenhaus (2)

»Marios Tipp passte, ich bin ihm so dankbar. Das Schweigen mit anderen in der Meditation hat mich wieder in Kontakt gebracht, aber ohne Blabla«, sagt Tanja heute. »An dem Wochenende in dem einsamen Gehöft waren Menschen da – freundlich und ruhig. Wir haben an diesen Tagen die meiste Zeit einfach schweigend in einem Raum gesessen. Ich fühlte mich langsam wieder als Teil eines Ganzen, und nicht ausgestoßen oder aussätzig. Als Jens wegging, dachte ich, die ganze Menschheit hat mir etwas angetan. Ich habe mich so gedemütigt gefühlt. Aber es war nur Jens, der sich entschieden hat, von mir wegzugehen. Ich durfte nicht die Menschen um mich herum für etwas bestrafen, was er getan hat. Und mich selbst auch nicht. Ich war ja immer noch ich.«

Die Erfahrung, dass es freundlich gesinnte Menschen um uns herum gibt, ist enorm hilfreich. Aber sie allein holt den Kontaktvermeider nicht aus der Isolation. Die große Aufgabe besteht in der Kombination zweier Aspekte. Einerseits wollen wir die zurückhaltende Persönlichkeit leben, die wir nun einmal sind. Andererseits wollen wir auf eine Art mit anderen in Kontakt kommen bzw. bleiben, die uns entspricht. Alleinsein ist gut – Einsamkeit nicht.

Tatsächlich können Sie Kontaktvermeidung in den Griff bekommen und dabei Sie selbst bleiben. Beginnen Sie einfach in den Bereichen, die Ihnen ohnehin liegen. Wenn Sie sportlich sind: Suchen Sie Kontakt über sportliche Aktivitäten. Wenn Sie gern lesen: Gehen Sie in Buchhandlungen oder Bibliotheken. Oder starten Sie einen Buchzirkel oder eine Tauschbörse.

Wenn Sie gern mit Ihren Händen arbeiten und stundenlang allein Möbel oder komplizierte Norwegerpullis herstellen: Besuchen sie Heimwerkermärkte, Möbelmanufakturen oder Handarbeitsmessen. Das Prinzip ist immer gleich:

Finden Sie Gleichgesinnte – Menschen, die das gern tun, was Sie auch gern tun.

Das Schneckenhaus (3)

Tanja macht das Meditieren zu einer Gewohnheit.[49] Sie experimentiert mit unterschiedlichen Arten der Meditation und des Achtsamkeitstrainings. Sie liest viel über die verschiedenen Traditionen des Meditierens und sogar über die neurobiologischen Folgen für Menschen, die meditieren. Sie wird in diesen Monaten spürbar ausgeglichener.

Und vor allem begegnet Tanja bei den verschiedenen Gelegenheiten immer wieder Menschen, mit denen sie etwas gemeinsam hat, zu denen sie leicht Zugang findet und die es ganz normal finden, einfach einmal gemeinsam zu schweigen. Sie hat noch einiges zu verarbeiten – aber sie weiß auch, dass das Leben weitergeht. Und dass andere Menschen darin vorkommen.

Viel Freude beim Schreiben!

Schreiben: 3 Tipps zum Weiterlesen

Elisabeth Mardorf: Ich schreibe täglich an mich selbst. Kreativ leben mit dem Tagebuch. Books on Demand 2008

Die Autorin zeigt, wie Sie sich über Ihr Tagebuch selbst coachen und Ihr Leben aus neuen Perspektiven sehen lernen. Und sie zeigt auch mögliche Risiken und Nebenwirkungen!

Hanns-Josef Ortheil: Schreiben dicht am Leben: Notieren und Skizzieren. Berlin: Bibliographisches Institut 2011

Dieses Buch ist eine wunderbare Gelegenheit, von einem der wichtigsten zeitgenössischen deutschen Autoren sprachliches Handwerk zu lernen. Er zeigt die Kunst der Kurzform: wie sich Momentaufnahmen in Textfragmente verwandeln. Und er zeigt meisterhaft, wie es aussieht, wenn man es kann.

Ulrike Scheuermann: Schreibdenken. Schreiben als Denk- und Lernwerkzeug nutzen und vermitteln. Opladen, Toronto: Verlag Barbara Budrich 2012

Hier erfahren Sie Genaueres zum Schreibdenken, über das Sie gerade gelesen haben. Versuchen Sie es: Sie ordnen komplexe Gedanken, lernen und entwickeln neue Ideen. Besonders schön: Sie überlisten Ihren inneren Zensor, der so gern Ihr Schreiben blockiert.

Beharrlichkeit

> *»Geduld ist das Vertrauen, dass alles kommt,*
> *wenn die Zeit reif ist.«*
> Andreas Tenzer

Können Sie auch dann an einer Sache dranbleiben, wenn die meisten Menschen in Ihrer Umgebung längst aufgegeben haben und weit und breit kein Erfolg in Sicht ist? Dann kann es sein, dass Sie zu den Beharrlichen gehören, die schon so oft auf leise Weise die Welt verändert haben. Das tun sie einfach, indem sie geduldig und motiviert bei ihren Zielen bleiben, auch wenn das Erreichen lange dauert oder wenn gar nicht klar ist, ob sie das Ziel überhaupt erreichen. Beharrliche nehmen sogar Rückschläge hin, die die Entfernung vom Ziel wieder vergrößern. Sie verbinden Geduld mit Gewissenhaftigkeit und bleiben bei dem, was sie sich vorgenommen haben. Sie lassen sich in ihrem Tun nicht von es gut meinenden Mitmenschen abhalten, die behaupten, dass etwas einfach nicht gehen kann.

Das Flugzeug, das Telefon oder den Computer verdanken wir Menschen, die Unkenrufe überhörten und einfach geduldig weiterarbeiteten.

Beharrlichkeit und Aufmerksamkeit

Im Sport heißt Beharrlichkeit Ausdauer. Die haben zum Beispiel die drahtigen Menschen, die Marathon laufen. Wenn Sie beharrlich sind, stehen die Chancen gut, dass Sie durch Ihr Training im

»Dranbleiben« eine überdurchschnittliche Aufmerksamkeitsspanne haben: Matthias Nöllke (2012, S. 22) berichtet, dass aktuellen Forschungen zufolge der heutige Durchschnittsmensch acht Sekunden aufmerksam sein kann. Vor ein paar Jahren waren es noch zwölf. Ein Goldfisch schafft neun Sekunden. Beharrlichkeit ist also unter Menschen ein ausgesprochen kostbares Gut.

Der heutige Durchschnittsmensch kann acht Sekunden aufmerksam sein. Ein Goldfisch schafft neun Sekunden.

Beharrlichkeit – für Exzellenz wichtiger als ein hoher IQ

Beharrliche Menschen können allerbestens dicke Bretter bohren. Für diese Eigenschaft stehen viele Nobelpreisträger und überhaupt sehr erfolgreiche Wissenschaftstreibende. Schon wegen ihres Sicherheitsbedürfnisses überprüfen Intros Ergebnisse gern mehrfach. Und sie suchen ausdauernd weiter, wenn Ergebnisse auf sich warten lassen. Der geduldige Umgang mit Widerständen, das Angehen gegen den eigenen Frust, das lange (sehr lange) Brüten über Fragen, die vielleicht ins Nirwana führen: Dies alles klingt wenig sexy, ist aber wohl eine Grundzutat von Exzellenz. Es gibt Studien, die behaupten, dass für außergewöhnliche Leistungen Beharrlichkeit mit ihrer eingebauten Zielstrebigkeit wichtiger als ein hoher IQ ist.[50] Das entscheidende Merkmal für Ihren Erfolg ist also womöglich nicht Ihre Begabung, sondern die Ausdauer, mit der Sie Ihre Begabung in Handeln übersetzen.

Große Leistungen setzen fast immer einen langen Atem voraus. Dabei geht es um noch mehr als nur um Üben und Wiederholen und dem immer neuen Antreten in der eigenen Arbeitswerkstatt. Echte Profis, also Menschen, die in ihrem Bereich bereits Überdurchschnittliches leisten und weiterkommen wollen, üben gerade das, was ihnen schwerfällt. Immer wieder. Bis sie es zur Meisterschaft gebracht haben: sei es in Kunst, Architektur oder Wissenschaft, Musik, Handwerk oder auch im Unternehmertum. Und sie sind davon überzeugt, das Richtige zu tun – auch wenn die Resonanz ausbleibt und sie dafür Rückschläge, Niederlagen oder ein großes Schweigen durch die Umwelt ertragen müssen.

Sind Sie ein beharrlicher Mensch? Dann lesen Sie hier weiter …

Mit Beharrlichkeit auf dem Weg

Gewohnheiten entlasten den Kopf

Wir alle führen bestimmte Handlungen ziemlich problemlos mit großer Beharrlichkeit aus, also immer wieder und wieder. Ihre Bezeichnung: Gewohnheiten. Bis zu 90 Prozent unseres Verhaltens sind, so schätzen Psychologen, einfach Gewohnheit. Über 40 Prozent unserer täglichen Handlungen sind uns nicht einmal bewusst, fanden Forschende der amerikanischen Duke University heraus. Dies ist für das menschliche Gehirn ein Sparmodus: Wenn wir gewohnheitsmäßig handeln, sind wir auf Autopilot – es ist kein weiteres Nachdenken oder Entscheiden erforderlich. Die meisten Gewohnheiten sind uns kaum bewusst. Für große Strecken des Lebens ist das sehr praktisch: Wenn Sie aufstehen, essen, duschen und die Zähne putzen; wenn Sie später den Computer anschalten, Ihre E-Mails lesen und sortieren; wenn Sie einkaufen, kochen, Termine wahrnehmen oder Sport treiben: Die meisten Abläufe in diesen alltäglichen Szenen sind schlicht Gewohnheiten. Sie haben den Kopf frei für andere Dinge und können zum Beispiel unter der Dusche Urlaubspläne machen oder beim Sport Nachrichten hören.

Sammeln Sie Kleingeld!

Diese sehr lohnende Übung zeigt Ihnen, was für schöne »Früchte« Beharrlichkeit bringen kann.

Suchen Sie sich eine Münze aus: ein 2- oder 1-Euro-Stück oder auch 50 Cent. Werfen Sie drei Monate lang diese Münze, wann immer Sie eine bekommen, in einen Behälter. Wenn Sie also beispielsweise 1-Euro-Stücke sammeln, sollten diese Geldstücke gar nicht mehr den Weg in Ihr Portemonnaie finden. Nach den drei Monaten bringen Sie den Behälter zur Bank Ihres Vertrauens und lassen die Geldzählmaschine anwerfen. Oder Sie rollen die Münzen selbst in die entsprechenden Rollenpapiere. Freuen Sie sich am Ergebnis.

PS: Diese Übung gefällt besonders Intros, die die Vorsicht als ausgeprägte Stärke haben!

Gewohnheiten als Entwicklungsmotor

> *»Wir sind das, was wir wiederholt tun.«*
> Aristoteles

Gute neue Gewohnheiten zu schaffen: Das ist eine unschlagbare Methode, mit der wir unser Leben so gestalten können, wie wir es uns wünschen: gesund, mit Zeit für die Menschen und Dinge, die uns wichtig sind, mit Raum für persönliche Entwicklung. Eigentlich sind Gewohnheiten der einzige Weg, der zu dauerhaften Veränderungen führt. Wenn Sie noch einmal gründlich über Veränderungen nachdenken wollen: Im ersten Teil des Buches finden Sie dazu Grundsätzliches und Allgemeines.

Aristoteles hat jedenfalls mit seinem Ausspruch recht: Gewohnheiten machen uns zu den Menschen, die wir sind. Sie sind in gewisser Weise unser Schicksal.

Gewohnheiten beeinflussen ...

- wie gut es uns körperlich, mental und emotional geht,
- welche materiellen Mittel wir haben,
- wie viel Energie wir zur Verfügung haben,
- wie wir lernen, was wir können und wissen,
- die Ordnung und die Strukturen in unserem Leben,
- unsere Lebensqualität und
- unsere Beziehungen zu anderen Menschen.

Achtung, es gibt auch schlechte Gewohnheiten

Es gibt allerdings zwei Haken an dieser Beharrlichkeitsvereinfachung. Der erste Haken ist: Manche Gewohnheiten schaden uns. Das kann offensichtlich sein: Dass Kettenrauchen und Fast-Food-Diäten keine gesunde Praxis sind, hat sich zum Beispiel herumgesprochen. Andere Gewohnheiten enthüllen erst allmählich und über die Jahre ihr toxisches Potenzial.

Wenn Sie das Geld, das Sie verdienen, jeden Monat ausgeben, dann kann es brenzlig werden. Zum Beispiel wenn Sie plötzlich eine größere Summe benötigen – ganz zu schweigen von Ihrer Altersversorgung. Auch wenn Sie Versprechen und Verabredungen gern gewohnheitsmäßig »vergessen«, dann zahlen Sie auf Dauer einen sozialen Preis für Ihre Unzuverlässigkeit. Durchgearbeitete Abende und viele berufliche Reisen lassen Ihre Beziehung zu dem Menschen an Ihrer Seite und zu Ihren Kindern anders werden, als wenn Sie regelmäßig viel aktive Zeit mit Ihrer Familie verbringen.

Kurz: Gewohnheiten, gut oder weniger gut, haben Konsequenzen. Manche lassen nur etwas länger auf sich warten.

Der zweite Haken: Es ist ziemlich schwer, gute Gewohnheiten zu schaffen und so lange aktiv einzuüben, bis sie etabliert sind. Denken Sie an Neujahrsvorsätze, was Ernährung und Rauchen angeht. (Schlechte Gewohnheiten scheinen leichter trainierbar zu sein. ☺) Für die meisten Dinge, die gut für uns sind, brauchen wir innere Disziplin. Gerhard Roth und Alica Ryba zeigen anschaulich, dass alte Gewohnheiten sich nur widerstrebend ersetzen lassen – das Gehirn schickt Schmerz, Unlust oder sogar Angst.[51] Was einmal durch Gewohnheiten automatisiert ist, kostet schön wenig Energie und wird neuronal deshalb leichter beibehalten als aufgegeben. Genau hier kommt die Beharrlichkeit ins Spiel.

Gerade die Beharrlichkeit kann uns optimal beim Verändern helfen.

Beharrlichkeit hilft beim Veränderungsprozess

Erinnern Sie sich an die Terman-Studie im ersten Teil des Buches? Terman konnte nachweisen, dass Beharrlichkeit und Gewissenhaftigkeit die Länge und Qualität eines Lebens messbar positiv beeinflussen. Beharrliche Menschen haben es wesentlich leichter mit dem Schaffen neuer Gewohnheiten. Sie bleiben bei ihrem Vorhaben, auch wenn es Störungen, Widerstände oder Misserfolge gibt und das Belohnungszentrum im Hirn nicht sofort Futter bekommt. Diese innere Disziplin scheint sich im Laufe eines Lebens enorm auszuzahlen. Es entstehen neue neurologische Muster, die dann wie von selbst funktionieren. Lustig, oder? Gerade die Beharrlichkeit kann uns beim Verändern optimal unterstützen.

Wenn Sie es schaffen, in Ihrem Leben neue Gewohnheiten zu schaffen, dann wird sich das befreiend auswirken: Sie brauchen weniger Selbstkontrolle und müssen seltener Entscheidungen treffen. Gleichzeitig entlasten Sie Ihr Hirn, nutzen also Ihren inneren Autopiloten und erreichen so leichter Ihre Ziele. Willenskraft ist sehr viel anstrengender! Mit Gewohnheiten navigieren Sie durch Ihr Leben, auch wenn es stressig wird – wenn zum Beispiel Überstimulation oder Sorgen Ihnen introtypisches Kopfzerbrechen bereiten.

Der amerikanische Journalist Charles Duhigg (2013) spricht von Gewohnheitsschleifen.

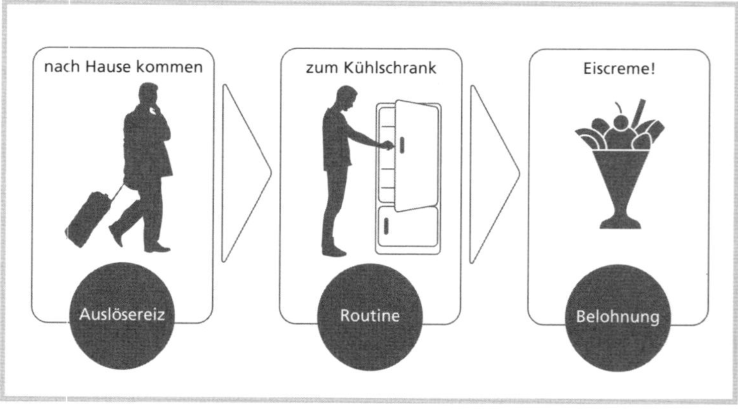

Die folgende Übersicht zeigt Ihnen, wie Sie Gewohnheiten in Ihr Leben integrieren. Die Beharrlichkeit spielt dabei eine Hauptrolle. Ein ganz einfaches und ein komplexeres Beispiel aus meiner Praxis veranschaulichen Ihnen die verschiedenen Stufen. Das einfache Beispiel stammt von Mark, einem Angestellten im mittleren Management. Das komplexe Beispiel brachte Britta mit, eine Optikerin.

So schaffen Sie mit Beharrlichkeit neue Gewohnheiten (in Anlehnung an den 4-Stufen-Plan von Charles Duhigg)

1. Finden Sie heraus, wo Sie Routinen leben

Blicken Sie darauf, wie Sie Ihre Zeit verbringen.

Einfaches Beispiel: Wenn Sie abends müde von der Arbeit nach Hause kommen (Auslösereiz), gehen Sie in die Küche (Routine), um zu essen: und zwar alles Mögliche, was süß, fett oder beides ist. Ihr Gefühl bewertet das, was Sie da tun, als positiv: Sie haben sich etwas Unvernünftiges verdient und dürfen sich etwas gönnen (Belohnung).

Komplexes Beispiel: Sie leben in einer unglücklichen Beziehung. Sie streiten oft mit Ihrem Partner. Wenn er anfängt, laut zu werden (Auslösereiz), ziehen Sie sich in sich selbst zurück (Routine) und geben nach. Auch wenn das Nachgeben gar nicht nach Belohnung aussieht, es ist eine. Durch den Rückzug und das Nachgeben fühlen Sie sich sicherer, als wenn Sie Ihrem offensiven Partner die Stirn bieten.

2. Suchen Sie einen Ersatz: Finden Sie andere Belohnungen, die Sie sich anstatt der bisherigen gönnen können

Einfaches Beispiel: Sie wollen sich wirklich verwöhnt und getröstet fühlen. Ohne schlechtes Gewissen.

Komplexes Beispiel: Sie wollen sich wirklich sicher fühlen. Ohne Demütigung, Stress und Frust.

3. Finden Sie (mit analytischem Denken) heraus, wo Ihr Auslöser liegt

Betrachten Sie dabei die folgenden Kategorien: Standort, Uhrzeit, andere Menschen, unmittelbar vorangehende Handlung, emotionaler Zustand.

Einfaches Beispiel: Standort: zu Hause. Uhrzeit: nach einem langen Arbeitstag, gegen 20 Uhr. Andere Menschen: nein; aber wenn die Chefin anstrengend war, muss es Eis sein. Unmittelbar vorangehende Handlung: Straßenverkehr. Emotionaler Zustand: Frust, Erschöpfung.

Komplexes Beispiel: Standort: zu Hause. Uhrzeit: unregelmäßig. Andere Menschen: der Partner. Unmittelbar vorangehende Handlung: irgendeine banale Uneinigkeit. Emotionaler Zustand: Unzufriedenheit.

4. Stellen Sie einen Plan auf

Das tun Sie, indem Sie andere Routinen ausprobieren. Bis Sie einige Routinen haben, die gut zu Ihnen passen.

Dann planen Sie strategisch in Wenn-dann-Sätzen.

Einfaches Beispiel: Nach der Arbeit könnte die Belohnung statt des ungesunden Snacks ein heißes Bad sein. Oder ein gutes Buch. Oder eine Folge Ihrer Lieblingsserie.

Strategiesatz: Wenn ich von der Arbeit komme, ziehe ich meine Businesskleidung aus und nehme erst einmal ein duftendes heißes Bad. Danach ziehe ich mir etwas Weiches, Angenehmes an und koche mir einen Tee (im Winter) oder mache mir ein Wasser mit Früchten (im Sommer).

Komplexes Beispiel: Sie gehen aktiv auf Distanz zu Ihrem lauten Partner: Sie fahren zu Ihrer Freundin. Oder in ein nettes Café. Oder Sie rufen eine Person an und reden lieber mit ihr, anstatt sich auseinanderzusetzen.

Strategiesatz: Wenn mein Partner seine Stimme erhebt, atme ich tief durch. Ich ziehe mir Schuhe an, gehe spazieren und setze mich in aller Ruhe in ein Café, wenn ich darauf Lust habe.

Viele Menschen, die ihre Gewohnheiten verändern, machen die Erfahrung, dass sich ihr Leben insgesamt verbessert. Duhigg nennt Gewohnheiten, die auf diese Weise positiv ausstrahlen, Schlüsselgewohnheiten.

Die beiden Personen aus den Beispielen änderten Schlüsselgewohnheiten. Und es passierten Dinge, die sie angenehm überraschten.

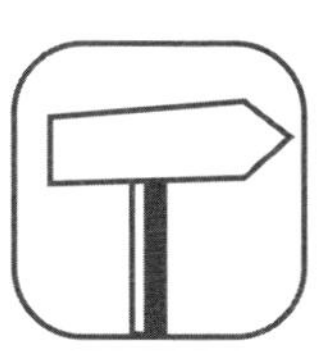

Schlüsselgewohnheiten verändern: Mögliche Folgen

Mark: »*Seitdem ich mich nach der Arbeit so erhole, dass es mir guttut, frage ich auch tagsüber während der Arbeit öfter danach, was ich eigentlich will und wie ich zu viel Stress vermeide. Manchmal gehe ich mittags spazieren. Und ich achte darauf, nicht jeden Tag Überstunden zu machen. Abends bin ich gar nicht mehr so erledigt.*«

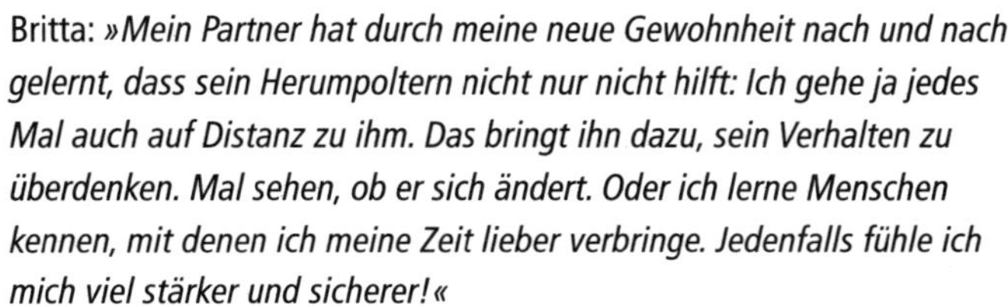

Britta: »*Mein Partner hat durch meine neue Gewohnheit nach und nach gelernt, dass sein Herumpoltern nicht nur nicht hilft: Ich gehe ja jedes Mal auch auf Distanz zu ihm. Das bringt ihn dazu, sein Verhalten zu überdenken. Mal sehen, ob er sich ändert. Oder ich lerne Menschen kennen, mit denen ich meine Zeit lieber verbringe. Jedenfalls fühle ich mich viel stärker und sicherer!*«

Hier sind einige Erfahrungen, die Ihnen dabei helfen, Ihre neuen Gewohnheiten auch (beharrlich) beizubehalten:

Düngemittel für gute neue Gewohnheiten

- Machen Sie sich das Gewohnheitentauschen zur guten Gewohnheit: Wenn Sie eine Änderung geschafft haben, machen Sie sich an die nächste – so wie oben beschrieben. Beispiele: eine Stunde täglich lesen, anstatt im Internet zu surfen; jeden Sonntagabend eine Wochenplanung machen und mit einer Person aus dem Freundeskreis telefonieren oder ihr mailen, dafür auf den *Tatort* verzichten.
- Packen Sie dabei nicht zu viele neue Gewohnheiten in einen Zeitabschnitt. Der US-Autor Jack Canfield empfiehlt vier Gewohnheiten pro Jahr, eine neue alle 13 Wochen. Das macht satte 20 Gewohnheiten in fünf Jahren.
- Berücksichtigen Sie, dass langfristige Verhaltensänderungen am besten klappen, wenn Sie die neue Gewohnheit in kleinen Schritten umsetzen. Nach dem Tiny-Habits-Konzept von B.J. Fogg, einem Wissenschaftler der Stanford-Universität,[52] tun Sie das wie folgt: Verbinden Sie die konkrete Kleinigkeit, die Sie tun wollen, chronologisch mit

einem Verhalten, das Sie schon praktizieren, einem »Trigger«. Das Format sieht also so aus: Nachdem ich (Trigger) getan habe, werde ich (neue Gewohnheit) tun. Beispiel (mit dem Ziel, achtsamer zu werden): Nachdem ich meine Tasche gepackt habe, atme ich dreimal tief durch. Die neue Gewohnheit sollte in diesem Konzept maximal 30 Sekunden dauern und so konkret wie möglich sein: also lieber dreimal durchatmen als 30 Minuten meditieren. Idealerweise finden Trigger und neue Gewohnheit am selben Ort statt. Die Idee dahinter ist: Es soll ganz einfach sein, einen Erfolg zu erzielen. Mit zunehmender Automatisierung (Tasche packen – tief durchatmen) wächst sich die kleine neue Gewohnheit zu einer größeren Verhaltensänderung aus.

- Wenn die Stärke der Unabhängigkeit bei Ihnen sehr ausgeprägt ist, kann es sein, dass Sie sich von Ihren eigenen Gewohnheiten gegängelt fühlen. Dann brauchen Sie unbedingt eines: einen guten Grund für Ihre neue Gewohnheit, der für Sie selbst überzeugend ist.
- Wenn Sie nicht sicher sind, ob eine neue Gewohnheit wirklich taugt, machen Sie eine Testphase von 30 Tagen. Danach ziehen Sie Bilanz und verändern ihr Vorgehen, wenn das nötig ist. Schlimmstenfalls haben Sie einen Monat etwas ausprobiert, was für Sie nicht passt. Diese Methode ist enorm entlastend: Sie ersetzen eben nicht für immer Ihre Lieblingsschokolade durch Früchte der Saison, sondern nur für einen Monat. Und Sie ernten die Vorteile – die wiederum das Belohnungszentrum aktivieren.
- Führen Sie Buch über Ihre neuen Gewohnheiten und über Ihre Beobachtungen dazu.

Neue Gewohnheiten brauchen drei Wochen

Neurobiologisch braucht eine Gewohnheit 21 Tage – also drei Wochen –, bis sie installiert ist. Wenn wir in dieser Zeit täglich das Neue tun (oder das Alte lassen), dann arbeiten Körper und Geist biochemisch zusammen. Neue Verschaltungen entstehen und die neue Gewohnheit ist *fast* selbstverständlich. Allerdings werden Sie in diesen drei Wochen immer wieder auf Widerstand stoßen: auf Unlust, Ablenkung oder Widerstand. Das gehört dazu. Und es ist gut, wenn Sie wissen: Wenn wir etwas Neues lernen, ist das für unser ziemlich bequemes Gehirn erst einmal eine Störung. Jedenfalls für drei Wochen.

Meisterin der Beharrlichkeit: Carmen Herrera

Die 1915 in Havanna geborene Carmen Herrera zeichnet und malt seit ihrer Kindheit. Ihr erstes Bild verkaufte sie im Alter von 89 Jahren. Mit 94 Jahren wurde sie von den USA aus zur international bekannten Künstlerin, deren Werke begehrt sind und in den wichtigen Museen und Sammlungen der Welt zu sehen sind.

Herrera selbst sagt: *»Ruhm wollte ich nie und auch nie Geld damit verdienen. Ich wollte nur, dass man mich in Ruhe lässt, damit ich malen kann, weil es mir Vergnügen bereitete. Sehen Sie, ich […] habe all die kleinen Wehwehchen, die mit dem Alter kommen, aber wenn ich arbeite, und das tue ich praktisch jeden Tag, dann vergesse ich das alles. Ich konzentriere mich auf meine Arbeit und bin in einer anderen Welt. Meinen Körper fühle ich dann nicht mehr.«*[53]

Carmen Herrera malt jeden Tag.

Beharrlichkeit für Profis: Scheitern

> *»Ever tried. Ever failed. No matter.*
> *Try again. Fail again. Fail better.«*
> Samuel Beckett

Echte Beharrlichkeit zeigt sich dann, wenn es nicht rundläuft: wenn sich Hindernisse in den Weg stellen und wir Ziele nicht erreichen. An Gründen gibt es mehrere: Menschen scheitern, weil sie Risiken unterschätzen und sich selbst überschätzen oder weil sie ihre Hausaufgaben nicht oder nicht gut gemacht haben. Sie möchten, dass der Weg zur Belohnung einfach, kurz und bequem ist. Diese Gründe sind allerdings eher typisch für unsere extrovertierten Mitmenschen, deren sehr aktives Belohnungszentrum im Hirn den Erfolg quasi vorwegnimmt – da stört das dumme Kleingedruckte nur. Wer dagegen Scheitern bewusst einplant und es als Trainingsbasis nutzt, um besser zu werden: Ein solcher Mensch kann es weit bringen.

Der oben schon erwähnte Psychologe K. Anders Ericsson beobachtete in seinen Studien an der Berliner Universität der Künste: Die wirklich exzellenten Musiker üben vor allem die Passagen, mit denen sie Schwierigkeiten haben – und nicht diejenigen, die glattlaufen. Sie investieren ihre Arbeitszeit mit dem Instrument also gezielt und konzentriert darauf, sich in »schwachen« Punkten zu verbessern. Sie lassen sich nicht dazu verführen, ihre Erfolge zu wiederholen, sondern üben das, was sie noch nicht können, und erweitern so ihr Repertoire.

Ericsson nannte diese Strategie der Erfolgreichen »deliberate practice«.

Insofern hatte der englische Autor Oscar Wilde recht, als er unbarmherzig unterschied: »Der Profi macht nur neue Fehler. Der Dummkopf wiederholt seine Fehler. Der Faule und der Feige machen keine Fehler.«

Scheitern: 3 Tipps für beharrliche Profis

1. SOS: Schützen Sie Ihren Unternehmungsgeist

Gerade in Deutschland werden Gescheiterte oft gnadenlos abgewertet – gern von Menschen, die sich selbst nur bewegen, wenn es unbedingt nötig ist. Doch nur wer bereit ist, Fehler in den Dingen zu machen, die er gerade neu entdeckt hat, kann sich letztlich weiterentwickeln. Lassen Sie sich also nicht heruntermachen. So ein Scheitern will ordentlich verdient sein. Und Sie befinden sich in bester Gesellschaft: Die meisten brillanten und supererfolgreichen Menschen haben und hatten eine imposante Geschichte des Scheiterns.

Beispiel: Joanne K. Rowling kassierte zwölf Absagen von Verlagen, bis der (damals) kleine Verlag Bloomsbury Publishing *Harry Potter und der Stein der Weisen* mit einer Startauflage von 500 Exemplaren publizierte – angeblich auf Empfehlung der achtjährigen Tochter des Inhabers.[54] Die Bücher der siebenteiligen Harry-Potter-Reihe verkauften sich später weltweit über 450 Millionen Mal. Die Marke Harry Potter ist rund 15 Milliarden US-Dollar wert. Tja.

2. Analysieren Sie: Was ist eigentlich passiert?

Rücken Sie ein Stück von Ihrer Situation ab. Was ist geschehen – ist es wirklich ein Scheitern? Gibt es Aspekte, die gut sein könnten? Was lernen Sie aus der Erfahrung? Könnten Sie sogar für etwas dankbar sein, etwa für einen Impuls zur Weiterentwicklung? – Wenn Sie diese Fragen beantworten, tun Sie etwas Wichtiges: Sie verdrängen Ihre negativen Gefühle nicht (Traurigkeit, Frust, Ärger, Schmerz, erfahrene Demütigung), die Sie durch die Erfahrung des Nicht-Schaffens haben. Aber Sie setzen positive Gefühle daneben.

Beispiel: Der XING-Gründer Lars Hinrichs legte mit seinem ersten Unternehmen eine fette Pleite hin. Später bezeichnete er diese wirtschaftliche Bauchlandung im Gespräch mit der Huffington Post als »teuersten MBA-Kurs der Welt«.[55]

3. Investieren Sie Ihre Beharrlichkeit intelligent

Glauben Sie an sich. Absagen und Erfahrungen des Scheiterns haben nichts mit Ihrer Person zu tun, sondern mit einer Konstellation – den Personalmanager, der im Jobinterview so grimmig ausschaute und Sie dann nicht genommen hat, plagte vielleicht Magendrücken oder ein böser Brief vom Scheidungsanwalt seiner Frau. Und das Budget des Verlages, der Ihr Skript abgelehnt hat, war gerade erschöpft. Es gibt Dinge, die können Sie einfach nicht ändern.

Sie sind mehr als Ihre Handlungen – egal, ob diese erfolgreich sind oder nicht. Prüfen Sie eines: Ist Ihr ursprüngliches Ziel es wert, dass Sie es weiter versuchen? Wenn Sie diese Frage bejahen und begründen können, dann überlegen Sie, was Sie anders machen können, nehmen Sie all Ihre Beharrlichkeit zusammen und versuchen Sie es einfach wieder!

Beispiel: Barack Obama galt zu seinen Senatorenzeiten als langweiliger und schlechter Vortragsredner. Noch heute birgt das Archiv amerikanischer Zeitschriften Artikel, die berichten, Obama sei »steif und professoral« oder gar »einschläfernd«. Obama blickte auf sein Ziel, gab nicht auf, trainierte das öffentliche Reden und gilt heute als Inbegriff des charismatischen Redners (vgl. Löhken 2012, S. 216).

Wenn Sie Ihre Erfahrungen des Misserfolgs auf diese Weise verarbeiten, dann können Sie gerade dadurch echte Lebenskunst üben. Wenn alles klappt, ist es ja einfach.

Die Schattenseite: Fixierung

Beharrlichkeit, die erstarrt, wird zur Hürde der Fixierung. Intros können dazu neigen, im Austausch mit anderen starr zu bleiben – vor allem wenn sie sich überstimuliert oder nicht sicher fühlen. Das ist zum Beispiel dann der Fall, wenn Gesprächspartner plötzlich die Richtung wechseln oder Freunde unerwartete Entscheidungen treffen. Fixierte Intros gehen dann in den Energiesparmodus: Sie beharren einfach auf ihren Positionen und versteifen sich auf bestimmte Gedankengänge.

Inneres Horrorkino

Tückisch wird es, wenn sich Angst und Fixierung verschwestern. Dann schaffen es Intros, sich schlechte Erfahrungen oder Befürchtungen wieder und immer wieder vorzuspielen, in ihrem eigenen inneren Horrorkino. Doch auch im Umgang mit sich selbst kann sich Fixierung ungut auswirken. Es gibt Intros, die leiden, wenn sie nicht nach ihren Vorstellungen oder Gewohnheiten leben oder handeln können. Besonders heikel ist in diesem Fall die Verbindung von Fixierung und Kleinteiligkeit: Wer mit beiden Hürden zu kämpfen hat, der findet sich oft in Situationen wieder, in denen er immer wieder auf Details stößt und sich an ihnen festbeißt – das ist für ihn selbst und seine Umwelt anstrengend bis nervend.

Für die persönliche Entwicklung kann es schädlich sein, wenn die Fixierung das Ruder übernimmt. Im ersten Teil des Buches haben Sie erfahren, unter welchen Bedingungen Sie Veränderungen anstreben sollten. Wenn Sie Schwierigkeiten haben, sich von einer Gewohnheit oder Sichtweise auf das Leben zu distanzieren, dann ist es nicht leicht, Veränderungen anzustoßen. Bitte nehmen Sie sich ganz besonders den Abschnitt über Gewohnheiten vor, den Sie weiter oben finden. Die Hinweise dort unterstützen Sie darin, bewusst neue Gewohnheiten anstelle der altvertrauten zu setzen.

Verändern statt verharren

Finden Sie Gründe, wozu Sie etwas verändern wollen. Und dann beginnen Sie klein!

Beharrlichkeit: 3 Tipps zum Weiterlesen

Charles Duhigg: Die Macht der Gewohnheit. Warum wir tun, was wir tun. München, Berlin, Zürich: Piper 2013

Duhigg beschreibt sehr anschaulich und mit vielen Beispielen, wie unsere Gewohnheitsschleifen funktionieren. Seinen Vier-Stufen-Plan zum Verändern von Gewohnheiten haben Sie samt Beispielen bereits kennengelernt.

Malcolm Gladwell: Überflieger. Warum manche Menschen erfolgreich sind – und andere nicht. Frankfurt am Main: Campus 2009

In diesem Buch finden Sie Beharrlichkeit als wichtige Zutat des Erfolgs. Es ist nicht die einzige – aber das würde auch niemand annehmen, oder? Gladwell ist außerdem ein begnadeter Geschichtenerzähler: Das Buch ist eine hoch spannende Lektüre.

Frauke Ion: Ich sehe was, was du nicht siehst. Durch Perspektivenwechsel zu besseren Ergebnissen. Offenbach: GABAL 2014

Dieses Buch ist ein Gegengift zur Fixierung. Sie lernen, sich und andere über Bedürfnisse, Sichtweisen und Verhalten besser zu verstehen – und dort Veränderungen umzusetzen, wo sie sinnvoll sind.

Einfühlungsvermögen

Achtsamkeit gegenüber unseren Mitmenschen

Einfühlungsvermögen – das haben wir, wenn wir besonders gut verstehen können, was andere Menschen fühlen oder anstreben. Wer als Intro ein erhöhtes Sicherheitsbedürfnis hat, der will gern alles richtig machen und achtet schon von klein auf darauf, was den anderen wichtig ist, wie sie ticken und welche Bedürfnisse sie haben. Die Neigung, genau hinzuhören und zu beobachten[56], kommt womöglich noch hinzu und verstärkt das Einfühlungstraining über die Jahre. Nach und nach sammeln wir Erfahrungen und lernen, Signale unserer Mitmenschen mit Gefühlslagen und Bedürfnissen zu verbinden. Wir entwickeln bewusst oder unbewusst Annahmen darüber, was in anderen vorgehen könnte. Am besten lässt sich das Einfühlen beschreiben als eine Achtsamkeitsübung gegenüber unseren Mitmenschen.

»Einfühlungsvermögen« bedeutet: am Gegenüber interessiert sein und in den eigenen Annahmen korrigierbar.

Dabei geht es nicht einmal darum zu erkennen, was der andere tatsächlich denkt oder fühlt. Verschiedene psychologische Studien haben gezeigt, wie wenig vorhersagbar das Handeln unserer Mitmenschen für uns ist.[57] Nein, Einfühlungsvermögen bedeutet, dass wir bereit und interessiert daran sind, von unserem Gegenüber zu erfahren, was es denkt oder fühlt. Zum Einfühlungsvermögen gehört die Bereitschaft, die eigenen Annahmen zu korrigieren. Wir sehen uns dann nicht selbst als Maß aller Einschätzungen, sondern nehmen eine suchende Haltung ein. Wenn wir Einfühlungsvermögen so verstehen, dann ist es auch mehr als eine Projektion, in der wir einfach unsere Haltung auf unser Gegenüber übertragen.

All dies ist erst einmal wertfrei. Ein Tomatenmesser können wir benutzen, um eine Tomate zu schneiden. Oder wir können jemanden damit verletzen. Mit dem Einfühlungsvermögen ist es ähnlich: Wir können es einsetzen, um anderen Menschen näher zu sein, um uns besser mit ihnen zu einigen. Wir können es aber auch nutzen, um Freunde, Familienmitglieder oder Kolleginnen zu manipulieren oder auszunutzen. Dennoch ist dieses feine Empfinden erst einmal eine potenzielle Stärke. Nehmen Sie sie an sich selbst wahr? Dann lesen Sie hier weiter …

Mit Einfühlungsvermögen auf dem Weg

Einfühlung: Risiken und Nebenwirkungen

Menschen, die sich in andere hineinversetzen können, haben einen guten Ruf: Ihre Mitmenschen denken oft, dass Empathische besser »mit Menschen können« und andere auch leichter für sich gewinnen können. Das kann sogar stimmen – aber wie viele gute Dinge hat es seinen Preis. Gleich mehrere Psychologen betonen, dass das Einfühlungsvermögen auch seine Kehrseite hat. Bevor wir danach fragen, wie Sie diese Stärke für Ihr Leben nutzen können, sollten Sie diese Kehrseite in den Blick nehmen. Die drei wichtigsten Nachteile nennt der amerikanische Psychologe Adam Waytz in dem Artikel, den Sie am Ende dieses Kapitels in den »4 Tipps zum Weiterlesen« finden.

Die drei dunklen Seiten der Empathie

1. Empathie kostet Energie

Wer sich in andere hineinversetzt und auf ihre Wünsche und Bedürfnisse eingeht, anstatt gleichgültig zu sein, der strengt sich an: geistig und emotional. Wer ständig viel Empathie aufbringt, der kann in eine tiefe Erschöpfung geraten. Wenn die chronisch wird, heißt das: Burn-out.

Besonders gefährdet sind Menschen, die in ihren Berufen pflegen, heilen oder betreuen: Ärztinnen, Justizvollzugsbeamte, Lehrerinnen oder Sozialarbeiter.

2. Empathie ist begrenzt

Wir können uns nur bis zu einer bestimmten Grenze in andere hineinversetzen. Davon können diejenigen ein Lied singen, die sich täglich in Menschen mit starken Bedürfnissen oder mit schweren Erfahrungen hineinversetzen: Altenpflegerinnen, Katastrophenhelfer oder auch Partner von Alkoholikern.

Je mehr emotionale Energie in die Auseinandersetzung mit den bedürftigen Menschen fließt, umso weniger Einfühlung bleibt für Menschen übrig, die eigentlich auch wichtig sind: Familienmitglieder, Kolleginnen, Freunde etc.

3. Empathie weicht Regeln auf

Wer sich in Menschen hineinversetzt und sich intensiv mit ihnen beschäftigt, entwickelt oft eine besondere Loyalität ihnen gegenüber. Dies wiederum kann zur Folge haben, dass das Einfühlungsvermögen den moralischen Kompass beeinträchtigt. Das beginnt beim Flunkern, um das Image eines Freundes zu retten – und es reicht bis hin zur Korruption und Bestechung.

Sehr interessant: Menschen lügen, betrügen oder stehlen leichter, wenn sie mit ihrem Verhalten anderen helfen wollen. Meistens ist die Ungerechtigkeit kleiner, aber trotzdem schädlich.

Beispiel: Wenn beim Aufstellen des Dienstplans die alleinerziehende Mutter immer wieder bevorzugt wird, fühlen die anderen Teammitglieder sich benachteiligt und ungerecht behandelt. Das kann böse Folgen haben: für deren Arbeitseinsatz, den Umgang miteinander und die Kommunikation über den Arbeitgeber.

Und absolut sicher sein, dass wir die Perspektive unserer Mitmenschen wirklich erfassen – das können wir auch nicht. Denn ganz ehrlich: Schaffen Sie es etwa, auch nur Ihre eigenen Gedanken durch Blicke in Ihr höchstpersönliches Innenleben zu verstehen? Ich nicht. Mit den Gedanken des Kollegen am Kantinentisch gegenüber ist das nicht gerade leichter.

Leitplanken fürs Einfühlungsvermögen

Trotzdem bleibt das Einfühlungsvermögen auf unserer Stärkenliste. Wenn es sich positiv auswirken soll, dann sind allerdings Leitplanken notwendig, damit es nicht aus dem Ruder läuft. Ja, wir wollen einfühlsam sein. Aber wir wollen uns selbst dabei nicht verausgaben. Diese Leitplanken geben Sicherheit: Ihnen selbst, aber auch denjenigen, mit denen Sie Ihr Leben privat und beruflich verbringen.

Nutzen Sie Ihr Einfühlungsvermögen: Installieren Sie Leitplanken!

1. Begrenzen Sie die Zahl der Menschen, um die Sie sich kümmern

Denken Sie an die mentale und emotionale Energie, die Sie jeder Mensch kostet, den Sie mitfühlend begleiten – gerade auch weil Sie eben introvertiert sind.

Suchen Sie sich die Personen aus, die Ihnen wichtig sind. Setzen Sie Grenzen für alle anderen. Auf diese Weise teilen Sie Ihre Stärke mit denen, die Ihnen am Herzen liegen. Und, ganz wichtig: Sie haben auch noch Energie übrig, um in sich selbst hineinzufühlen! Das bringt mich zu Punkt 2.

2. Nehmen Sie sich selbst wichtig

Wer sich in andere hineinversetzt und ihre Gefühle und Bedürfnisse ernst nimmt, vergisst allzu leicht sich selbst. Die Tatsache, dass Sie gerade dieses Buch lesen, ist allerdings ein gutes Zeichen dafür, dass Sie sich um sich selbst kümmern. ☺

Dennoch: Schaffen Sie sich bewusst Zeiten, in denen Sie in sich selbst hineinhorchen. Sie werden sehen: Das ist im Vergleich schwerer als Ihre Empathie für andere. Erst einmal jedenfalls.

3. Fragen Sie einfach

Verwenden Sie weniger Energie für Mutmaßungen darüber, was jemand braucht oder wie sich jemand fühlt. Fragen Sie einfach. Die Informationen, die Sie bekommen, sind dann realistisch und kein Kopfkino. Außerdem sparen Sie Energie und Speicherplatz – beides können Sie als leicht überstimulierte(r) Intro besser anderswo einsetzen.

4. Nehmen Sie sich Zeit zum Erholen

Entspannen – Parasympathikus-Zeit – tut Ihnen gut, wie Sie ja wissen. Ruhepausen steigern übrigens sogar Ihre Fähigkeit, sich in andere Menschen hineinzuversetzen. Adam Waytz zitiert aus neueren Studien: Wer erholt ist, kann sich deutlich besser in andere hineinversetzen.

5. Regulieren Sie Ihre eigenen Gefühle

Wenn Sie sich stark ärgern, traurig oder frustriert sind, dann können Sie nicht auf Ihre emotionale Kompetenz zurückgreifen. Der Grund: Wenn wir selbst emotional unter Stress stehen, dann verlieren wir – je nach Intensität mehr oder weniger – den Zugang zu dem Bereich unseres Hirns, der die rationale Gefühlskontrolle übernimmt. Stattdessen wird unser Vorsichtszentrum aktiv, also die Amygdala.

Denken Sie also an Punkt 4. Und das Gute ist: Emotionale Fähigkeiten sind zu großen Teilen Übungssache. Versuchen Sie es mit regelmäßigen Achtsamkeitsübungen, nachzulesen zum Beispiel bei Kabat-Zinn (2013 oder 2015).

6. Vermitteln und befolgen Sie klare Regeln

Mit dieser Strategie sichern Sie Ihr Team ab: Ihre Familie, Ihre Kollegen, Ihre Freundinnen. Machen Sie transparent, welche Regeln Ihnen wichtig sind. Und dann halten Sie sich daran. Damit verhindern Sie, dass eine Einzelperson Ihre Empathie und deren schöne Folgen genießen darf, während die anderen Mitglieder Ihrer Gemeinschaft »zahlen«.

Beispiel: Sie haben eine klare Linie bei der Aufstellung von Dienstplänen, die für eine faire Verteilung sorgt. Wer eine Ausnahme möchte, bespricht das in der Teamsitzung und gleicht das an anderer Stelle aus.

Der Soziologieprofessor Hartmut Rosa hat sich die ganz große Frage gestellt:

- **Worauf kommt es in einem guten Leben wirklich an?**

Die Antwort des »Außenministers für gelingendes Leben«, wie *Die Zeit* Rosa nannte: Ein gutes Leben hat etwas mit der Art und Weise zu tun, in der wir in der Welt sind.

Über Schwingungen miteinander in Beziehung treten

Wenn Beschleunigung das Problem ist, dann ist, so Rosa, Resonanz vielleicht die Lösung. Und die wiederum hat etwas mit Einfühlungsvermögen zu tun. Denn Resonanz bedeutet in der Akustik, dass zwei Körper über Schwingungen miteinander in Beziehung treten. Rosa beantwortet die Frage nach dem gelungenen Leben entsprechend so:

> *»Resonanz ist die Grundsehnsucht nach einer Welt, die einem antwortet. Und die in jedem Menschen angelegt ist, weil wir Beziehungsmenschen sind. Wenn diese Sehnsucht eingelöst wird, weil jemand aufgeht in einem bestimmten Bereich, führt er ein gelungenes Leben.«*
>
> Prof. Dr. Hartmut Rosa im Gespräch mit dem *Spiegel*, 2016[58]

Im Einklang mit der Welt: Resonanz

»Resonanz« ist ein Wort für unsere Beziehungen zur Welt: zu Menschen, zur Natur, zu unserer Arbeit, zu Liedern und Kunstwerken, zum Risotto auf dem Herd und zu unserem eigenen Körper. Selbst die Tatsache, dass so viele Menschen mit gesenktem Kopf auf ihr Mobiltelefon blicken, lässt sich mit der Suche nach Resonanz erklären: Über das Handy treten wir in Verbindung zur Welt: Wir laden Musik, sehen in die Nachrichten, suchen über Foursquare ein Restaurant, über Facebook einen Freund und über Tinder einen Partner. Ob wir sie aber so bekommen, die Resonanz, wie wir es uns wünschen: Das ist eine andere Frage.

»Es kommt darauf an, etwas zu geben und etwas zurückzubekommen.«

Prof. Dr. Hartmut Rosa (Rosa 2016)

Das Zurückgeben müssen dabei gar nicht unbedingt immer andere Menschen übernehmen. Manchmal liegt die Antwort in unserem physischen Tun. Das kann gerade für introvertierte Kopfmenschen für erstaunliche Glückserfahrungen sorgen.

Resonanzübung: Tun Sie es!

Suchen Sie sich in den nächsten Wochen aus den folgenden sieben Übungen *eine* aus, die Sie besonders anspricht. Setzen Sie sie um. Und nehmen Sie die Antwort wahr.

- Machen Sie ein Naturfoto, das so schön ist, dass Sie es rahmen und dann verschenken oder aber selbst aufhängen.
- Lernen Sie ein Stück auf einem Instrument. Wenn Sie keines spielen, darf es auch ein ganz einfaches sein.
- Schnitzen Sie eine Figur aus einem weichen Stück Holz. Bis sie Ihnen gefällt.
- Kochen Sie Ihr Lieblingsessen, und laden Sie mindestens einen Menschen ein, es mit Ihnen zu teilen. Decken Sie den Tisch passend dazu.
- Tanzen Sie nach einem Lied, das Sie mögen, und entwickeln Sie dazu eine kleine Choreografie.
- Malen oder zeichnen Sie ein Bild, mit dem Sie darstellen, wie Sie sich selbst in Ihrem Verhältnis zur Welt sehen.
- Schreiben Sie eine kleine Geschichte, die Sie mindestens einem Menschen vorlesen.

In der Psychologie finden Sie eher den Begriff »Selbstwirksamkeit« als den der »Resonanz«. Aber das ist eine Frage der Perspektive. Die Idee ist ganz ähnlich: Es geht nicht nur um uns, es geht darum, dass wir in Beziehungen sind. Der Psychoanalytiker Rainer Holm-Hadulla fasst die Selbstwirksamkeit so in Worte:

> *»Menschen wachsen nicht, wenn sie nicht gesehen und beantwortet werden.«*
>
> Prof. Dr. Rainer Holm-Hadulla, Psychiater und Psychotherapeut im Gespräch mit der *Zeit*, 2016[59]

Leben Sie so, dass Sie den Eindruck haben, gesehen und beantwortet zu werden. Und sehen und beantworten Sie Ihrerseits andere. Leben Sie Resonanz.

Die Schattenseite: Konfliktscheu

Konflikte gehören dazu

Konflikte gehören zum menschlichen Miteinander dazu – einfach deshalb, weil wir so unterschiedlich sind. Ganz natürlicherweise kommt es dann auch zu verschiedenen Arten zu denken, zu fühlen oder zu handeln.

Ach, Mutter ... (1)

Manchmal beeinflusst Konfliktscheu das Leben sehr tief. Sandra kam lange Zeit gar nicht auf die Idee, ihrer starken Mutter eigene Wünsche entgegenzusetzen. Genauer gesagt: 43 Jahre lang. Die Mutter zog sie allein groß und gab ihr immer wieder zu verstehen, dass sie ihr Leben ihrer Tochter geopfert hätte. Und dafür müsste Sandra ihr nicht nur tief dankbar sein, sondern ihr Leben auch den mütterlichen Vorstellungen entsprechend führen.

Die introvertierte Sandra grummelte deshalb manchmal vor sich hin. Aber sie fügte sich. Nicht einmal in der Pubertät muckte sie auf. Die Freundinnen, mit denen sie sich treffen durfte, ihre Kleidung – zu allem hatte ihre Mutter etwas zu sagen. Die hatte sich daran gewöhnt, dass ihre Tochter parierte. Sandra zog sich zurück, stellte sich durch Passivität quer. Das funktionierte zwar immer eine Zeit lang, aber hatte seinen Preis: Ihre Mutter wurde laut und nachdrücklich. Am Ende setzte sie sich durch. Fast immer.

Sandra hätte gern Jura studiert. Schon als Kind hatte sie einen ausgeprägten Gerechtigkeitssinn und sorgte für Ausgleich, wenn andere sich stritten. Sie sammelte Regeln und Gesetze zum Zusammenleben. Dabei stellte sie sich vor, andere würden diese Richtlinien befolgen und sich dann womöglich besser verstehen und weniger streiten. Und vielleicht zufriedener werden. Zum Beispiel ihre Mutter, die eher unzufrieden war.

Aber die Mutter hatte einen anderen Plan. Sandra sollte Ärztin werden. Das war der Beruf, den die Mutter selbst gern gehabt hätte. Wenn, tja, wenn sie nicht mit Sandra schwanger geworden wäre.

Sandra jammerte, verhandelte, wurde unschlüssig. Dann waren die Wartesemester für den Numerus clausus vorbei, und sie bekam einen Studienplatz in Medizin. Und Sandra wurde Ärztin.

Viele Intros finden es sehr schwer, angespannte Situationen gut zu gestalten. Konflikte anzusprechen oder Grenzen zu setzen, ist für uns Leise aus zwei Gründen besonders stressig: Erstens kommen oft viele Eindrücke zusammen, sprachlich und körpersprachlich, und zwar in schneller Folge. Das führt zusammen mit dem Druck des Gefühls leicht zu Überstimulation. Zweitens können solche Situationen das Vorsichtszentrum gründlich durcheinanderrütteln, weil die Kommunikation so emotional und unübersichtlich werden kann. Wer weiß schon, was passiert, wenn wir ein heikles Thema ansprechen und das Gegenüber emotional reagiert.

Hoher Energieaufwand

Auch der Energieaufwand ist in der Konfliktsituation besonders hoch. Deshalb meiden besonders Intros nach besten Kräften Konflikte. Am Ende kann das energetisch noch teurer werden: wenn nämlich der Konflikt weiter eskaliert und sich breitmacht. Nichtbeachtung löst ihn nämlich leider nicht, auch wenn Intros noch so gern den Kopf in den Sand stecken. Die Sorgen und Probleme, der Ärger und der Frust – ein Riesenwust an negativen Gefühlen und Ängsten kann sich ansammeln und fordert einen enormen Preis, zahlbar in Form von wertvoller Energie.

Vom Konflikt zur freundlichen Gleichgültigkeit

So verständlich die Konfliktscheu auch ist: Manchmal ist so ein Konflikt eine Aufgabe, vor die uns das Leben stellt. Eine Grenze will gesetzt oder ein Klartext geredet werden. Manchmal will eine Lebenschance erobert sein. Am Ende ist es ja unser Leben, und nur wir können entscheiden, wie wir es führen und womit wir es füllen wollen.

Machen Sie sich auf den Weg

Wenn wir also hier über ein gutes Leben reden, dann sollten wir nicht nur danach fragen, wie es denn aussehen könnte. Am Ende wird Sie dieses Buch nur dann wirklich unterstützen, wenn Sie sich auch auf den Weg machen. Gerade Intros fühlen oft dieses mulmige Gefühl in der Magengegend. Und es ist leicht zu begründen, warum wir lieber unsere Klappe halten, anstatt das zu verfolgen, was uns eigentlich wichtig ist. Ist das nicht egoistisch? Und rücksichtslos? Und sollten nicht gerade wir Intros uns mehr Mühe geben, als teamfähig dazustehen?

Und doch schaden wir uns, wenn wir uns nicht ab und zu von anderen abgrenzen. Wir sehen Gelegenheiten vorbeiziehen, lassen anderen den Vortritt und sehen passiv zu, wie diese anderen ihr Leben frei gestalten und sich mutig weiterentwickeln. Wachsen ist etwas, was tief menschlich ist – und manchmal müssen wir gegen Widerstände wachsen. Das ist nicht egoistisch, sondern einfach lebendig.

> **Wer für sich selbst einsteht, ist weder egoistisch noch rücksichtslos. Er ist einfach ein lebendiger Mensch, der seinen Weg geht.**

Wie überwindet ein Intro die Konfliktscheu und macht sich auf seinen eigenen Weg, auch wenn ihm sozialer Wind ins Gesicht bläst? Mein Vorschlag: Werden Sie erst einmal auf freundliche Art gleichgültig. Dann sehen wir weiter.

Stufe 1: Aussprechen

Beantworten Sie diese Fragen:

1. Was wollen Sie in dieser Situation, die Ihnen so konfliktreich erscheint?
2. Wie würden Sie sich dann fühlen?

Die Arbeit in dieser Stufe lässt sich in eine einfache Form bringen. Vervollständigen Sie den folgenden Satz:

Wenn ___________________ (Konfliktpartner) nur ______________:

Ich wäre so __________________.

Ach, Mutter … (2)

Sandra machte sich an die Arbeit. Zunächst brauchte sie im Coaching ein wenig, bis sie ihren Wunsch und ihr Gefühl ausdrücken konnte. Sie hatte anfänglich kaum einen Zugang zu ihren eigenen Bedürfnissen.

Nach einiger Zeit hatte Sandra es aber geschafft. Ihren alten Traum hatte sie nie vergessen: »Eigentlich wollte ich ja immer Anwältin werden!« Aber sie wischte den Gedanken gleich beiseite, als er hochkam: »Dafür ist es ja jetzt wohl zu spät. Ich bin eben Ärztin. Ist ja auch nicht so schlecht.«

Ich war mir da nicht so sicher und fragte noch einmal nach: »Was ist es denn, das den Beruf der Anwältin so schön und interessant aussehen lässt?« Aus Sandra sprudelte es nur so heraus: »Professionell mit Recht zu tun haben! Interessen ausgleichen! Mit vielen verschiedenen Fällen zu tun haben, die alle für sich anders zu behandeln sind! Mit anderen Juristen reden! Menschen nur noch in angezogenem Zustand betreuen!«

Natürlich gab es da noch etwas. »Aber meine Mutter – sie ist so stolz auf mich. Sie wollte doch selbst immer Ärztin werden. Wenn ich das jetzt infrage stelle, was ich erreicht habe – sie wäre außer sich.«

Auf dieser Basis konnten wir arbeiten. Bald stand Sandras Satz: »Wenn meine Mutter nur verstehen könnte, dass ich mit Recht zu tun haben will: Ich wäre so glücklich und erleichtert!«

Die nächste Stufe ist eine Loslösung. Genauer gesagt, trennen wir das Gefühl, das wir gern haben wollen, von der Person, die wir dafür verantwortlich machen, dass wir es noch nicht haben.

Stufe 2: Das eigene Gefühl vom anderen loslösen

Nehmen Sie den zweiten Teil des Satzes und drücken Sie ihn als Möglichkeit aus:

Ich könnte ____________________ sein.

Den Konfliktpartner loslassen

Diese Stufe gibt uns Autonomie: Wir kümmern uns um uns selbst und lassen den bisherigen Konfliktpartner los. Das bedeutet nicht, dass wir ihn oder sie nicht mehr mögen, lieben oder wichtig finden: Die Verbindung darf gern bleiben. Aber wir durchtrennen das Band der Macht zwischen uns. Dieses Band ist gegenseitig: Sandras Mutter hatte Macht über Sandra, weil sie Druck und Kontrolle ausübte. Sandra, ausgestattet mit der Stärke ihres besonderen Einfühlungsvermögens, reagierte darauf: Sie spürte den Druck und gab ihn zurück. Und immer wieder versuchte sie ihrerseits, Kontrolle über die Situation zu bekommen. Dagegen musste ihre dominante Mutter angehen, damit sie sich durchsetzen konnte – und es gelang ihr auch meistens. Aber am Ende waren beide Frauen nicht dort, wo sie sein könnten: in einer liebevollen Beziehung zueinander.

Die Aufgabe bestand für Sandra darin, den Konflikt in Form unterschiedlicher Erwartungen einfach anzusehen, ohne Druck und Kontrolle, also ohne zu fordern, dass ihre Mutter etwas tun oder lassen sollte. Die Vorstellung, mit zusammengebissenen Zähnen in den Ring zu steigen, fand sie ohnehin grässlich, weil sie nicht den Kampfgeist ihrer Mutter hatte. Stattdessen sollte Sandra einfach glücklich und erleichtert sein und ihre Mutter einfach als Mutter lieben.

Die Suche nach einem guten Leben ist unsere eigene ständige Lebensaufgabe.

Und ja, das geht tatsächlich: Wir können einen Menschen lieben, auch wenn er sich nicht so verhält, wie wir es gern hätten. Es macht uns frei und erwachsen, wenn wir nicht andere Menschen dafür verantwortlich machen, dass unser Leben gut wird, sondern ausschließlich uns selbst. Die Suche nach einem guten Leben ist unsere eigene Lebensaufgabe. Sandra könnte mit einer solchen inneren Haltung auch dann glücklich werden, wenn ihre Mutter ihre herrschsüchtige Art beibehält. Über das mütterliche Verhalten hat sie sowieso keine Verfügungsgewalt. Ebenso wenig hat die Mutter Verfügungsgewalt über Sandras Leben – außer Sandra gibt sie ihr.

Ach, Mutter … (3)

»Ich könnte glücklich und erleichtert sein«, sagte Sandra und wurde ganz nachdenklich. Sie spürte, dass sie es selbst in der Hand hatte, zu diesen Gefühlen zu kommen.

Wir fanden im Verlauf unserer Arbeit zwei weitere Sätze, die ihr die Veränderung erleichterten: »Ich hab dich lieb, Mama. Und ich gehe meinen Weg.«

Auf der Sachebene war es gar nicht so schwer, etwas zu ändern. Sandra reduzierte ihre Arbeitszeit und hat ein Jura-Fernstudium aufgenommen. Derzeit weiß sie noch nicht genau, ob sie Medizinrecht oder Arzneimittelrecht als Schwerpunkt wählen will. Sie macht einen glücklichen und erleichterten Eindruck. Ihre Mutter scheint auch entspannter zu sein. Aber das ist eine andere Geschichte.

Bei Gegenwind verhandeln

Aktiv Unterstützung suchen

Sandras Aufgabe bestand vor allem in der Auseinandersetzung mit sich selbst. Erst in einem zweiten Schritt kam ihr Verhältnis zu ihrer Mutter hinzu: die so entspannende freundliche Gleichgültigkeit. Manchmal wollen wir aber auch ein Ziel erreichen und brauchen dafür die Mithilfe anderer. Die Tendenz zur Konfliktvermeidung ist dann eine Hürde, weil wir aus Furcht vor einer direkten Auseinandersetzung erst gar nicht das Gespräch suchen. Doch wir erreichen unser Ziel nur, wenn wir über diese Hürde hinwegklettern und diejenigen, die uns unterstützen sollen, für uns gewinnen. Auf leise Art, versteht sich.

Viele leise Menschen scheuen vor einer Kommunikation zurück, wenn sie etwas Ungewöhnliches wollen, was ihnen (und oft sogar auch anderen Menschen in ihrem Umfeld) zugutekäme. Abgesehen davon, dass sich ihr Vorsichtszentrum meldet, fragen sie sich meistens, ob das, was sie wollen, auch angemessen ist – und nicht etwa unangemessen. Da haben es Extros mit ihrem aktiveren Belohnungszentrum leichter, das sie zu Risiken ermutigt, um etwas Gutes zu erreichen.

Projektleiter – ein Ehrenamt? (1)

Sven gilt in seiner Abteilung als Fels in der Brandung. Er ist als IT-Fachkraft die Verkörperung von Kompetenz und vor allem ein zuverlässiger leiser Mensch. Sein Wort zählt. Immer wieder hilft er anderen Kollegen weiter.

Als Sven zu mir kam, leitete er seit sechs Wochen kommissarisch ein wichtiges Projekt, weil ein Kollege schwer erkrankt war und lange nicht wiederkommen würde. Die Arbeit schaffte er mit seiner Erfahrung und seinem guten Verhältnis zu den Kollegen gut. Der Haken: Er bekam für eine starke Mehrbelastung keinen einzigen Cent mehr. Und er traute sich auch nicht so richtig, das Thema bei seiner Vorgesetzten Anna anzusprechen. Schließlich, so erklärte er mir, sei diese Projektleitung ja auch eine tolle Chance für ihn: »Ich kann mich in dieser Führungsposition ausprobieren, und vielleicht fällt es ja dann auch ›oben‹ auf, dass ich die wuppen und mit Menschen umgehen kann. Und dann geben mir meine Vorgesetzten mehr Verantwortung.«

Scheu, Ansprüche geltend zu machen

Sven traute sich nicht, irgendwelche Ansprüche geltend zu machen. Aus seiner Sicht musste er sich erst einmal bewähren. Im Gespräch rückten wir von dieser Situation ab und verglichen sie mit anderen Erfahrungen, die Sven in seinem Leben gemacht hatte. Er kam zu einer wichtigen Erkenntnis: »Ich habe mich schon als Junge immer um andere gekümmert – um meine jüngeren Geschwister, um meine Mutter, um Mitschüler ... Anderen zu helfen, das finde ich ganz normal.«

Seine frühen Erfahrungen hatten Sven dazu gebracht, sich als wertvoll zu sehen, wenn er die Probleme seiner Umgebung lösen konnte. Die Rolle als Unterstützer und Problemlöser ist erst einmal schön: Sven fühlte sich gut, seine Umgebung profitierte. Aber er bezahlte auch: Andere, weniger uneigennützige Mitmenschen schafften es im privaten und beruflichen Bereich immer wieder, Sven auszunutzen und aus seiner »Gratisleistung« Vorteile zu ziehen. Und der sagte dann lieber nichts, um sein Selbstbild zu behalten und Stress zu vermeiden. Er blieb also stoisch bei seiner inneren Haltung: »Ich bin ein Helfer. Und ich stelle selbst keine Ansprüche; die anderen gehen vor.«

Diese Haltung ist – so edel sie wirken mag – Ausdruck einer ausgeprägten Konfliktscheu. Und es kann tatsächlich schwierig werden, wenn Sven als ein bisher bequemer Lieferant wertvoller Gratisleistungen auf einmal eine Forderung stellt. Doch er schadet sich selbst, wenn er immer wieder neue Aufgaben klaglos übernimmt und dafür einzig seinen Fels-in-der-Brandung-Ruf als Gegenleistung bekommt. Seine Vorgesetzten und Kollegen werden von seiner Leistung zwar gern profitieren, aber Sven nicht besonders respektieren. Und auch in der Sache könnte es besser aussehen: Wenn Sven nicht um Ressourcen bittet, wird er immer nur in einem engen Rahmen handeln können. Das spürt er deutlich: Es fehlt im Projekt an Mitarbeitern und an Mitteln. Sein Job soll es sein, diese ständige Knappheit zu verwalten und dabei auch noch das Projekt zu stemmen.

Lösungen durch Verhandeln

Wie sollte Sven nun mit seiner Konfliktscheu umgehen? Wir kamen zu dem Schluss: Ein behutsames Verhandeln wäre gut. Verhandeln hat den Vorteil, dass es sich Schritt für Schritt aufbauen lässt. Das gibt Sicherheit. Außerdem lässt sich die Sachebene schön entwickeln: Es gibt beim Verhandeln immer mehrere Lösungen und womöglich wirken mehrere Menschen dabei mit. Die Haltung »Ich gegen die anderen« – Gift für jeden Konfliktscheuen – lässt sich also umwandeln in ein »Lasst uns mal sehen, wie wir das für uns alle verbessern können«. Auch das sorgt für Sicherheit.

Über Verhandeln ist ziemlich viel geschrieben worden. In Löhken (2012a) finden Sie ein ganzes Kapitel über Verhandeln für Introvertierte. Im Coaching planten wir einen übersichtlichen Vier-Schritte-Verhandlungsplan für Svens Weg zu einer besseren Situation. Vielleicht wollen Sie ihn ausprobieren? Hier ist die Übersicht:

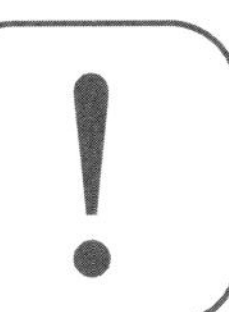

Verhandeln statt Konflikt: 4 Schritte

Schritt 1: Eigene Rolle und Handlungsmöglichkeiten finden

Ganz zu Anfang ist es wichtig, dass wir überhaupt klären: Was wollen wir? Dies ist eine Sammelphase. Sehen Sie von ganz verschiedenen Seiten auf Ihre Situation. Was lässt sich verbessern? Wer würde davon profitieren?

Achten Sie in dieser Phase gerade als Konfliktscheue(r) darauf, dass Sie die Vorteile sehen. Wer hier wie ein Kaninchen vor der Schlange auf Schwierigkeiten und Widerstände starrt, sabotiert sich selbst. Es geht also hier um einen Perspektivenwechsel. Unterschätzen Sie diesen Schritt nicht: Sie werden Ihre innere Haltung ändern und damit auch den Verlauf und Ausgang der Verhandlung.

Sven machte sich in diesem Schritt klar, dass er eine Wahl hatte: Er könnte die kommissarische Projektleitung auch niederlegen. Er entschied sich aber ganz bewusst für ein Ja zu seiner Projektleitung. Die Aussicht, etwas über seinen bisherigen Horizont hinaus bewirken zu können, gefiel ihm sehr.

Und er machte sich auch klar, dass er für sein Ja und für seinen Einsatz etwas verlangen durfte. Denn er könnte sich erstens auch anders entscheiden und trug zweitens das Risiko für seinen Mehreinsatz. Gesundheitlich würde es riskanter und auch seine anderen Aufgaben taten sich ja nicht von selbst. Sven hatte für das Projekt außerdem etwas Wertvolles anzubieten: seine Arbeitskraft, seinen Einsatz, seine Erfahrung. Klare Vorteile für das Projekt und alle Beteiligten.

Schritt 2: Die Kommunikation planen

Planung ist für uns Intros immer ein guter Ansatz. Vor einer Verhandlung dient diese Phase dafür, die Kommunikation über die Ergebnisse von Schritt 1 vorzubereiten. Das sorgt für Sicherheit und eröffnet oft noch einmal neue Denkwege.

Das kam bei Sven heraus:

- Er hörte sich im Unternehmen um, wo es einen Fall wie seinen schon einmal gegeben hatte. Dabei fand er heraus, dass vor zwei Jahren eine Managerin auf einem ähnlichen Interimsprojekt gewesen war. Der Projektleiter hatte damals gekündigt. Die Kollegin hatte die Überlastung krank gemacht.
- Sven machte sich bewusst, dass er eine starke Position hatte: Niemand in seiner Abteilung hatte seine Erfahrung und konnte sich ähnlich gut auf das Projekt einstellen. Ihm war zudem klar, dass

das Projekt für seine Chefin eine hohe Priorität hatte: Der neue Kunde war sehr wichtig und sollte dauerhaft gewonnen werden.

- Sven entwickelte drei Ideen:

  Idee 1: Eine Interimskraft könnte ihn in seinen bisherigen Verantwortlichkeiten unterstützen, bis das Projekt auslaufen würde.

  Idee 2: Anna könnte ihm einen größeren Verantwortungsbereich geben, damit die Mitarbeiter im Projekt ihm auch formal zugeordnet würden. Um dies zu erreichen, müsste Anna auch ihren Vorgesetzten gewinnen, weil damit eine Umstrukturierung verbunden wäre.

  Idee 3: An einem Tag in der Woche hätte er gern einen Homeoffice-Tag, um in Ruhe an Konzeptionellem zu arbeiten und die Projektplanung zu machen. Für den Intro Sven war eine Arbeitsphase in seinem eigenen friedlichen Haus eine attraktive Aussicht: »Da schaffe ich mehr weg als an anderthalb Bürotagen.«

Schritt 3: Ins Gespräch kommen

Dieser Schritt ist für zurückhaltende Intros heikler: Jetzt geht es darum, Ihren Verhandlungspartner anzusprechen und ihn zum Zuhören zu bringen. Denn umsetzen können Sie Ihre Pläne schließlich erst, wenn Sie andere auf Ihre Seite bringen und Verbündete gewinnen. Das gelingt besonders gut dann, wenn Sie der anderen Seite die Vorteile nahebringen können, die es hat, wenn sie Ihnen folgt.

Sven hatte zum Glück ein gutes Verhältnis zu seiner Vorgesetzten. Er konzentrierte sich im Gespräch erst einmal darauf, seine Situation zu schildern: was gerade anstand, wie das Projekt lief. Dann sprach er über die Engpässe – und wie wichtig es ihm sei, dass alle Arbeitsbereiche gut liefen. Und dass er darüber nachgedacht habe, wie sie, also er und seine Vorgesetzte, das gemeinsam absichern könnten.

Schritt 4: Bewegung mitmachen

Dieser Schritt gibt Ihnen Raum für Ihre Vorschläge. Und hier wollen Sie mit Ihren Gesprächspartnern auch zu einem gemeinsamen Ergebnis kommen. Sie haben es dabei leichter, wenn Ihr Gegenüber Ihrer grundsätzlichen Perspektive aus Schritt 3 zustimmt. Die große Aufgabe liegt an dieser Stelle darin, dass Sie nicht genau wissen, wie Ihr Gesprächspartner reagiert. Es ist also gut, wenn Sie einige allgemeine Strategien kennen, damit Sie sich innerlich vorbereiten können. Viele Verhandelnde haben mit den folgenden Fragetypen viel Erfolg gehabt.[60]

- Was wäre, wenn?

  Diese hypothetische Art zu fragen hilft dabei, gemeinsam Ideen zu entwickeln und zu verstehen, welche Haltung Ihr Gesprächspartner einnimmt.

  Beispiel: Sven fragte seine Vorgesetzte: »Was wäre, wenn mir die zusätzliche Arbeit mit dem Projekt zu viel würde?« Seine Vorgesetzte Anna wurde ganz unruhig. Sie hatte sich bisher ganz auf Sven verlassen. Sven erklärte ihr, dass er das Projekt gern leiten, aber Hilfe brauchen würde. Anna versprach ihm, sich bei ihrem Chef dafür einzusetzen, dass Sven Unterstützung bekommen sollte. Was natürlich die Frage aufwarf: Welche Art von Unterstützung könnte das sein? Sven hatte zum Glück mit seinen Ideen Vorarbeit geleistet.

- Wenn X, was dann?

  Mit dieser Frage, die eine Variante der ersten Frage ist, verbinden Sie explizit zwei Bereiche miteinander und schaffen eine logische Folge. Und Sie leiten ein Tauschgeschäft ein, das optimalerweise allen Beteiligten zugutekommt.

  Sven fragte Anna (und platzierte damit seine erste Idee): »Wenn ich so viel Zeit mit dem Projektteam verbringe: Könnten wir klären, ob ein Kollege meine Aufgaben in den Abteilungsmeetings übernehmen kann? Das ist immer ziemlich viel Koordination, aber es lässt sich leicht lernen.«

- Darf ich noch einmal nachfragen?

  Mit der Nachfrage auf einer übergeordneten Ebene klären Sie, ob Ihr Gesprächspartner bei aller Einigung auf der Sachebene noch Vorbehalte hat. Und Sie finden heraus, ob Sie wirklich in die gleiche Richtung denken.

Sven hatte in seinem Gespräch seine Idee 3 überzeugend herübergebracht: Er würde künftig einen Tag im Homeoffice arbeiten können.

Er sah aber, dass Anna noch ein wenig reserviert wirkte. Er fragte also: »Ich habe den Eindruck, dass dir noch etwas Sorgen macht. Gibt es noch etwas?« Anna druckste ein wenig herum, sagte dann aber: »Ich weiß nicht, wie sich die neue Regelung auf die anderen im Team auswirkt. Bis jetzt haben wir ja nur ganz wenige Leute, die im Homeoffice arbeiten, vor allem Eltern von Kleinkindern. Wenn du jetzt auch einen Tag in der Woche zu Hause arbeitest, wollen das vielleicht auch andere.«

Diese Sorge brachte das Gespräch noch einmal auf eine andere Ebene. Sven und Anna waren sich einig, dass sie die Folgen der Regelung nicht genau absehen konnten. Also schlug Sven vor, die Homeoffice-Regelung erst einmal versuchsweise laufen zu lassen und nach zwei Monaten zu sehen, was passiert und ob Sven tatsächlich produktiver arbeiten kann. Er bekam, was er wollte, und Anna hatte eine zusätzliche Sicherheit.

Mit diesem introgerechten Leitfaden sollte Ihnen Ihre nächste Verhandlung leichterfallen, auch wenn Sie die Spannung zwischen unterschiedlichen Standpunkten normalerweise scheuen.

Projektleiter – ein Ehrenamt? (2)

Svens Geschichte hat ein Happy End: Anna setzte sich dafür ein, dass er tatsächlich eine Beförderung bekam und dass eine kleine Umstrukturierung früher als geplant in Kraft trat. Svens »Interimsprojekt« war nun sein offizieller Arbeitsbereich. Und er schaffte es tatsächlich, einen Tag im Homeoffice zu installieren. Die Ergebnisse, die er in dieser für ihn viel stressfreieren Zeit liefern konnte, waren ausgezeichnet. Dafür konnte er sich auf das Managen seines neuen Verantwortungsbereiches konzentrieren. Ganz verzichten konnte das Team bei der Koordination der Abteilungsmeetings allerdings nicht auf ihn. Er bekam zwar zusätzliche Unterstützung, aber die Kommunikationsarbeit komplett abgeben: Das klappte nicht.

Sven war insgesamt sehr zufrieden. Auch mit sich selbst: Er hatte es geschafft, für sich einzutreten. Seine Anstrengung und seine

Bereitschaft, neue Wege zu versuchen: All das kam nun ihm und vielen anderen zugute.

Ach ja, und das Projekt lief prima.

Die Profiliga: Nein sagen

Doch, doch, lesen Sie weiter. ☺ Ein klares Nein gehört zu den Dingen, die die meisten Konfliktscheuen nur unter Stress zustande bringen. Nicht nur, dass wir unsere eigenen Interessen vertreten sollen: »Nein« klingt einfach negativ. Menschliche Hirne mögen keine negativen Eindrücke und reagieren auf sie viel heftiger als auf positive Botschaften.

Wir mögen keine negativen Nachrichten

Wenn Sie einen schlechten Eindruck von einer neuen Bekanntschaft haben, wird die es schwer haben, diesen Eindruck auszugleichen. Wenn Ihre Chefin Sie im Jahresgespräch lobt und nur eine Sache zu bemängeln hat: Was bleibt Ihnen vor allem im Gedächtnis? Wenn eine Aktie in Ihrem Depot im Kurs sinkt, während Sie gleichzeitig eine deutliche Gehaltserhöhung bekommen: Was meinen Sie, wirkt nachhaltiger? Genau! Also: Wir mögen keine schlechten Nachrichten. Und Nein ist nun einmal eine schlechte Nachricht.

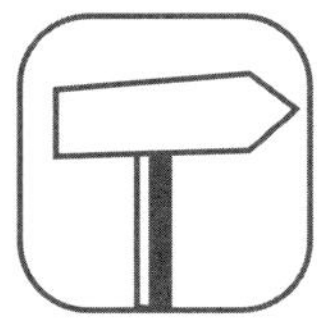

Momente, in denen immer ein Nein fällig ist

Jemand beleidigt Sie.

Jemand versucht, Sie zu betrügen.

Jemand nimmt etwas, was Ihnen gehört.

Jemand will, dass Sie etwas tun, was in seiner Verantwortung liegt.

Jemand strengt Sie mit seinem Anliegen unangemessen an.

Sie mögen nicht. Mit gutem Grund.

Wir sehen uns, wenn wir Nein sagen, leicht als Verweigerer. Aber eine Verweigerungshaltung ist eben genau das: eine Haltung. Negative Menschen sind Jammerer, Aufschieber, Perfektionisten – und sie sind meistens ziemlich machtlos. Ein Nein dagegen ist das Ergebnis einer Entscheidung. »Nein, das passt jetzt nicht«: Dieser Satz kann ein Moment der Befreiung und der Selbstbestimmung werden. Wir beziehen im Moment des Neinsagens Position. Und wir überschreiten eine Grenze, von der wir in diesem Moment wissen, dass wir sie uns selbst gesetzt haben.

Ein Satz für alle Fälle: Nein. Das passt jetzt nicht.

Meine mutige Extro-Kollegin Claudia Kimich hat auf ihrer Kaffeetasse stehen: Nein ist ein ganzer Satz.[61] »Nein, danke«, will ich als vorsichtige Intro gleich hinzufügen. Und ja, das Ablehnen will trainiert sein. Mit diesem Buffet mit sieben introfreundlichen Nein-Strategien können Sie direkt anfangen.

Nein: Das Übungsbuffet für höfliche Intros

1. Die Zeitstrategie

Verschaffen Sie sich Luft. Diese Strategie passt sehr gut, wenn Sie ein frontales Nein um Luft ringen lässt. Schieben Sie einfach Zeit zwischen das Anliegen und Ihre Antwort.

Mustersätze: Lassen Sie mich darüber nachdenken. – Ich weiß noch nicht. Ich melde mich bei Ihnen. – Dazu will ich noch etwas klären. Ich rufe zurück!

2. Die weiche Strategie

Sie sagen immer noch Nein, aber auf nette Art. Wählen Sie eine Sprache, die verbindlicher ist als das N-Wort. Mustersätze: Ich würde lieber … – Das klingt gut, und gleichzeitig sehe ich …

Achtung: Die nette Art kann dazu führen, dass Ihr Gegenüber anfängt zu verhandeln. Irgendwann ist das Nein dann womöglich doch fällig.

3. Die Zen-Strategie

Bleiben Sie ruhig und gelassen. Machen Sie eine Redepause und atmen Sie tief in Ihren Bauch, bevor Sie Nein sagen. Achten Sie auf eine ruhige Stimme und auf ein mäßiges Tempo. Ein Nein ist sehr mächtig, wenn es aus einer Haltung innerer Ruhe und Stärke kommt.

Mustersatz: (Pause, Atmen) Nein.

Widerstehen Sie der Versuchung, dem »Nein« noch etwas hinzuzufügen! Ein ruhiges Lächeln ist erlaubt.

4. Die soziale Strategie

Nehmen Sie eine andere Verpflichtung als Alibi. Das federt Ihre Angst ab, Sie könnten egoistisch erscheinen. Mustersatz: Am Samstag habe ich schon eine Familienfeier im Kalender – aber danke für die nette Einladung!

5. Die Perspektivenstrategie

Ändern Sie Ihre innere Haltung. Machen Sie sich klar, dass Sie die Mehrarbeit um Ihrer Familie willen ablehnen. Oder dass Sie das überteuerte Angebot ablehnen, um Schaden von Ihrer Firma abzuwenden.

Mustersätze: Da sollten wir eine andere Lösung suchen, das kann ich so nicht machen. – Das Angebot passt nicht zu unserem Budget.

6. Die Minimalstrategie

Sie sagen einen einzigen Nein-Satz. Und nichts anderes. Das hilft besonders bei hartnäckigen Energievampiren. Fangen Sie niemals an, Ihr Nein zu begründen.

Mustersätze (zum Wiederholen!): Nein, Chef. Ich habe schon mehr als genug Projekte. – Susi, wir werden uns hier nicht einig. Lass uns das Gespräch beenden. – Oder einfach: Nein.

7. Die Allround-Strategie

Geht oft und ist zusammen mit Strategie 1 sehr wirksam, wenn jemand Sie überrumpeln oder unter Druck setzen will.

»Nein. Das passt jetzt nicht.«

Nehmen Sie sich jeden Tag vor, zumindest eine der Strategien zu probieren. Sie werden sehen: Es wird leichter. Ihre Belastung wird es auch. Und Sie werden sich sehr, sehr gut fühlen. Ich habe selbst lange gebraucht, bis ich zu meinem eigenen Nein gefunden habe, und will es heute nicht mehr missen. Es schützt mich.

»Ein Nein macht dein Ja bedeutsamer. Es macht dich zu einem Spezialisten anstatt zu einem Generalisten, wenn es darum geht, anderen etwas zu geben.«

Adam Grant (2016)

Hört sich das Nein noch immer unüberwindlich schwer an? Dann ist hier ein Kasten voller Gründe, aus denen Sie sich Ihre besten aussuchen können.

»Nein« ist ein wichtiges Wort. Hier die Gründe – und Beispiele aus dem wirklichen Leben

Sie treffen eine verantwortungsvolle Wahl. Ihre

Ninas Freundin Theresa will ihr Traumauto finanzieren. Leider ist der Kredit nicht so leicht zu bekommen, weil ihre Finanzen nicht rosig aussehen. Nina soll eine Kreditbürgschaft für sie übernehmen.

Nina hat eine Wahl: Sie kann für Theresa bürgen und dafür ihr eigenes Vermögen riskieren. Oder sie sagt Nein und schützt ihr Geld.

Sie schaffen Raum für Wichtiges

Nein sagen hält nicht nur etwas aus Ihrem Leben heraus, sondern ermöglicht auch, dass Sie das, was für Sie zählt (Ihre Prinzipien, Ihre Ziele, das, was Sie lieben), in Ihr Leben hineinnehmen können.

Sagen Sie also Nein, wenn Sie eine Petition unterschreiben sollen, die nicht Ihren Wahrheiten entspricht. Sagen Sie Nein zur Einladung einer Bekannten, wenn Sie dringend Zeit für sich benötigen. Sagen Sie Nein zum Vorschlag, Urlaub in den Bergen zu machen, wenn Sie in den Ferien lieber Ihrer Jüngsten das Schwimmen beibringen wollen. Das, was für Sie wichtig ist, braucht Raum.

Sie entwickeln Ihre Disziplin

Manchmal ist ein Nein zu uns selbst fällig: wenn wir unsere Zeit vertrödeln, Dinge tun, die uns nicht guttun – oder wenn wir zu viel von dem konsumieren, was uns gerade guttut.

Guido hat als Kind gelernt, dass Essen eine Belohnung ist. Und obwohl er es besser weiß, feiert er kleine Erfolge gern mit (ziemlich vielen) Süßigkeiten. Wenn er einen Misserfolg hat, tröstet er sich leider mit Unterstützung aus der gleichen Schublade. Wenn er es schafft, dieses Muster mit einem Nein zu unterbrechen, dann unterbricht er ein Ritual, das ihm schadet. Und er schafft Raum für neue Möglichkeiten: Ein gutes Buch zur Belohnung oder ein Spaziergang mit seiner Liebsten zum Trost lässt ihn wahrscheinlich zufriedener werden als das schlechte Gewissen nach zwei inhalierten Tafeln Nougat-Crisp-Schokolade.

Sie nutzen Ihren moralischen Kompass

Unser Empfinden für richtig und falsch ist wie ein Muskel: Wenn wir es trainieren, funktioniert es besser.

Beas Kollege Heinrich lebt in einer unglücklichen Ehe. Bea kennt das Ehepaar und auch die Situation ziemlich gut. Sie weiß auch, dass Heinrich seit Neuestem eine Affäre mit einer Jugendliebe hat. Sie hat sich bisher nicht eingemischt und niemandem etwas erzählt. Jetzt hat Heinrich aber die Idee, dass Bea ihm und seiner Freundin doch ihre Berliner Zweitwohnung gegen eine kleine Miete überlassen könnte, damit sie ein kleines Refugium aufbauen könnten. Bea fühlt sich sehr unbehaglich. Für sie wäre eine Grenze überschritten, weil sie mit dem Überlassen der Wohnung Teil der Heimlichkeiten würde. Sie schafft es, ihrem Kollegen Heinrich gegenüber Nein zu sagen. Dazu wählt sie die weiche Strategie: »Ich fühle mich wohler, wenn ich mich aus dieser Situation ganz heraushalte.« Heinrich will das Nein nicht so einfach gelten lassen. Bea antwortet mit der Minimalstrategie: Sie sagt: »Ja, und …«, dann wiederholt sie ihren Satz.

Sie finden heraus, wie tragfähig Ihre Beziehungen sind

Wer immer nur anderen zu Gefallen Ja sagt, kann gar nicht herausfinden, wie seine lieben Mitmenschen mit einem selbstbestimmten und weniger gefälligen Nein umgehen. Das ist besonders bei nahestehenden Menschen schwer: Denn wenn sie auf Distanz gehen, schmerzt das besonders.

Hannah ist ein herzlicher Familienmensch und eine wunderbare Köchin. Ihre ziemlich große Familie mit drei Geschwisterfamilien sowie Eltern, Schwiegereltern und älterer Tante findet es deswegen ganz normal, in jedem Jahr bei ihr, ihrem Mann und ihrer Tochter Weihnachten zu feiern: mit Festmenü und etlichen Übernachtungen.

Hannah hingegen meint nach fünf sehr aufwendigen Weihnachtsfesten, dass jetzt ruhig einmal jemand anderes diese jährliche Feier organisieren dürfte. Sie schreibt eine (in aller Ruhe formulierte) E-Mail, in der sie genau das vorschlägt. Die Reaktionen sind verhalten: Was hast du denn auf einmal? Wir helfen ja auch! Haben wir dir etwas getan?

Für Hannah ist diese Phase sehr anstrengend, aber sie bleibt beharrlich (bekanntlich auch so ein schöner Intro-Vorteil). Und siehe da: Die Familie entwickelt ein Rotationssystem. Künftig wird Weihnachten reihum bei den Geschwistern gefeiert. Selten wird Hannah die Weihnachtsgans so lecker schmecken wie an diesem Jahresende. Sie fühlt sich auf einmal ganz leicht und befreit.

Sie bekommen Respekt

Manchmal ist ein Nein wichtig, um Grenzen zu setzen. Denken Sie an Sandra und ihre Mutter, die Sie eben kennengelernt haben. Hätte Sandra als junge Frau mit dem ein oder anderen Nein eine Grenze gesetzt (»Ich will nicht, dass du mein Leben bestimmst; ich entscheide das allein«), dann wäre ihre dominante Mutter zwar sauer bis wütend geworden. Gleichzeitig wäre der Konflikt eine Basis gewesen, auf der eine gleichberechtigte Beziehung hätte entstehen können. An die Stelle der Kontrolle hätte etwas anderes treten können. Vielleicht.

Sie schützen sich vor Ausbeutung

Der zweifache Vater Niels bekommt einen Anruf von seinem alleinerziehenden Kumpel Ralf, der mit seiner neuen Freundin eine Reise plant. Niels und seine Familie sollen Ralfs Sohn Piet mit in den Urlaub nehmen: »Ein Kind mehr macht ja keinen so großen Unterschied für euch und ich brauche doch Zeit mit Meike.«

Der leise Niels gönnt Ralf seine Alleinzeit mit Meike. Gleichzeitig findet er die Bitte ziemlich rücksichtslos. Er selbst braucht nicht mehr, sondern weniger Menschen für seine Erholung. Zudem ist Piet, vorsichtig ausgedrückt, nicht gerade einfach. Und ihm fällt bei der Gelegenheit auch auf, dass Ralf ihm eigentlich noch nie einen echten Gefallen getan hat.

Niels holt tief Luft und wählt die Allround-Strategie von oben: »Nein. Das passt jetzt gerade nicht.« Ralf zuckt die Achseln, ohne weiter nachzufragen. »Na, dann versuche ich es mal bei Katrin.« Diese Antwort lässt Niels ein wenig über seine Freundschaft mit Ralf nachdenken. Und über sich selbst.

Also: Das Wort »Nein« sollte in Ihr Repertoire, oder?

Das Nein der anderen

Eine ganz andere Frage ist die: Können Sie das Nein anderer Menschen ertragen? Wenn Sie selbst etwas wollen und Ihr Gegenüber schlägt es Ihnen ab, können Sie das akzeptieren? Vorsichtige Menschen schrecken bei einem Nein leicht zurück und fühlen sich – auch wenn sie es mit dem Verstand besser wissen – persönlich zurückgewiesen und auch ein wenig beleidigt. Wenn Sie gerade innerlich nicken, könnte dieser Abschnitt ein besonders wichtiger Lernabschnitt für Sie sein. Denn ein Nein lässt sich viel leichter hinnehmen, wenn wir es auch selbst sagen können. Üben Sie beides: Nein sagen und Nein hören! Damit geben Sie sich und anderen freien Raum.

Wenn wir unseren eigenen Weg verfolgen und uns von Widerständen nicht schrecken lassen, dann folgt oft eine große Freude: Wir sind unserem guten Leben ein Stück näher gekommen. Und es gibt eine Nebenwirkung: Wenn wir unser Leben gestalten, anstatt einfach nur abzuwarten, dann ecken wir vielleicht manchmal an – aber Respekt bekommen wir auch. Und der ist für ein gutes Leben tatsächlich ziemlich wichtig.

Einfühlungsvermögen: 4 Tipps zum Weiterlesen

Peter Michael Bak: Zu Gast in Deiner Wirklichkeit. Empathie als Schlüssel gelungener Kommunikation. Berlin, Heidelberg: Springer 2015

Für Bak ist das Einfühlungsvermögen die Voraussetzung für gelungene Kommunikation. Seine Fallbeispiele und ein solides Wissen über die Grundlagen des Einfühlungsvermögens machen das Buch zu einer reichhaltigen Leseerfahrung.

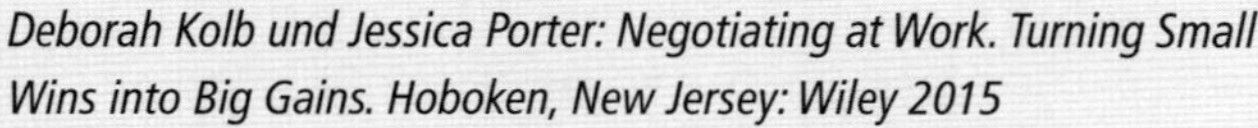

Deborah Kolb und Jessica Porter: Negotiating at Work. Turning Small Wins into Big Gains. Hoboken, New Jersey: Wiley 2015

Deborah Kolb ist eine Meisterin des klugen Verhandelns. Da sie sich im Laufe ihrer Karriere als Professorin vor allem dafür einsetzte, dass sich Frauen im Business erfolgreich bemerkbar machen können, hat sie konfliktscheuen Menschen mit leiser Stimme eine Menge zu sagen.

Hartmut Rosa: Resonanz. Eine Soziologie der Weltbeziehung. Frankfurt am Main: Suhrkamp 2016

Der zweite dicke Wälzer von Rosa, den ich hier zitiere. Aber der Mann ist einfach gut! Hier geht es (Achtung – auf über 800 Seiten!) um all unsere Beziehungsebenen, die wir mit der Welt pflegen, und warum diese Beziehungsebenen nach außen so viel mit unserer Beziehung zu uns selbst zu tun haben.

Adam Waytz: Die Grenzen der Empathie. In: Harvard Business Manager, März 2016, S. 36–43

Der US-Professor zeigt in diesem gut verständlichen Artikel, worauf Führungskräfte achten sollten, um den negativen Folgen von Empathie bei ihren Mitarbeitern vorzubeugen. Sie können die Hinweise leicht in Ihr Selbstmanagement übertragen.

Teil III

Tun Sie's mit Absicht

Gelungenes Leben

»Leben, das ist das Allerseltenste in der Welt – die meisten Menschen existieren nur.«
Oscar Wilde

Überblick: Das haben Sie erfahren

Und was ist jetzt genau ein gelungenes Leben? Was können Sie tun, um es zu erreichen? Dieses Kapitel ist eine Zusammenfassung und bringt die wichtigsten Inhalte noch einmal ganz, ganz knapp auf den Punkt. Dieses Buch soll ja, das habe ich im Vorwort versprochen, ein Ideenbuffet für ein gutes Leben sein.

Speisekarte

Dieser Abschnitt ist die Speisekarte. Sie können ihn nutzen, um sich noch mal einen Überblick zu verschaffen und eine Auswahl zu treffen. Oder um zu prüfen, ob Ihr Leben schon so aussieht, wie Sie es sich wünschen. Oder um ein neues Rezept zu entwickeln.

Erinnern Sie sich noch an den Beginn des Buches? Sie haben zunächst etwas über den Unterschied zwischen Intros und Extros erfahren. Ihnen als Intro tun bestimmte Rahmenbedingungen einfach gut! Sehen wir zunächst auf die allgemeinen, übergreifenden Erkenntnisse.

Die wichtigsten Rahmenbedingungen für ein gutes introvertiertes Leben

- Ruhe und reichlich Entspannung (Intro-Ausprägung Parasympathikus)
- reizarme Umgebung (Intro-Ausprägung hintere Großhirnrinde)
- Nachdenken, Verarbeiten von Eindrücken (Intro-Ausprägung vordere Großhirnrinde)
- Sicherheit (Intro-Ausprägung Amygdala)

Lebensqualität lässt sich steuern

Wir haben auf die Idee vom Glück und dann auf zwei ziemlich solide Langzeitstudien gesehen, die uns wissenschaftliche Hinweise darauf gegeben haben, wie sich dieses Glück erreichen lässt. Lebensqualität können wir, so die Studien, steuern.

Glück!

Ihre Lebensqualität können Sie – das sagte schon Aristoteles – selbst beeinflussen. Und zwar so:

- eigene Stärken und Begabungen nutzen
- große, auch übergeordnete Ziele setzen
- aus eigenem Antrieb (intrinsisch motiviert) handeln
- selbstbestimmt und eigenverantwortlich leben

Terman-Studie: 5 Rezepte für ein langes und gutes Leben

1. Seien Sie beharrlich.
2. Seien Sie besonnen.
3. Seien Sie gewissenhaft.
4. Kultivieren Sie Ihre gute Organisation.
5. Lehnen Sie sich zurück, wenn Sie nicht den IQ von Albert Einstein haben. Die ersten vier Eigenschaften sind für ein erfolgreiches Leben wichtiger.

Grant-Studie: Rezepte für ein erfülltes, gelungenes Leben (definiert als ein gesundes, zufriedenes Leben)

1. Verzichten Sie auf Alkohol und Tabak und bleiben Sie normalgewichtig. Bewegen Sie sich regelmäßig.
2. Pflegen Sie Ihre Kontakte zu anderen Menschen. Gestalten Sie vertrauensvolle Bindungen zu Partnerin oder Partner, zu Ihren Kindern, Verwandten, Freundinnen und Freunden.
3. Lernen Sie aus den Umständen, auch wenn diese schwierig sind. Nutzen Sie das Gelernte.
4. Stehen Sie zu Ihren Gefühlen, aber kanalisieren Sie sie so, dass Sie sich und anderen nicht schaden.

Im Anschluss haben Sie einige grundsätzliche Ideen bekommen, die Ihnen helfen, sich zu entscheiden:

Soll die Situation so bleiben, wie sie ist?
Oder will ich sie verändern?

Sie kennen außerdem die Basis eines guten Lebens: das Selbstwertgefühl. Und Sie haben eine Ahnung davon, wie Sie es stärken.

Intro-Stärken und gelungenes Leben

Die folgende Übersicht bietet Ihnen einen Panoramablick über Intro-Stärken, Intro-Hürden und die wichtigsten Vorschläge dazu, wie Sie Ihre Stärken zu Leitsternen Ihrer Entwicklung machen können.

Intro-Stärken als Leitsterne für ein gutes Leben

Bauen Sie auf Ihre Stärken: Sie zeigen Ihnen den Weg zu Ihrer größten Schaffenskraft, Sie machen Sie unverwechselbar und außerdem authentisch. Nehmen Sie aber zugleich Ihre Hürden bewusst wahr –

auch sie können Ihnen weiterhelfen, ein Leben zu führen, das wirklich Ihres ist.

1. Vorsicht

Vertrauen ist ein Risiko. Ein gutes Leben ist eines, in dem Sie dieses Risiko eingehen und Menschen Ihres Vertrauens finden.

Wenn andere Menschen Ihnen vertrauen, wirkt das auch auf Sie selbst zurück. Und richtig gut wird es, wenn Sie sich selbst vertrauen.

→ *Hürde: Angst*

Es gibt gute Wege, mit Angstgefühlen umzugehen und sie zu kanalisieren. Wählen Sie Ihre.

2. Konzentration

Wenn Sie sich auf Dinge konzentrieren, die Ihnen wichtig sind, bündeln Sie Ihre Energie. Dadurch erreichen Sie verschiedene wichtige Lebensziele besonders gut.

Kultivieren Sie Phasen des ungestörten Alleinseins: Ihre kreativen Leistungen erbringen Sie besonders gut ohne Ablenkung.

→ *Hürde: Kleinteiligkeit*

Nutzen Sie Sebastians 7-Punkte-Plan, um Ihre Neigung zur Kleinteiligkeit zu überwinden. Seine Vorschläge helfen Ihnen gleichzeitig, sich noch besser zu konzentrieren.

3. Substanz

Die Stärke der Substanz können Sie nutzen, um Ihren Werten auf die Spur zu kommen. Oder um auch gegen Widerstände das zu tun, was Sie für wichtig halten.

→ *Hürde: Selbstverleugnung*

Hüten Sie sich vor dem Hochstapler-Syndrom. Setzen Sie sich damit auseinander, was Ihr Selbstbild ausmacht. Finden Sie Gründe, sich selbst zu lieben. Ihr Bild von sich selbst wird nach außen wirken und das Bild beeinflussen, das andere von Ihnen haben.

Und kultivieren Sie die leise, elegante Kunst des Unterstatements.

4. Zuhören

Das Hören hilft Ihnen, Ihre Umgebung genau wahrzunehmen. Es ist eine Kunst des Dazwischen: Denn es sichert Ihr Gleichgewicht und zeigt Ihnen Wege zwischen dem Innen und dem Außen, zwischen Ruhe und Aktion, zwischen Natur und Kultur.

→ *Hürde: Überstimulation*

Achten Sie darauf, besonders nach anstrengenden Phasen bewusst in die Unterstimulation zu gehen. Geben Sie Ihrem Parasympathikus Raum.

5. Ruhe

Pflegen Sie die Kunst der Muße: Das macht kreativ und stärkt Ihr Ich-Gefühl. Auch in diesem Abschnitt finden Sie Parasympathikus-Füttervorschläge.

→ *Hürde: Passivität*

Pflegen Sie Rituale – so kommen Sie mit wenig Mühe voran.

6. Unabhängigkeit

Unabhängigkeit können Sie wunderbar mit dem Leben in Gemeinschaft vereinbaren. Autonomie hilft Ihnen, Besonderes zu leisten. Auch gegen den Wind.

→ *Hürde: Flucht*

Es gibt Wege, auch aus dem Abstand heraus eigene Ideen und Überzeugungen wirksam werden zu lassen. Probieren Sie sie aus!

7. Analytisches Denken

Ein klares, systematisches Denken kann Ihnen dabei helfen, Ihre Rollen zu sortieren und den Sinn Ihres Daseins zu verfolgen. Damit stellen Sie wichtige Weichen zu einem gelungenen Leben.

→ *Hürde: Verkopftheit*

Öffnen Sie den Zugang zu Ihren Gefühlen. Und stärken Sie Ihren Willen. Geht beides!

8. Schreiben

Schreiben ist für Intros ein ideales Mittel, um Gemeinschaft mit anderen zu stiften und zu pflegen. Und um kreativ zu sein.

Schreiben ist außerdem eine Möglichkeit der Selbstbegegnung. Das Tagebuch kann zu einem wichtigen Begleiter Ihres Lebens werden – zum Beispiel zur Reflexion, zum Entscheiden und zum Korrigieren.

→ *Hürde: Kontaktvermeidung*

Ins Schneckenhaus verkriechen gilt trotzdem nicht!

Kontakt muss nicht mit vielen Worten und Anstrengung verbunden sein. Versuchen Sie es zum Beispiel einmal mit gemeinsamem Schweigen.

9. Beharrlichkeit

Entscheiden Sie, welche Gewohnheiten Sie beibehalten und welche Sie ändern wollen. Schaffen Sie neue Gewohnheiten, wenn Sie etwas in Ihrem Leben dauerhaft verändern wollen.

Gehen Sie auf kluge Weise mit Situationen des Scheiterns um. Fehler zu verarbeiten, kann eine echte Lebenskunst sein.

→ *Hürde: Fixierung*

Auch gegen Widerstände lassen sich Veränderungen gestalten. Finden Sie Gründe, wozu Sie dies tun sollten. Und dann beginnen Sie klein …

10. Einfühlungsvermögen

Nutzen Sie Ihre Empathie – aber achten Sie auch auf die Risiken und Nebenwirkungen. Entwickeln Sie für sich selbst Leitlinien.

Schaffen Sie Räume für leise Resonanz.

→ *Hürde: Konfliktscheu*

Der Umgang mit Konflikten lässt sich lernen, das Setzen von Grenzen auch. Und zwar auf leise Art. Wenn Sie sich diesen Lernprozess zumuten, werden Sie über den Zuwachs Ihrer Lebensqualität staunen.

Eine gute Strategie: verhandeln, um die eigenen Anliegen zu vertreten. Noch eine gute Strategie: Üben Sie, Nein zu sagen.

Die eigene Persönlichkeit zu kennen, inklusive unserer Stärken und Bedürfnisse: Das ist die beste Bedingung für ein Leben, das wir selbst gestalten und das deshalb gut zu uns passt. Suchen Sie sich aus diesem Gesamtüberblick die Hinweise heraus, die Ihren eigenen Stärken und Hürden entsprechen. Das muss nicht alles auf einmal passieren. Pro Monat könnten Sie sich eine Sache aussuchen und ausprobieren.

Haben Sie den Mut und die Neugier, immer wieder etwas Neues zu beginnen. Bleiben Sie nicht stehen. Nehmen Sie das Gelernte als Sprossen einer Leiter, klettern Sie hinauf und stoßen Sie sie dann lässig um.[62]

Da fehlt noch etwas!

Ganz wichtig: die Freude

Ist Ihnen aufgefallen, dass in diesem Buch etwas fehlt? Etwas, was da sein sollte, wenn es um gelungenes Leben geht? Ich bin erst darauf gekommen, als die Arbeit an diesem Manuskript sich dem Ende zuneigte und ich etwas über mich selbst, über eine Änderung in meinem eigenen Leben, lernen durfte. Woche für Woche, Monat für Monat hatte ich mich mit den Stärken leiser Menschen beschäftigt. Stunde für Stunde, diszipliniert planend zwischen vielen (zu vielen!) anderen Terminen hatte ich geduldig am Schreibtisch gesessen: lesend, schreibend, recherchierend, im Austausch mit den wunderbar spannenden Interviewpartnerinnen und -partnern, die Sie in diesem Buch kennengelernt haben. Was dabei trotz aller Wissbegierde und Entschlossenheit fehlte, war: die Freude. Lebens- wie Schaffensfreude.

Deshalb fehlt die Freude als Thema in dem, was Sie gelesen haben. Sie war mir entwischt. Ich spreche dabei nicht etwa von einer tiefen Freudlosigkeit, wie sie eine Depression mit sich bringen kann. Viel banaler war die Sache, am besten zu beschreiben mit dem, was Erich Kästner in seinem Gedicht *Sachliche Romanze* über die Liebe schrieb:

Sachliche Romanze (erste Strophe)[63]

»Als sie einander acht Jahre kannten
(und man darf sagen: sie kannten sich gut),
kam ihre Liebe plötzlich abhanden.
Wie andern Leuten ein Stock oder Hut.«

Erich Kästner

Wie mit der Liebe kann es auch mit der Freude gehen: Wir denken, wir kennen sie gut. Und wir denken, wir wollen sie. Wir arbeiten. Wir tun, was nötig ist. Wir verbessern uns sogar. Und manchmal haben wir Spaß. Und trotzdem kommt uns die Freude abhanden. Das, was doch so wichtig ist, schmeckt schal.

Flüchtiger Spaß versus tiefe Freude

Richtiges oder angenehmes Tun bringt nicht automatisch Freude mit sich. Und Spaß ist meistens nicht mehr als angenehm scheinende Stimulation: flüchtig und wenig erfüllend. Teurer Kram, gutes Essen und Trinken, schöne Reisen, Stimulanzien: Diese Reize behalten im Gefühlsbereich ihre Wirkung nicht lange. Gerade mit dem weniger ausgeprägten Belohnungssystem der Intros in unserem Hirn merken wir relativ schnell, dass Spaß nicht froh macht. Und umgekehrt strahlen manche Menschen, deren Leben von vielen Widrigkeiten und Gefahren geprägt ist, eine tiefe Freude aus. Prominente Beispiele sind der Dalai Lama und Desmond Tutu (siehe die Literaturempfehlung am Ende des Abschnitts). Auch bei Boris Grundl, Katja Kerschgens und Luise Pusch beeindruckt mich ihr fröhlicher und treffsicherer Humor, mit dem sie auf das Leben blicken, das sie manchmal hart gebeutelt hat.

Ja, natürlich: Nutzen Sie Ihre Stärken, um Ihr Leben zu verbessern und zu verschönern, um zu reifen und zu wachsen. Sie werden sich guttun, wenn Sie das finden und nutzen, was Ihnen liegt und Ihnen Kraft gibt. Was auch immer Sie tun: Fragen Sie sich währenddessen, ob Sie mit Freude dabei sind. Das lerne ich selbst gerade. Ich habe drei kundige Menschen gefragt, die sich mit der Freude gut auskennen.

Wie lässt sich das Empfinden von Freude entwickeln?

»Freude ist ein natürliches Gefühl, das jedes Kind kennt. Wenn also ein Erwachsener den Zugang zur Freude verloren hat, dann geht es mehr darum, herauszufinden, wie und warum er dieses Gefühl reduziert oder abblockt. Dabei spielen Erfahrungen die Hauptrolle.

Der Zugang zur Freude wird (wieder) möglich, wenn wir uns bewusst machen, mit welchen Gedanken oder durch welches Glaubenssystem wir die Freude kontrollieren. *So ein Glaubenssystem könnte sein: ›Wer sich auf etwas freut, kann auch enttäuscht werden. Also besser nicht freuen!‹«*

Roland Kopp-Wichmann, Psychologe, Autor, Coach

Freude lässt sich also freisetzen, wenn wir unsere Bremsen kennen. Und sie weist uns den Weg:

Freude als Wegweiser

»Freude ist hervorragend geeignet, um uns anzuzeigen, dass wir auf dem richtigen Weg sind: Da, wo die Freude ist, geht es weiter. Da, wo die Freude ist, sind wir bei uns. Da, wo die Freude ist, geben wir unser Eigenes in die Welt.«

Ulrike Scheuermann, Sachbuchautorin und Begleiterin für persönliche Entwicklung

Und dann gibt es noch die Freude des Künstlers …

Freude als innere Haltung

»Freude ist für mich eine Haltung, wie ein innerer Magnetismus, der Menschen, Themen und Dinge anzieht, die gut zu mir passen – oder zu denen ich hingezogen werde: Musik, Seelsorge und Sprache.

Die Haltung, die mir so viel Glück bedeutet: täglich in meine Werkstatt gehen zu dürfen, meistens in gerichteter, mittiger Stimmung, um mich mit den Grundlagen meines Handwerks zu beschäftigen. Und die Freude, das Wohlbefinden, wird zur Erwartung, zur Hoffnung, mit der ich auf den kommenden Tag schaue, auf den kommenden Menschen, die kommende Melodie.«

Tom Peters, Pianist und Komponist, Musikpädagoge und Theologe

Genau dies wünsche ich Ihnen, liebe Leserin und lieber Leser: die Freude als eine innere Haltung zu Ihrem Leben. Möge sie Sie jeden Tag begleiten!

Freude: 2 Tipps zum Weiterlesen

Martha Beck: Enjoy your life. Zehn kleine Schritte zum Glück. Frankfurt am Main, New York: Campus 2004

Im amerikanischen Original lautet der Titel *The Joy Diet*. Martha Beck ist eine bekannte Life-Coachin. Sie hat in ihrem eigenen Leben einige Klippen überwunden – und sie ist eine Persönlichkeit, die nicht nur selbst Freude ausstrahlt, sondern auch gute Wege zu ihr kennt und diese humorvoll vermittelt. Die zehn »kleinen Schritte« sind, wie ich finde, sehr wirksam, fordern aber Durchhaltevermögen. Aber sie belohnen uns dafür schon, während wir sie tun.

Dalai Lama und Desmond Tutu. Das Buch der Freude. München: Lotos 2016

Diese beiden berühmten Herren stehen für den spirituellen Zugang zur Freude. Vier Säulen des Geistes und vier Säulen des Herzens benennen sie als Grundlage echter Freude. Und die Wissenschaft passt bestens hinein – ebenso wie viel Gelächter und der deutliche Hinweis darauf, dass Freude und Leid keine Gegensätze sind.

Anhang

Anmerkungen

1 In philosophischer Fachsprache heißen die beiden Glücksarten seit Aristoteles hedonisches und eudämonisches Glück. »Eudämonie«, wörtlich »Gutgeistigkeit«, bezeichnet gutes Handeln – eine gelungene Lebensführung, die sich an ethischen Maßstäben orientiert und die mit einem ausgeglichenen Gemütszustand verbunden ist.

2 Sie finden die deutsche Version dieser Arbeit im Literaturverzeichnis unter Friedman und Martin (2012).

3 Friedman und Martin (2012), S. 45.

4 Vgl. http://sz-magazin.sueddeutsche.de/texte/anzeigen/39739/Der-weite-Weg-zum-Glueck.

5 Vgl. http://www.spiegel.de/gesundheit/psychologie/grant-studie-wie-ein-zufriedenes-leben-gelingt-a-851729.html#js-article-comments-box-pager.

6 Zum Nachlesen: Reiss (2010).

7 Zum Nachlesen: Mark und Pearson (2001).

8 Das geht natürlich auch in die umgekehrte Richtung: Wir können unser Selbstwertgefühl bestens sabotieren und schwächen, indem wir inkonsequent, zaghaft oder gegen unsere Überzeugungen handeln. Oder indem wir nichts tun, obwohl wir wissen, dass dies falsch ist. Und ein schwaches Selbstwertgefühl erhöht die Wahrscheinlichkeit, dass wir es beim nächsten Mal wieder nicht besser hinbekommen. Der Erfolgskreislauf wird so zum Teufelskreis, in dem wir uns selbst sabotieren. Aber hier geht es schließlich um gelungenes Leben – weswegen ich diese Warnung in eine Fußnote packe.

9 Vgl. dazu Branden (2011), S. 20.

10 Es gibt viel Literatur über den Selbstwert. Wenn Sie selbst weiterlesen wollen, empfehle ich Ihnen neben Branden (2011) das sehr gute Übungsbuch von McKay u.a. (2000).

11 Wie Sie Ihre Werte herausfinden, erfahren Sie im zweiten Teil dieses Buches im Abschnitt über Substanz.

12 Quelle: Lydia Rosenfelder: Dienst ist Dienst, und Schnaps ist Schnaps. Portrait Peter Altmaier. Frankfurter Allgemeine Sonntagszeitung vom 23. August 2015, Nr. 34, S. 7.

13 Sie lernen Katja im Kapitel zur Substanz näher kennen.

14 Einen Artikel zum Thema finden Sie hier: http://www.spiegel.de/gesundheit/psychologie/angststoerungen-wenn-sorgen-krankhaft-werden-a-1116221.html.

15 Vgl. http://content.time.com/time/health/article/0,8599,1850794-2,00.html; die Übersetzung stammt von mir.

16 Sie finden ihr Buch und den Link im Anhang dieses Buches.

17 Wir reden hier über die Großhirnrinde – konkret: über den präfrontalen Kortex. Der verarbeitet die Signale, die über die Sinnesorgane hineinkommen, stimmt sie mit Gedächtnisinhalten ab und hält Bewertungen daneben, die das limbische System schickt. Auf dieser Grundlage entstehen unsere Handlungen. Der präfrontale Kortex regelt damit unsere Handlungen. Auch den Verlauf von Gefühlsentwicklungen kann er beeinflussen: Er hat eine direkte Verbindung zur Amygdala und kann sie beruhigen – wenn wir uns darum bemühen.

18 Vgl. http://www.sueddeutsche.de/kultur/john-cleese-im-interview-jetzt-haben-wir-den-salat-mit-trump-1.3167074?reduced=true.

19 Nietzsches Satz lautet: »Hat man sein Warum des Lebens, so verträgt man sich fast mit jedem Wie. Der Mensch strebt nicht nach Glück; nur der Engländer tut das.« (Götzen-Dämmerung, Sprüche und Pfeile, 12)

20 Diese Studie führte Christine Porath an der Georgetown University durch. Hier ein guter Überblicksartikel aus der New York Times: http://www.nytimes.com/2014/06/01/opinion/sunday/why-you-hate-work.html?_r=0.

21 Na gut, also wenn Sie wollen – hier sind ein paar Stichwörter: ständige Erreichbarkeit, aufblinkende Nachrichtenfenster, Großraumbüros, WhatsApp, die sieben Aufgaben, die Sie gleichzeitig erledigen sollen, Ihr plötzlich erkranktes Kind, ankommende E-Mails, die Urlaubsvertretung für den Kollegen, die drei Meetings am Dienstag, der plötzlich hereinkommende Auftrag, der Stau, der Ihre Zeitplanung zur Lachnummer macht …

22 Sebastian heißt eigentlich anders, will aber gern unerkannt bleiben, weil er lieber mit anderen Dingen in Verbindung gebracht werden will als mit seinem Kampf gegen die Kleinteiligkeit.

Pst, Sebastian – du siehst, ich halte Wort. Danke fürs Teilen deiner Liste!

23 Zum Beispiel hier: www.psychotherapiesuche.de.

24 Frankfurter Allgemeine Sonntagszeitung, Nr. 35 vom 4. September 2016, S. 49.

25 In: Ulrich Plenzdorf: Die neuen Leiden des jungen W. Frankfurt am Main: Suhrkamp 1978.

26 Das ganze Interview lesen Sie in: Der Spiegel – Wissen: Versteh mich nicht falsch! Sonderheft Kommunikation, Ausgabe 3/2015, S. 12–19.

27 Das ist eine schöne Querverbindung zum Schreiben. Entsprechende Tipps finden Sie im Kapitel zu dieser Stärke.

28 Dieses Beispiel ist in Schnabels Artikel über das Nichtstun in der Wochenzeitschrift Die Zeit zu finden: http://www.zeit.de/2010/01/Die-Wiederentdeckung-des-Nichtstuns/komplettansicht.

29 Quelle: Spiegel Online vom 20. November 2016. http://www.spiegel.de/politik/deutschland/angela-merkel-tritt-zum-vierten-mal-als-cdu-kanzlerkandidatin-an-a-1122213.html.

30 Helga Nowotny in: Schnabel 2012, S. 45.

31 Das spielerische oder spontane Kind-Ich gehört in den Kosmos der Transaktionsanalyse. Über sämtliche Ich-Zustände informieren Sie sich am besten direkt beim Begründer: bei Berne (2008).

32 Süddeutsche Zeitung vom 19. September 2016.

33 Hier ist der Link: http://arielrubinstein.tau.ac.il/arielCafe.html. Sie können dem kaffeehaussammelnden Professor auch Ihre persönlichen Empfehlungen rund um den Globus schicken.

34 Ich habe unter den leisen Berühmtheiten, die ihre Kreativität mit Siestas förderten, leider keine Frau gefunden und freue mich über Hinweise.

35 Eine genauere Erklärung mit Beispielen finden Sie auf https://fleurszenblog.com/2015/11/11/mein-3-2-1-kopfkissenbuch/.

36 Zum Nachlesen: Steve Wozniak: iWoz. Wie ich den Personal Computer erfand und Apple mitbegründete. München: dtv 2008.

37 Zum Nachlesen: https://www.psychologytoday.com/blog/the-introverts-corner/201502/why-even-introverts-need-community; die Übersetzung stammt von mir.

38 Wenn Sie genauer nachlesen wollen, finden Sie einen guten Hintergrundtext in Pusch (1999), S. 158–165.

39 Näheres finden Sie unter Little (2000) sowie Little und Joseph (2007).

40 Hier die Definition freier Persönlichkeitsmerkmale aus Little (2000, S. 92f.): »culturally scripted patterns of conduct carried out as part of a person's goals, projects, and commitments, independent of that person's ›natural‹ inclinations«.

41 Vgl. brand eins, 18. Jg., Heft 11 vom November 2016, S. 37.

42 Den Begriff »gefühltes Wissen« für Intuition prägte Gerd Gigerenzer, Direktor am Max-Planck-Institut für Bildungsforschung in Berlin. Er gehört zu den wichtigsten internationalen Experten in den Bereichen Intelligenz des Unbewussten und Intuition.

43 Das berichtet Brandt in der Frankfurter Allgemeinen Sonntagszeitung Nr. 35 vom 4. September 2016, S. 49.

44 Zum Nachlesen: Ortheil (2011a, 2011b, 2012, 2013).

45 Zum Nachlesen: Scheuermann (2012).

46 Zum Thema Netzwerken und Kontaktaufbau finden Sie in Löhken (2012) ein ganzes Kapitel. Hier geht es speziell um das Schreiben als Hilfsmittel in Ihren Kontaktaktivitäten.

47 Achtung: Hier geht es wirklich nur um Kontaktvermeidung. Wenn Sie unter sozialen Phobien leiden und/oder ausgewachsene Panikattacken bekommen, wenn Begegnungen anstehen, dann ist eine therapeutisch geschulte Person eine gute Anlaufstelle.

48 Noch einmal Achtung: Kontaktvermeidung ist keine Schüchternheit. Den Unterschied habe ich in Löhken (2014), S. 76 erklärt.

49 Im nächsten Kapitel erfahren Sie, wie Sie Gewohnheiten schaffen und erhalten.

50 Wenn Sie genauer nachlesen wollen: Gladwell (2009, zweites Kapitel) schreibt sehr anschaulich über die 10000-Stunden-Regel. Wahre Kompetenz, echte Meisterschaft setzt, so diese Regel, 10000 Stunden intensiver Übungspraxis voraus. Das gilt für alle Bereiche des Könnens, also für einen Mozart ebenso wie für eine Marie Curie. Der maßgebliche Wissenschaftler hinter der Regel ist der Psychologe K. Anders Ericsson, der Anfang der Neunzigerjahre über die Übungspraxis Musikstudierender in Berlin forschte.

51 Zum Nachlesen: Roth und Ryba (2016), S. 216f.

52 Eine deutsche Zusammenfassung bietet http://www.foerderland.de/organisieren/news/artikel/tiny-habits-die-macht-der-kleinen-gewohnheiten/.

53 Herrera im Interview mit dem Sender 3Sat am 22.1.2010. Vgl. http://www.3sat.de/dynamic/sitegen/bin/sitegen.php?tab=2&source=/kulturzeit/tips/141327/index.html.

54 Andreas Eschbach führt auf seiner «Trostliste« viele andere Beispiele abgelehnter Bestsellerautoren und späterer Nobelpreisträger auf.

Wenn Sie einen Verlag für Ihr Buch suchen, hilft Ihnen die Seite beim Durchhalten: http://www.andreaseschbach.de/schreiben/verlagssuche/trostliste/trostliste.html.

55 Vgl. http://www.huffingtonpost.de/2014/10/02/einmal-scheitern-bitte_n_5906046.html.

56 Diese Stärke finden Sie weiter oben separat beschrieben.

57 Wenn Sie diese Studien interessieren, finden Sie in folgendem englischen Artikel gute Referenzen: Slaby, Jan: Empathy's Blind Spot. In: Medicine, Healthcare and Philosophy, Band 17, Heft 2, Mai 2014, S. 249–258.

58 Den ganzen Artikel lesen Sie hier: http://www.spiegel.de/kultur/gesellschaft/resonanz-statt-beschleunigung-hartmut-rosas-gegenentwurf-a-1082402.html.

59 Den ganzen Artikel lesen Sie hier: http://www.zeit.de/zeit-wissen/2016/04/selbstverwirklichung-kreativitaet-resonanz-selbstfindung.

60 Weitere Strategien finden Sie, wie gesagt, in Löhken (2012a), genauer gesagt: ab S. 197.

61 Claudia schreibt auch gute Bücher zum Thema Verhandeln und findet, dass Verhandeln wie Tanzen ist. Wenn Sie über Ihre Konfliktscheu hinwegtanzen wollen: Kimich (2015) steht im Literaturverzeichnis.

62 Das Bild von der Leiter klaue ich gerade von Ludwig Wittgenstein und der klaute es seinerzeit von Arthur Schopenhauer.

63 Das Gedicht erschien am 20. April 1928 in der Vossischen Zeitung.

Expertinnen und Experten

Prof. Dr. Gunter Dueck

Mit Gunter Dueck habe ich einen Mathematikprofessor, Querdenker und Omnisophen interviewt. (Schlagen Sie es nach!) Gunter Dueck war Chief Technology Officer bei IBM und machte sich zwischen Computer und Androiden in seinen Büchern viele Gedanken, etwa über artgerechte menschliche Haltung oder über richtige, wahre und natürliche Menschen. Er zeigt, dass Verstandesschärfe und Humor eine gute Kombination sind, die aus dem belustigten Abstand spannende neue Erkenntnisse bringen kann. Und er hat in seinen Vorträgen einen unnachahmlichen Intro-Stil.

→ www.omnisophie.com

Elisabeth Gatt-Iro

Elisabeths Beruf ist ihre Leidenschaft: Sie unterstützt Paare dabei, sich auch in langjährigen Beziehungen den Herausforderungen der Liebe zu stellen. Dazu braucht es Herz und Körper, Intro und Extro, Spontaneität und Lebendigkeit ebenso wie Mut und die Entscheidung zur Verletzlichkeit. Mit ihrem Mann Stefan Gatt bietet sie Seminare an.

Elisabeth ist Klinische und Gesundheitspsychologin sowie Psychotherapeutin und Autorin. Sie lebt und arbeitet im österreichischen Linz.

→ www.challengeoflove.at

Boris Grundl

Boris Grundl wird als junger Mann durch einen Unfall zum Querschnittsgelähmten. Das verändert sein Leben. Mit großer Selbstdisziplin, hoher Intelligenz und dem Mut zum Außergewöhnlichen erfindet er sich nach und nach neu. Grundl wird zum Führungsexperten, Unternehmer, Autor und Vortragsredner.

Mich beeindruckt, wie dieser Mensch im Rollstuhl in großen Vortragssälen anderen Menschen Mut macht: sportlichen Menschen mit gesunden Armen und Beinen, die etwas suchen, was weit jenseits körperlicher Unversehrtheit liegt.

→ www.borisgrundl.de

Margit Hertlein

Margit schreibt, redet und lebt so, dass sich jeder Mensch, Intro oder Extro, an sie erinnert. Als Farbe wäre sie, hm, orange. Margit ist überzeugt davon, dass Begeisterung den Weg verkürzt und Lernen am besten über das Lachen passiert. Sie setzt in ihren Trainings und auf der Bühne die wildesten Ideen um und kombiniert Extro-Furchtlosigkeit mit Neugier und Verstandesschärfe, was ich als Intro mit großem Respekt sehe. Ab und zu treffen wir uns auf dem Laut-Leisen Diwan und lassen Intro- und Extro-Perspektiven vor uns flanieren.

→ www.intros-extros.com/lesen-und-hoeren/laut-leiser-diwan/

→ www.margit-hertlein.de

Patrick Hundt

Bis vor einigen Jahren führte Patrick ein kleines Unternehmen, wie es für ihn passend ist: leise und sachlich. Auf einer Weltreise entdeckte er dann sein Interesse am Schreiben. Mit seinen Blogs hilft Patrick introvertierten und gesundheitsbewussten Menschen, ein zufriedeneres Leben zu führen. Sein Buch *Kopfsache* (siehe Literaturverzeichnis) fand und findet gerade bei jüngeren Intros große Resonanz.

→ www.introvertiert.org

Dr. Eva Kalbheim

Eva ist eine extrovertierte Powerfrau und eine ausgezeichnete Ärztin. Sie hat den ganzen Menschen als Einheit von Körper und Seele im Blick und arbeitet hauptberuflich in der Psychiatrie und Psychotherapie. Außerdem ist sie zertifizierter Coach und Autorin mehrerer Bücher, in denen sie »Dummies« Entspannung, Gelassenheit und Resilienz näherbringt. Vor allem aber beeindruckt sie mich, weil sie Veränderungen so bewusst und stark lebt.

→ www.eva-kalbheim.de

Katja Kerschgens

Katja hat sich 2001 als Rhetoriktrainerin selbstständig gemacht und startete an einem kleinen Schreibtisch an einem Flurende. Da wusste sie schon seit mehreren Jahren von ihrer MS-Diagnose. Das hat sie nicht davon abgehalten, ihr Ding zu machen. Bis heute hat sie Tausende von Menschen in Rhetorik und Schlagfertigkeit trainiert und gecoacht, viele Vorträge gehalten und Bücher veröffentlicht. Gerade erweitert sie ihr Portfolio und unterstützt Menschen mit ihrer Aktion »Plan B«, damit diese – trotz aller Widrigkeiten – ihr eigenes Leben leben.

Katja ist zentrovertiert. Ich habe sie für dieses Buch interviewt, weil sie mir im Umgang mit ihren eigenen Widrigkeiten und als Kollegin ein großes Vorbild ist. Von ihr habe ich viel über das Reifen einer Persönlichkeit gelernt.

→ www.redenstrafferin.de

Roland Kopp-Wichmann

Roland ist ein vielseitig ausgebildeter Psychologe und Menschenbegleiter mit einer spannenden und bunten beruflichen Vita. Er arbeitet als Führungskräftetrainer und Coach in Heidelberg und leitet dort intensive Persönlichkeitsseminare. In seinem Blog und seinen Podcasts finden Sie über 1000 Artikel, die Ihnen beim Verändern helfen – und beim Verstehen dessen, was Sie ausmacht. Und Roland ist ein Mensch, dessen ruhige Gegenwart guttut. Sein Motto lautet: Wer etwas will, findet Wege. Wer etwas nicht will, findet Gründe.

→ www.persönlichkeits-blog.de

→ www.seminare4you.de

Dr. Matthias Nöllke

Matthias schreibt Bücher, die oft ganz neue Zugänge zu Themen bieten, die wir zu kennen meinen; inzwischen sind es über 20 Fachbücher. Er redet auf großen Bühnen sehr erfolgreich über Kommunikation. Matthias ist ein leiser Mensch – und so ziemlich der einzige, für den es schlüssig ist, ein Buch über Vertrauen zu verfassen und etwas später eines mit dem Titel *Man darf sich nur nicht erwischen lassen*. Außerdem ist Matthias ein lebendiger Beweis dafür, dass Understatement eine echte Erfolgsstrategie ist. Gut, dass er auch darüber ein Buch geschrieben hat.

→ www.noellke.de

Tom Peters

Tom Peters hat viele professionelle Seiten: Er ist Pianist und Organist, Komponist, Musikpädagoge und Autor. Als ordinierter Theologe beschäftigt er sich über musikalische Fragen hinaus besonders mit dem Verhältnis von Körper, Persönlichkeit und Gesundheit. Tom ist mit seinem vielseitigen Hintergrund sehr erfolgreich als Coach für Körperarbeit und Stimmbildung tätig. Er hat das Kapitel über das Zuhören als Gastautor gestaltet.

→ www.tompeterspiano.de

→ www.raumfuerseelsorgerlicheshandeln.de

Prof. Dr. Luise F. Pusch

Luise Pusch ist mir erstmals in meinem Linguistikstudium begegnet – als Wissenschaftlerin, die analytisch exakt dachte und klare Schlüsse zog. Sie hatte die Intelligenz und vor allem den Mut, die Verbindung zwischen den Normen einer Sprache und der Verteilung der gesellschaftlichen Macht nachzuweisen. Vieles von dem, was heute in der Sprachverwendung selbstverständlich ist, beruht auf ihren Arbeiten, die vor nicht allzu langer Zeit noch als pure Provokation aufgefasst wurden. Mit entsprechenden Folgen für die Karriere dieser bemerkenswerten Introvertierten.

Luise Puschs Blog »Laut und Luise« ist eine Fundgrube von Wissen und Überlegungen, die manchmal lachen und manchmal auch weinen machen. Es gibt noch immer einiges zu bedenken, was unsere Sprache angeht.

→ http://www.fembio.org/biographie.php/frau/blog

Ulrike Scheuermann

Ulrikes großes Thema ist die persönliche Entwicklung. Es geht ihr um nicht weniger, als Wesentliches zu leben und innerlich frei zu werden. Die Diplom-Psychologin begleitet seit 20 Jahren Menschen auf dem Weg zu ihren Lebensaufgaben. Und dann hat Ulrike noch einen anderen wichtigen Arbeitsbereich: Sie hilft Autorinnen und Autoren, ihr Buch erfolgreich zu konzipieren, zu vollenden und zu publizieren. Dabei gibt sie viele Tipps aus ihrer eigenen Erfahrung weiter: Sie hat zu ihren Themen Bücher mit großer Resonanz geschrieben. Ulrike verwendet gern das Wort »Schaffensfreude«, das mir unglaublich gut gefällt.

→ www.ulrike-scheuermann.de

→ www.akademie-fuer-schreiben.de

Dr. Fleur Sakura Wöss

Fleur habe ich am Rande einer Veranstaltung kennengelernt, nachdem sie gerade einen großartigen Vortrag über leises Auftreten gehalten hatte. Wir mochten beide den Rückzug nach dem Tun und konnten sofort über so viel mehr reden, als der Small Talk es hergegeben hätte. Fleur ist eine Meisterin der Rede und eine Meisterin der Stille, und wer sie trifft, der lernt: Das ist kein Widerspruch. Als Zen-Lehrerin, auf ihrem Blog und durch ihr eigenes Leben zeigt sie, wie innere Ruhe und Hinwendung nach außen zusammengehen – und wie wir das finden können, was am Ende wirklich zählt.

→ www.fleurszenblog.com

Literaturhinweise

Ancowitz, Nancy: Self-Promotion for Introverts. The Quiet Guide for Getting Ahead. New York: McGraw-Hill 2010

Aristoteles: Nikomachische Ethik. Herausgegeben und übersetzt von Ursula Wolf. Reinbek bei Hamburg: Rowohlt 2013

Aron, Elaine: Sind Sie hochsensibel? Wie Sie Ihre Empfindsamkeit erkennen, verstehen und nutzen. Heidelberg: mvg 2005

Asendorpf, Jens: Psychologie der Persönlichkeit. 4. Auflage. Berlin: Springer 2012

Bak, Peter Michael: Zu Gast in Deiner Wirklichkeit. Empathie als Schlüssel gelungener Kommunikation. Berlin, Heidelberg: Springer 2015

Baumeister, Roy und John Tierney: Die Macht der Disziplin. Wie wir unseren Willen trainieren können. München: Goldmann 2014

Beck, Martha: Enjoy your life. Zehn kleine Schritte zum Glück. Frankfurt am Main, New York: Campus 2004

Bentele, Verena: Kontrolle ist gut, Vertrauen ist besser. München: Kailash 2014

Berne, Eric: Spiele der Erwachsenen. Psychologie der menschlichen Beziehungen. Reinbek bei Hamburg: Rowohlt 2008

Böschemeyer, Uwe: Worauf es ankommt. Werte als Wegweiser. München: Piper 2005

Branden, Nathaniel: Die 6 Säulen des Selbstwertgefühls. Erfolgreich und zufrieden durch ein starkes Selbst. München, Berlin, Zürich: Piper 2011

Brooks, David: Das soziale Tier. München: Deutsche Verlags-Anstalt 2012

Brown, Brené: Verletzlichkeit macht stark. Wie wir unsere Schutzmechanismen aufgeben und innerlich reich werden. München: Kailash 2013

Cain, Susan: Still: Die Bedeutung von Introvertierten in einer lauten Welt. München: Riemann 2011

Dalai Lama und Desmond Tutu: Das Buch der Freude. München: Lotos 2016

Dembling, Sophia: Die Macht der Stille. Wie introvertierte und hochsensible Menschen ihre Besonderheit erkennen, verstehen und nutzen können. München: mvg-Verlag 2015

Dilk, Anja: Konzentration als Kompetenz. In: managerSeminare, Heft 222, September 2016, S. 68–74

Dueck, Gunter: Schwarmdumm. So blöd sind wir nur gemeinsam. Frankfurt am Main: Campus 2015

Duhigg, Charles: Die Macht der Gewohnheit. Warum wir tun, was wir tun. München, Berlin, Zürich: Piper 2013

Förster, Anja und Peter Kreuz: Macht, was ihr liebt! 66½ Anstiftungen, das zu tun, was im Leben wirklich zählt. München: Pantheon 2015

Frankl, Viktor: Der Mensch vor der Frage nach dem Sinn. München: Piper 1985

Friedman, Howard und Leslie Martin: Die Long-Life-Formel. Die wahren Gründe für ein langes und glückliches Leben. Weinheim, Basel: Beltz 2012

Gatterburg, Angela und Dietmar Pieper: Zauberkraft zwischen zwei Menschen. Interview mit Friedemann Schulz von Thun. In: Der Spiegel Wissen, Sonderheft Kommunikation, Ausgabe 3/2015, S. 10–19

Goleman, Daniel: Konzentriert Euch! Eine Anleitung zum modernen Leben. München: Piper 2014

Grant, Adam: Geben und Nehmen. Warum Egoisten nicht immer gewinnen und hilfsbereite Menschen weiterkommen. München: Droemer 2016

Grundl, Boris: Mach mich glücklich. Wie Sie das bekommen, was jeder haben will. Berlin: Econ 2014

Heilmann, Monika: Stärken stärken. Offenbach: GABAL 2016 (30-Minuten-Reihe)

Helgoe, Laurie: Introvert Power. Why Your Inner Life Is Your Hidden Strength. Naperville: Sourcebooks 2008

Hertlein, Margit: Raus aus dem Jammersumpf. München: Ariston 2014

Hundt, Patrick: Kopfsache. Liebe den Introvertierten in dir. Leipzig: Amazon Distribution 2014

Hüther, Gerald: Was wir sind und was wir sein können. Ein neurobiologischer Mutmacher. Frankfurt am Main: Fischer Taschenbuch 2013

Ion, Frauke: Ich sehe was, was du nicht siehst. Durch Perspektivenwechsel zu besseren Ergebnissen. Offenbach: GABAL 2014

Jung, Carl Gustav: Typologie. München: Deutscher Taschenbuch Verlag 1921 / 2001

Kabat-Zinn, John: Im Alltag Ruhe finden. Meditationen für ein gelassenes Leben. München: Knaur 2015

Kabat-Zinn, Jon: Achtsamkeit für Anfänger. Mit CD. Freiburg: Arbor 2013

Kahnweiler, Jennifer B.: Die Stärken der Stillen. Selbstvertrauen und Überzeugungskraft für introvertierte Menschen. Paderborn: Junfermann 2015

Keltner, Dacher: Born to Be Good. The Science of a Meaningful Life. New York, London: W.W. Norton & Company 2009

Kerschgens, Katja: Die »Hilfe«-Trilogie mit Intro-Heldin:

Hilfe, ich hatte eine glückliche Kindheit – Ein Roman über die anderen. Book on Demand 2014

Hilfe, mich liebt ein Traummann – Noch ein Roman über die anderen. Book on Demand 2015

Hilfe, jetzt habe ich auch noch Erfolg – Wieder ein Roman über die anderen. Book on Demand 2017

Kimich, Claudia: Verhandlungstango. Schritt für Schritt zu mehr Anerkennung. München: Beck 2015

Klauser, Henriette Ann: Write It Down, Make It Happen. New York: Touchstone 2000

Levine, Robert A.: Eine Landkarte der Zeit. Wie Kulturen mit Zeit umgehen. München, Zürich: Piper 1999

Löhken, Sylvia: Intro, Extro oder Zentro? Offenbach: GABAL 2016 (30-Minuten-Reihe)

Löhken, Sylvia: Intros und Extros. Wie sie miteinander umgehen und voneinander profitieren. Offenbach: GABAL 2014 (auch als Hörbuch)

Löhken, Sylvia (2012a): Leise Menschen – starke Wirkung. Wie Sie Präsenz zeigen und Gehör finden. Offenbach: GABAL 2012 (auch als Hörbuch)

Löhken, Sylvia (2012b): So fördern Sie die leisen Leister. In: managerSeminare 169, April 2012, S. 70–75

Mardorf, Elisabeth: Richtungswechsel. Das Leben, das zu Ihnen passt. CreateSpace 2012

Mardorf, Elisabeth: Ich schreibe täglich an mich selbst. Kreativ leben mit dem Tagebuch. Books on Demand 2008

Mark, Margaret und Carol S. Pearson: The Hero and the Outlaw. Building Extraordinary Brands Through the Power of Archetypes. New York: McGraw-Hill 2001

McKay, Matthew, Patrick Fanning, Carole Honeychurch und Catherine Sutker: Selbstwert. Die beste Investition Ihres Lebens. 5. Auflage. Paderborn: Junfermann 2000

Nettle, Daniel: Persönlichkeit – warum du bist, wie du bist. Köln: Anaconda 2012

Nöllke, Matthias: Understatement. Vom Vergnügen, unterschätzt zu werden. Freiburg: Herder 2016

Olsen Laney, Marti: Die Macht der Introvertierten. Bern: Huber 2013

Ortheil, Hanns-Josef: Schreiben auf Reisen. Wanderungen, kleine Fluchten und große Fahrten – Aufzeichnungen von unterwegs. Mannheim: Bibliographisches Institut 2013

Ortheil, Hanns-Josef: Schreiben über mich selbst: Grundformen des kreativen Schreibens. Mannheim: Bibliographisches Institut 2012

Ortheil, Hanns-Josef (2011a): Schreiben dicht am Leben. Notieren und Skizzieren. Mannheim: Bibliographisches Institut 2011

Ortheil, Hanns-Josef (2011b): Schreiben unter Strom. Experimentieren mit Twitter, Blogs, Facebook & Co. Mannheim: Bibliographisches Institut 2011

Ott, Ulrich: Meditation für Skeptiker. München: O.W. Barth 2010

Pusch, Luise F.: Die Frau ist nicht der Rede wert: Aufsätze, Reden und Glossen. Frankfurt am Main: Suhrkamp 1999

Quine, Willard Van Orman: Unterwegs zur Wahrheit. Konzise Einleitung in die theoretische Philosophie. Paderborn, München, Wien, Zürich: Schöningh 1995

Reiss, Steven: Das Reiss Profile. Die 16 Lebensmotive. Welche Werte und Bedürfnisse unserem Verhalten zugrunde liegen. 2. Auflage. Offenbach: GABAL 2010

Ridgeway, Eliza: Why Introverts Can Be Great Leaders. In: CNN, 9.12.2010

Riemann, Fritz: Grundformen der Angst. 41. Auflage. München: Ernst Reinhardt Verlag 2013

Roming, Anna: Die Stillen im Lande. In: Psychologie Heute, 38. Jg., Heft 1, Januar 2011, S. 20–27

Rosa, Hartmut: Resonanz. Eine Soziologie der Weltbeziehung. Frankfurt am Main: Suhrkamp 2016

Rosa, Hartmut: Beschleunigung. Die Veränderung der Zeitstrukturen in der Moderne. Frankfurt am Main: Suhrkamp 2005

Roth, Gerhard und Alica Ryba: Coaching, Beratung und Gehirn. Neurobiologische Grundlagen wirksamer Veränderungskonzepte. Stuttgart: Klett-Cotta 2016

Scheuermann, Ulrike: Wenn morgen mein letzter Tag wär. So finden Sie heraus, was im Leben wirklich zählt. München: Knaur 2013

Scheuermann, Ulrike: Schreibdenken. Schreiben als Denkwerkzeug nutzen und vermitteln. Opladen, Toronto: Verlag Barbara Budrich 2012

Schnabel, Ulrich: Muße. Vom Glück des Nichtstuns. 6. Auflage. München: Pantheon 2012

Schnell, Tatjana: Psychologie des Lebenssinns. Heidelberg: Springer 2016

Schweppe, Roland und Aljoscha Long: Loslassen. Mein Übungsbuch für mehr Unabhängigkeit und Lebensfreude. München: Gräfe & Unzer 2016

Storch, Maja und Frank Krause: Selbstmanagement – ressourcenorientiert. Grundlagen und Trainingsmanual für die Arbeit mit dem Zürcher Ressourcen Modell (ZRM). 5., erweiterte und vollständig überarbeitete Auflage. Bern: Huber 2014

Tannen, Deborah: Du kannst mich einfach nicht verstehen. Warum Männer und Frauen aneinander vorbeireden. Hamburg: Ernst Kabel 1990

Topf, Cornelia: Einfach mal die Klappe halten. Warum Schweigen besser ist als Reden. Offenbach: GABAL 2010

Vaillant, George E.: Triumphs of Experience. The Men of the Harvard Grant Study. Harvard, MA: The Belknap Press 2012

Vaillant, George E.: Aging Well. Surprising Guideposts to a Happier Life from the Landmark Harvard Study of Adult Development. Boston: Little, Brown & Co. 2002

Waytz, Adam: Die Grenzen der Empathie. In: Harvard Business Manager, März 2016, S. 36–43

Werner, Florian: Schüchtern. Bekenntnis zu einer unterschätzten Eigenschaft. Zürich: Nagel und Kimche 2012

Wöss, Fleur: Zwischenräume. Kraft schöpfen durch Innehalten. München: Kösel 2017

Zack, Devora: Netzwerken für Networking-Hasser. Offenbach: GABAL 2012

Zeldin, Theodore: Der Rede Wert. Wie ein gutes Gespräch Ihr Leben bereichert. München: Malik 1999

Onlineressourcen

fleurszenblog.com
Die leise österreichische Zen-Lehrerin Dr. Fleur Wöss füllt diesen schönen Blog mit Geschichten und Reflexionen, die zeigen, wie sich Stille und Achtsamkeit in den Alltag fügen lassen. Wenn wir das wollen. Da Fleur außerdem noch Japanologin ist, freue ich mich immer, wenn sie etwas über das Land schreibt, in dem ich drei Jahre leben durfte.

geistundgegenwart.de
Dies ist der Blog von Gilbert Dietrich, seines Zeichens Coach, aber auch Manager. Gilbert schreibt rund um die Persönlichkeitspsychologie, die er klar verständlich, fundiert und mit Blick auf das wirkliche Leben behandelt.

hsperson.com
Die Psychologin Dr. Elaine Aron ist Expertin für Hochsensibilität. Auf ihrer Website gibt es einen (englischen) Test, mit dem Sie herausfinden können, ob Sie eine hochsensible Person sind. Eine deutsche Version des Tests finden Sie unter textransfer.de/sensible.html.

intros-extros.com
Meine Website mit vielen eigenen Texten und mit Medienbeiträgen über Intros und Extros. Und es gibt einen Link zu meinem Blog.

introvertday.org und personic.de/blog.html

Felicitas Heyne, ebenfalls Psychologin, hat den 2. Januar zum »World Introvert Day« erklärt. Auf der Website gibt es einige (englischsprachige) zeitgenössische Ressourcen zu Intro- und Extroversion, darunter auch ein kostenloses E-Book zum Download. Felicitas Heyne schreibt in ihrem Blog auch über Intro- und Extroversion.

introvertiert.org

Dies ist ein Forum für Introvertierte, das Patrick Hundt ins Leben gerufen hat. Patrick ist Autor des Buches *Kopfsache* (siehe Literaturverzeichnis).

psychologytoday.com/blog/the-introverts-corner

Sophia Dembling schreibt in diesem Blog »The Introvert's Corner« in der amerikanischen Zeitschrift *Psychology Today* (englisch). Sie finden dort viele kluge Beiträge über Intros und Extros.

quietrev.com

Susan Cains (englische) Website mit Blog und einer umfassenden Sammlung von Material zum Thema Introversion.

ted.com/speakers/brene_brown

Die TED-Speaker-Seite von Brené Brown. Mit Links zu ihren Vorträgen zu Verletzlichkeit und Scham, plus zusätzlichen Informationen. In englischer Sprache – und gut!

youtube.com/user/LeiseMenschenTV

Mein YouTube-Kanal mit allen erschienenen Videos aus der Reihe »Der Laut-Leise Diwan«. Außerdem reichlich Material zum Thema Intros und Extros für alle, die lieber hören und sehen als lesen.

Stichwortverzeichnis

Über die Autorin

Dr. Sylvia Löhken hält Vorträge, schreibt Bücher und Fachbeiträge, begleitet Seminare und coacht interessante Menschen. Ihr großes Thema ist die Frage: Wie gestalten wir unser Leben am besten als die Persönlichkeiten, die wir sind?

Als gefragte Expertin für intro- und extrovertierte Kommunikation hilft Sylvia Löhken Menschen, sich selbst und andere besser zu verstehen – und mit dem, was sie sind, erfolgreich zu sein: an Hochschulen und Forschungsinstituten, in Führungsetagen und auf Kongressen, in Konferenzräumen und im Zusammenleben mit anderen.

Mit einer beruflichen Basis in der Wissenschaft, im Wissenschaftsmanagement und in der internationalen Zusammenarbeit kennt sie aus langjähriger Erfahrung die Hürden, die sich zwischen Intro- und Extrovertierten in Zusammenarbeit und Verständigung auftun können, aber ebenso auch die Möglichkeiten, die sich eröffnen, wenn die Unterschiede verstanden, gelebt und genutzt werden.

Sylvia Löhkens Buch *Leise Menschen – starke Wirkung* (GABAL Verlag) wurde zum internationalen Bestseller mit großer Medienresonanz. Es trug dazu bei, den »kleinen Unterschied« zwischen Intro- und Extrovertierten im deutschsprachigen Bereich zu etablieren.

Das Thema Introversion ist so auf vielen Kanälen zu einem wichtigen öffentlichen Thema geworden, das Menschen persönlich betrifft und beschäftigt.

Die Autorin lebt in Bonn. Sie umgibt sich gern mit guten Büchern, mit Menschen, die mehr Fragen als Antworten haben, und mit einem Mantel aus Ruhe.

Kontakt:

intros-extros.com
youtube.com/user/LeiseMenschenTV
twitter.com/IntrosExtros